Estrutura Social e Dinâmica Psicológica

Supervisão editorial	J. Guinsburg
Edição de texto	Iracema A. de Oliveira
Revisão de provas	Soluá Simões de Almeida
Projeto gráfico	Adriana Garcia
Capa	Sergio Kon
Produção	Ricardo W. Neves, Raquel Fernandes Abranches e Sergio Kon

RUY COELHO

Estrutura Social
e Dinâmica Psicológica

Dados Internacionais de Catalogação na Publicação (CIP)
(Câmara Brasileira do Livro, SP, Brasil)

Coelho, Ruy
Estrutura social e dinâmica psicológica / Ruy
Coelho.– São Paulo: Perspectiva : Cesa, 2007.

Bibliografia
ISBN 978-85-273-0751-2

1. Estrutura social 2. Psicanálise 3. Psicologia 4. Sociedade I. Título.

06-8837   CDD-305

Índices para catálogo sistemático:

1. Estrutura social e dinâmica psicológica:
Sociologia   305

Direitos reservados à
EDITORA PERSPECTIVA S.A.
Av. Brigadeiro Luís Antônio, 3025
01401-000 São Paulo SP Brasil
Telefax: (11) 3885-8388
www.editoraperspectiva.com.br
2007

SUMÁRIO

Prefácio – *Lucia Coelho* 7

Introdução 21

I. O Conceito de Estrutura Social no Nascimento da Sociologia 25

II. Estrutura Social e Psicologia: Mauss e Lévi-Strauss 45

III. Críticas a Lévi-Strauss 77

IV. O Estruturalismo de Radcliffe-Brown 93

V. Discípulos e Continuadores de Radcliffe-Brown 105

VI. Discípulos de Malinowski: Firth e Nadel 129

VII. O Estruturo-Funcionalismo Americano 141

VIII. Os Conceitos Centrais do Estruturalismo em Confronto 159

IX. Fundamentos Psicológicos das Teorias Estruturalistas 175

X. Personalidade: o Ego e os Mecanismos de Integração 183

XI. Estrutura Social e Personalidade 197

Bibliografia 211

PREFÁCIO

Os debates teóricos sobre questões relativas às condições estruturais da existência coletiva e sua expressão no plano individual da dinâmica da personalidade, longe de se esgotarem, ainda persistem em nossos dias. Todo estudioso do comportamento humano, considerado em sua vertente social e no plano individual do funcionamento psíquico, busca em diferentes modelos teóricos esclarecimentos sobre o modo de articulação entre as normas e valores coletivos e os processos psicológicos atuantes em cada ser humano concreto no decorrer de seu desenvolvimento individual, em diferentes contextos históricos e geográficos. A busca de significados universais na existência humana ainda prossegue à luz de caminhos já traçados pelas grandes concepções filosóficas e teorias científicas.

O principal interesse deste livro decorre, sobretudo, do fato dele focalizar suas exposições e comentários críticos nas encruzilhadas entre diferentes áreas de conhecimento. Seu autor, Ruy Coelho, foi durante toda a sua vida um estudioso de fenômenos que surgem nas fronteiras entre diferentes expressões da existência humana, levando-o a se interessar pela sociolingüística, psicologia social, sociologia da arte e, em seus últimos anos de vida, a penetrar no campo do cognitivismo simbólico. Assim, a sólida formação humanista e científica do autor permitiu a ampliação e criatividade de suas idéias, reformulando seu pensamento, sempre em movimento, de modo a atingir maior lucidez e liberdade no exame de questões cruciais ao conhecimento humano. Seguindo o padrão de teses acadêmicas européias, mas expressando livremente suas próprias idéias, Ruy Coelho desenvolve neste livro uma exposição sistemática, seguida de análise crítica sutil e penetrante das teorias sociológicas fundadoras das concepções atuais sobre estrutura social e dinâmica psicológica.

Neste livro, o autor expõe desde as primeiras concepções que deram origem a modelos científicos dos processos sociais, como as de Comte e Durkheim, passando a examinar as principais teorias estruturalistas, até a expressão mais recente, na época, do estruturo-funcionalismo norte-americano. O aspecto mais original deste texto consiste no fato do autor destacar e tecer comentários críticos sobre as concepções psicológicas que percorrem as construções sociológicas por ele examinadas, focalizando no final as questões centrais e as diferentes proposições sobre as relações entre cultura e personalidade.

No capítulo inicial, o autor ressalta, na obra de Auguste Comte, como fundamental ao desenvolvimento de teorias sociológicas e antropológicas, o conceito de *consensus,* assim como a adoção do critério histórico, que será abandonado pelo estruturalismo concebido pelos seus seguidores. Após o exame da teoria comtiana, o autor expõe a tipologia das estruturas sociais elaborada por Durkheim, fazendo a ressalva da confusão existente nesta concepção entre modelo teórico e observação empírica. Neste aspecto, a crítica de Ruy Coelho aproxima-se daquela feita por Gaston Bachelard, quando ele se opõe ao uso de metáforas e analogias na explicação científica de fenômenos sociais ou psicológicos. Destaca como fulcro das idéias de Durkheim o conceito de *consciência coletiva,* que abrange o conjunto de crenças e sentimentos comuns aos membros de uma mesma sociedade. Assim, seguindo as idéias de Comte, Durkheim considera a solidariedade social como um fenômeno moral, mas que se expressa objetivamente nas relações interpessoais. Entretanto, em Durkheim a sanção repressiva é enfatizada como sendo primordial para a coesão social. Neste autor, o autoritarismo já é evidente quando do ele compara os processos educativos à sugestão hipnótica. Apesar de Durkheim apoiar-se nos postulados da psicologia associacionista, em suas considerações sobre os fenômenos psíquicos, ele se revela discípulo de Comte ao considerar a estrutura social como necessariamente vinculada ao modo com que os sentimentos nas relações interpessoais se articulam. Além disso, como Comte, ele distingue a dinâmica de personalidade como expressão peculiar de disposições e tendências humanas. Ruy Coelho expõe ainda outro tema da teoria de Durkheim que é de maior interesse para as ciências sociais e psicologia: o da *anomia,* relacionado à dissolução das normas sociais e às diferentes formas de suicídio. Porém o autor considera que à medida que Durkheim afirma a unidade da estrutura social, ele atomiza a realidade da pessoa humana. Prosseguindo sua análise desta corrente teórica, ele expõe as idéias centrais das teorias de Marcel Mauss, sobrinho e seguidor de Durkheim, e de Lévi-Strauss, seu discípulo mais notável.

Ruy Coelho desenvolve as idéias centrais de Mauss, mas ressalta, sobretudo, a sua contribuição ao estudo estrutural das formas sociais de classificação dos seres e dos fenômenos, tema recentemente retomado pelos cognitivistas simbólicos. Destaca ainda a tese principal de Mauss sobre os sistemas de trocas que se apresentam como cerimoniais, mas que na realidade se apóiam em mecanismos sociais mais amplos de ordem econômica, religiosa, moral e psicológica. Aprofundando seu exame, o autor analisa o *potlach*, enquanto paradigma de afirmação do prestígio coletivo que marca a transição entre as formas grupais e individuais de transação. Encontramos ainda nesta exposição da obra de Mauss, o papel atribuído à psicologia para o esclarecimento do conceito de homem total e singular, indispensável às explicações sociológicas.

Embora os laços de amizade com Lévi-Strauss tenham facilitado o conhecimento mais profundo de Ruy Coelho da obra deste antropólogo francês, isto não impediu seu julgamento crítico imparcial. Neste livro, além das concepções mais recentes, são referidas as primeiras influências sofridas por Lévi-Strauss para a elaboração de sua teoria estruturalista. De maneira estimulante e bem humorada, Ruy Coelho inicia suas considerações utilizando seus conhecimentos sobre a prova de Rorschach para analisar o perfil psicológico do jovem Lévi-Strauss por meio do texto literário com que este iniciou seu livro *Tristes Trópicos*.

Os comentários de Ruy Coelho sobre as concepções centrais da teoria de Lévi-Strauss contêm informações valiosas sobre questões relacionadas aos processos psicológicos, inclusive os relativos à origem da linguagem. Em Lévi-Strauss, a noção de estruturas mentais inatas e comuns à espécie decorre da concepção comtiana sobre a estrutura psíquica do ser humano, ainda que com ela não se identifique, pois o antropólogo francês não adota o critério sistêmico histórico do modelo positivista. A desqualificação da história nesta teoria estruturalista torna-se mais evidente na concepção das estruturas fundamentais do espírito humano. Segundo o método adotado por Lévi-Strauss, a forma tem prevalência sobre o conteúdo. Por isso os esquemas conceituais são idênticos no pensamento infantil, no pensamento primitivo, quer nos primórdios da humanidade, quer em nossa época. Assim, segundo Ruy Coelho, Lévi-Strauss se afasta de Marx e segue Proudhon ao negar que algo se produza na história, pois tudo existe desde o começo dos tempos.

Ao demonstrar que Lévi-Strauss parte de concepções psicológicas para construir sua concepção de estrutura social, Ruy Coelho assinala ao leitor um aspecto paradoxal desta teoria: se Lévi-Strauss busca nas estruturas psicológicas os fatores explicativos da estrutura social, ele, ao mesmo tempo, adota um determinismo social estrito. Em particular no campo da psicologia, Ruy Coelho critica o uso parcial e arbitrário que Lévi-Strauss faz da psicanálise, levando-o a uma concepção organicista em que as disposições psíquicas passam a ser consideradas formas embrionárias do comportamento e, por analogia, o perverso polimorfo torna-se o social polimorfo, mas ao mesmo tempo Lévi-Strauss utiliza as concepções fisicalistas da Gestalt desenvolvidas por Paul Guillaume, e também é influenciado pelo behaviorismo para construir seu edifício teórico aparentemente harmonioso, onde o indivíduo concreto é visto antes como teatro dos acontecimentos do que como entidade organizadora da experiência. Ruy Coelho chama também atenção para um erro epistemológico que consiste na transposição de conhecimentos da psicologia da criança para atribuir características às sociedades primitivas, procedimento que decorre exatamente de uma tese até mesmo rejeitada por Lévi-Strauss sobre a recapitulação ontogenética.

Para o leitor, as críticas de Ruy Coelho a esta teoria estruturalista podem parecer demasiadamente severas, porém ele mesmo pondera sobre a necessidade de se levar em conta o momento histórico na qual ela foi concebida, quando parecia indispensável à formalização do conhecimento social. Assim, a crítica de Ruy Coelho é dirigida contra um estruturalismo levado ao extremo, em que o afastamento da flexibilidade criadora o reduziria a um corpo de convicções religiosas.

Em sua busca tenaz pelas contribuições teóricas capazes de dar respostas às questões fundamentais sobre a natureza das relações humanas, Ruy Coelho analisa as propostas de outros autores da corrente estruturalista. Assim, nos capítulos sobre o estruturalismo de Radcliffe-Brown e de seus seguidores, Ruy Coelho prossegue sua análise precedida pela exposição da formação profissional e das influências teóricas sofridas por estes autores. Assim como Lévi-Strauss, Radcliffe-Brown foi influenciado por Comte e Durkheim, mas também por Montesquieu e Spencer. Ao contrário dos outros autores, porém mais próximo da segunda fase da obra comtiana, Radcliffe-Brown mantém estreita ligação com os conceitos de função e de estrutura. A sua ambição era a de construir uma "ciência natural da sociedade", em que prevalece a concepção funcional adotada pela Antropologia Social. Ele se afasta de Lévi-

PREFÁCIO

Strauss ao partir do exame da sociedade como um todo, considerando como unidade do sistema teórico, a unidade funcional. Sua idéia de harmonia social aproxima-se da concepção de Comte de harmonia psíquica e, por considerar insatisfatório o conceito de Durkheim sobre *anomia*, Radcliffe-Brown propõe a distinção entre *eunomia*, em que prevalece a harmonia, e *disnomia*, quando se observa falta de consistência e de unidade funcional. Radcliffe-Brown considera como fundamental para as ciências sociais o estudo da estrutura, adotando um ponto de vista nomotético ao propor uma forma mais geral e abstrata de relações humanas. Mas, como indica Ruy Coelho, ele também distingue mudanças locais nas estruturas concretas das relações interpessoais, em contraponto às formas estruturais mais genéricas que preservam uma relativa continuidade. Outro aspecto interessante nesta teoria é a introdução da concepção comtiana de sentimentos como responsáveis pela manutenção da unidade na existência social. E, para Radcliffe-Brown, os interesses e valores, sobretudo aqueles expressos nos ritos e nos mitos, é que determinariam as relações sociais. Porém, Ruy Coelho critica a transposição feita por Radcliffe-Brown do conceito de constituição psíquica para o de constituição social. E, neste caso, não fica clara a distinção entre os conceitos de constituição e de estrutura, e mesmo Ruy Coelho salienta o fato do autor, por vezes, utilizar estes conceitos como sinônimos. Neste caso, a crítica central de Ruy Coelho à teoria de Radcliffe-Brown consiste exatamente em sua falta de precisão conceitual e terminológica. Ruy Coelho lastima ainda a falta de aprofundamento e precisão no conceito de personalidade, sendo que a distinção feita entre pessoa e indivíduo se apóia em uma argumentação infeliz da Santíssima Trindade.

Apesar das ressalvas, Ruy Coelho reconhece em algumas concepções de Radcliffe-Brown um valor heurístico que será utilizado por alguns de seus seguidores, sendo o mais interessante Meyer Fortes, que reformulou e ampliou vários aspectos desta teoria, acentuando o caráter instrumental da noção de estrutura.

Ruy Coelho destaca na obra de Mayer Fortes a distinção nos fatos sociais da vertente qualitativa, relacionada à cultura, da quantitativa ligada à noção de estrutura, sendo que os fatores psicológicos se referem a axiomas morais básicos e aos sentimentos, sobretudo ressaltando o papel do sentimento de veneração aos ancestrais.

Ruy Coelho expõe ainda outras concepções influenciadas pela teoria de Radcliffe-Brown, como as de Godfrey e Monica Wilson, mas, sobretudo, as dos representantes da "escola de Manchester": Max Gluckman, J. Clyde, Mitchell e Victor Turner que se ocupam, sobretudo, da questão dos ritos e dos conflitos sociais. A teoria de Max Gluckman oferece maior interesse pelo desenvolvimento que opera no conceito de papéis, considerando que, antes da ritualização, já os costumes e a etiqueta marcam os diferentes papéis que um homem ou uma mulher desempenham em um dado momento em diferentes sociedades tribais. Neste caso, a fragmentação dos papéis e atividades observadas nas grandes cidades atuais seria responsável pelo desuso crescente dos ritos.

A reação contra o estruturalismo de Lévi-Strauss, de Radcliffe-Brown e de seus discípulos é amplamente discutida por Ruy Coelho, e sobretudo analisada por meio da obra de Edmond R. Leach da Universidade de Cambridge. De um modo mais geral, Leach considera que as tendências básicas das sociedades acarretam antes uma mudança do que a busca de um estado de equilíbrio. Nesse caso, uma sociedade perfeitamente integrada seria patológica, ou mesmo prestes à extinção. Ao discutir as concepções de Leach, Ruy Coelho assinala a denúncia que o autor faz de um importante viés no trabalho de campo do etnólogo, que consiste no fato deste residir apenas por um ou dois anos na comunidade que estuda, não tendo a possibilidade de explorar o passado nem a sua evolução e, desse modo, operando um corte sincrônico, desligado do contexto temporal. Para Leach, a noção de equilíbrio estrutural seria uma decorrência deste viés, e considera como mais adequado o conceito de equilíbrio dinâmico. Em lugar das noções clássicas de estrutura, Leach propõe um conceito estatístico de estrutura de localidade. Para este autor, a relação estrutural não é uma mera abstração, mas apenas uma noção estatística. Ruy Coelho critica em Leach o fato dele desvalorizar a autonomia do *ethos* social, e levanta ainda a questão da distinção entre o conceito de normal, tal como é postulado por um modelo teórico, e o de normativo, que resulta de uma avaliação estatística da freqüência de certos comportamentos.

Nas concepções destes autores analisados por Ruy Coelho foi a pesquisa empírica que os levou a reformular os esquemas teóricos; já em outra parte deste livro o autor expõe modelos teóricos que nortearam pesquisas empíricas, referindo-se especialmente ao trabalho de dois discípulos de Malinowiski – Firth e Nadel.

Embora reconhecendo a singularidade da postura teórica adotada por Malinowiski e seus discípulos, Ruy Coelho considera não tão evidente, como se pretende, a distinção entre as concepções de autores funcionalistas e estruturalistas, nem tampouco como pertinente a designação de estruturo-

PREFÁCIO

funcionalistas. O autor assinala que enquanto Malinowiski desenvolve uma concepção funcionalista, tendo como pólo a cultura e não a sociedade, ele se opõe às concepções estruturalistas de cunho estatístico desenvolvidas na teoria de Radcliffe-Brown. Entretanto, Ruy Coelho nega a existência de uma distinção drástica entre ambas as construções teóricas.

Dando maior ênfase ao papel das relações sociais concretas, Firth propõe a distinção entre estrutura e organização social. Na primeira, encontra-se o princípio de continuidade da sociedade, enquanto que na segunda o que prevalece é o princípio da variação ou mudança operada pelos membros do grupo. Em sua análise deste autor, Ruy Coelho critica a falta de precisão do conceito adotado de estrutura, porém reconhece que Firth foi o primeiro autor a adotar uma perspectiva dinâmica e histórica dos processos sociais sem abandonar inteiramente as concepções estruturalistas.

Outro discípulo de Malinowiski estudado neste livro é S. F. Nadel, cujas concepções se pautaram na teoria da Gestalt, pois antes de antropólogo social ele já era doutor em psicologia. Assim, este autor oferece maior interesse para a discussão da questão do sistema de relações entre indivíduo e sociedade. Nadel utiliza um conceito de estrutura que é compatível com a concepção sistêmica adotada pela teoria da Gestalt, pois para ele a estrutura indica um arranjo ordenado de partes, susceptível de transposição, sendo relativamente invariante, enquanto as partes seriam variáveis. Para Nadel, o modelo teórico é uma imagem simplificada e constante da realidade e, neste caso, a análise estrutural é por ele considerada como um método descritivo e não explicativo, rejeitando, assim, o estruturalismo dogmático. Em seu modelo teórico, a estrutura decorre de uma abstração operada no comportamento concreto de seus membros ao desempenharem papéis, cujo número é finito para cada sociedade. Após a discussão dos aspectos centrais do modelo de Nadel, Ruy Coelho se detém no exame da teoria dos papéis, por ele considerada como pertinente para o estudo das relações entre indivíduo e sociedade, embora lamentando o fato de Nadel não ter aprofundado o exame sobre o modo como papel e personalidade se articulam.

Na sociologia dos Estados Unidos, o estruturo-funcionalismo é representado pelas obras de Talcott Parsons e Robert K. Merton. Ruy Coelho considera as concepções de Parsons mais de ordem filosófica do que científica, devido à excessiva abrangência de suas considerações sobre a ação humana. Ressalta o fato destas concepções terem sido concebidas simultaneamente no plano sociocultural e no plano psicológico, sendo que Parsons procura conciliar

ESTRUTURA SOCIAL E DINÂMICA PSICOLÓGICA

Freud e Durkheim, dando preferência à concepção tópica do primeiro e exagerando a importância da coerção social assinalada pelo segundo. Ruy Coelho acredita que para Parsons a questão central para o estudo da estrutura social é a integração da motivação dos atores às normas culturais. Porém, Ruy Coelho observa que o empenho imenso de Parkinson em atingir o maior grau possível de generalização em sua construção lógica torna sua teoria mais vulnerável diante dos dados empíricos.

Como contraponto ao modelo de Parsons, Ruy Coelho propõe a obra de outro autor estruturo-funcionalista norte-americano: Robert K. Merton que busca construir teorias mais locais e menos passíveis de elevado grau de generalização. Desse modo, este autor considera que as ações institucionalizadas podem ser funcionais em um contexto e disfuncionais em outro e, além disso, distingue função manifesta de função latente. Buscando esclarecer os mecanismos responsáveis pelos desvios das normas, Merton distingue as metas culturalmente definidas dos modos aceitáveis para atingi-las. Define, assim, tipos extremos de sociedade: aquelas dominadas pela idéia do êxito e do poder a todo custo, e aquelas que preconizam aderência estrita às regras. A tipologia de Merton dos modos de adaptação individual aos sistemas de valores sociais é descrita neste livro. Ruy Coelho aponta como principal fragilidade na teoria de Merton a sua noção de equilíbrio social, enquanto que a sua contribuição mais interessante consiste no modo como este autor define a questão das relações entre indivíduos e ordem social.

Após o exame crítico das principais teorias sociológicas que se ocupam da estrutura social e dinâmica psíquica, Ruy Coelho afunila sua análise de modo a destacar as concepções centrais do estruturalismo. Na medida em que a linha mestra do estruturalismo é a concepção da sociedade como um todo, cujas partes se entrosam, Ruy Coelho constata que a noção de estrutura funda a de sistema, para logo em seguida interrogar: mas afinal o que é sistema social? Para esclarecer esta questão o autor adota um procedimento lógico que nos parece indispensável para o estudo sociológico e psicológico: a análise do contexto semântico no qual os significados se situam nas várias teorias aqui examinadas. Deste modo, ele ilumina ao mesmo tempo as questões centrais levantadas neste livro e as diferentes soluções teóricas aqui analisadas. Destaca assim os termos: ordem, equilíbrio, estabilidade, permanência, organização, norma, expectativa. E, ao examinar a natureza da ligação entre os elementos estruturais, Ruy Coelho se detém nas concepções de *consensus* e de solidariedade social, questão de maior importância para o

PREFÁCIO

estudo psicológico e social. Constatamos assim que o conceito comtiano de convergência e solidariedade entre os processos cognitivos e afetivos se contrapõe à noção de coerção social e de solidariedade mecânica proposta por Durkheim. Desse modo, enquanto para Radcliffe-Brown e seus seguidores a solidariedade resulta dos valores e dos sentimentos, tal como foi proposto por Comte, já autores como Nadel enfatizam a natureza coercitiva do laço social, aproximando-se, neste aspecto, da posição de Durkheim. Por outro lado, Ruy Coelho assinala a rejeição de Leach à noção de solidariedade social, por considerá-la mística, afastando-se dos demais autores aqui examinados para os quais normas e valores são características intrínsecas dos atos do homem em sociedade.

Ruy Coelho focaliza ainda sua atenção na análise do conceito comtiano de norma, tal como é adotado pelas diferentes teorias sociais e psicológicas. Porém, amplia e aprofunda seu exame crítico ao denunciar a falácia da analogia estabelecida entre equilíbrio dinâmico da sociedade e equilíbrio orgânico, de ordem biológica. Baseado em sua experiência no campo antropológico, Ruy Coelho argumenta ainda que a tolerância da sociedade ao desequilíbrio é bem maior do que os modelos estruturalistas admitem, sendo que os contatos interculturais provocam resultados inesperados, ocasionado mudanças súbitas e revolucionárias. Assinalando a coexistência, em uma mesma sociedade, de estabilidade e mudança, equilíbrio e desequilíbrio, o autor desenvolve considerações sobre modos de estruturação e de transformação em grupos sociais com diferentes graus de complexidade. Desse modo, Ruy Coelho defende a adoção de uma perspectiva teórica mais dinâmica e dialética, ainda que preservando a análise dos dados empíricos da realidade concreta, enquanto procedimento indispensável na construção de modelos científicos.

Em seguida, o autor muda seu foco de atenção das questões relativas aos sistemas sociais para a análise dos fatores psicológicos, tal como foram considerados pelas diferentes teorias. Adotando uma perspectiva diacrônica e histórica da existência humana, Ruy Coelho inicia sua análise psicológica pelo exame da hipótese de interiorização da coerção social, e ressalta a diversidade de modos e graus de adesão às normas convencionais de conduta, desde a aprendizagem automática e implícita até à defesa consciente e voluntária de princípios éticos ou políticos. Além disso, os graus de aceitação das normas ou do sistema comum de valores variam de um período histórico a outro.

Parece insuficiente ao autor a mera consideração do "interesse" como base psicológica da integração social. Para Ruy Coelho, esta suposição teórica

ESTRUTURA SOCIAL E DINÂMICA PSICOLÓGICA

se assemelha ao hedonismo do século XVIII, e ele não aceita a idéia de fundar a busca de prazer como noção psicológica de interesse. Lembra o autor que as sanções sociais já são postas à prova e contestadas desde o momento de seu aparecimento, pois cada ato, cada opinião ou emoção manifestada por um indivíduo exerce influência nos demais membros do grupo. E atribui à capacidade simbólica, que continuamente permite a reformulação de significados, a propriedade que confere à espécie humana a sua singularidade.

Além disso, Ruy Coelho destaca a importância da elaboração de uma teoria dos papéis que leve em conta a espontaneidade e a criatividade do ser humano, permitindo a articulação profunda entre a existência individual e as normas e valores sociais. Esta teoria deverá considerar o modo como o papel é vivido e executado pelo indivíduo concreto, em função das características peculiares de sua personalidade. Pois nem Nadel, nem Parsons ou qualquer outro estruturalista desenvolveram uma teoria adequada dos papéis, noção por eles ainda considerada formal e abstrata. E, apesar de suas "extravagâncias doutrinárias" foi Moreno quem mais contribuiu para a melhor compreensão do conceito de papel.

Em suas considerações mais genéricas sobre as relações entre os fatos sociais e psicológicos, Ruy Coelho critica severamente os seus autores sociólogos pelo fato de que mesmo tendo apelado para a psicologia em suas construções teóricas, eles a reduziram a um pré-social demarcado de modo arbitrário. Selecionaram nas teorias psicológicas os aspectos mais convenientes para comprovar suas próprias convicções, arrancando-os de seu contexto fundamental. Ruy Coelho adverte sobre o fato de que qualquer que seja a noção que se tenha dos fatores psicológicos, eles não atuam isoladamente, mas se organizam em modelos teóricos, e não se confundem com os tipos de organização propostos pela sociologia. Assinala a ausência do conceito de personalidade na obra dos autores estruturalistas, ou quando a ela se referem supõem tratar-se de uma estrutura construída em torno de resíduos do processo de socialização.

O autor nos lembra que a conjunção do social e do psicológico cessa de ser um mistério se admitirmos que indivíduo e sociedade apenas se distinguem pela abstração que se opera na elaboração de modelos teóricos, em que os cortes epistêmicos se fazem necessários apenas para delimitarem campos de reflexão. No caso, é preciso ter em mente que a ação humana é essencialmente uma, incluindo em seu bojo atributos sociais e biológicos que a constituem.

PREFÁCIO

No capítulo dedicado ao estudo da personalidade, Ruy Coelho ressalta a questão da diversidade terminológica e mesmo a falta de rigor conceptual até agora existente nas teorias psicológicas. Nestas teorias, o conceito de integração é fundamental para a construção de modelos de personalidade. Distingue os mecanismos de integração tal como eles foram postulados pelas três correntes psicológicas dominantes em sua época: a teoria da Gestalt, a psicanálise e a teoria comportamental. Considera como mais fértil e pertinente para o seu estudo a concepção teórica desenvolvida por Andras Angyal, em que o desenvolvimento normal decorre de um processo sistêmico de estruturação continuamente renovado. Na concepção de Angyal, o organismo humano tende a progredir para um estado de crescente autonomia, ao mesmo tempo que busca integrar-se em conjuntos supra individuais representados pela sociedade e cultura. Portanto, para este autor, personalidade e sistema sociocultural constituem pólos de um mesmo processo. Outros autores desta corrente teórica, como Kurt Godstein, usam como referência o modelo hierárquico das funções cerebrais desenvolvido por Huyglings Jackson, cujos primórdios já tinham sido estabelecidos por Cabanis e reconhecidos por Auguste Comte. Entretanto, eles não desenvolveram suficientemente a questão do distúrbio no processos de integração. O tema do conflito, que é central na psicanálise, é examinado pelo autor a partir do conceito freudiano de compulsão de repetição. Na psicanálise, os princípios do prazer e da realidade norteiam o desenvolvimento normal, enquanto o sintoma patológico evidenciaria a compulsão à repetição. Para Ruy Coelho, a originalidade de Freud reside no fato dele ter concebido o psiquismo humano em termos estruturais. Em sua teoria, Freud considera a influência social um obstáculo à plena satisfação dos impulsos instintivos individuais, porém estes não são eliminados e atuam inconscientemente no aparelho psíquico, que por sua vez se estrutura a partir dos conflitos entre ego e id, enquanto as interdições externas passam a ser introjetadas em termos de superego.

Buscando melhor compreensão dos fatores sociais envolvidos neste processo, autores como Kubie e Mowrer consideram este conceito uma versão psicanalítica do hábito, o que leva Ruy Coelho a recorrer à teoria de William James, em grande parte pautada no conceito de vontade. Para James, quando desvantajosos, os hábitos podem ter seu curso suspenso pela intervenção da vontade, de tal forma que caiam em desuso, eliminando as condições neuronais estabelecidas pela repetição mecânica.

ESTRUTURA SOCIAL E DINÂMICA PSICOLÓGICA

Após ter assinalado os pontos de convergência e de divergência entre estas diferentes correntes psicológicas, Ruy Coelho enfatiza o fato de todas elas rejeitarem a idéia de que o psiquismo resulte de uma mera atualização de estruturas, e de considerarem o processo de integração algo mais complexo que um simples ajustamento. Partindo desta constatação, ele critica as teorias sociológicas que se baseiam no pressuposto da interiorização das normas sociais e conseqüente ajustamento do indivíduo à sociedade. Segundo Ruy Coelho, tais teorias ignoram o fato deste processo ser mais complexo e prolongado do que supõem, pois o ser humano não é passivo e maleável de modo a permitir que normas sociais o modelem.

Em seguida, encontramos a exposição do processo de desenvolvimento das principais etapas de diferenciação ontogenética, em que atuam os fatores psicossociais e cerebrais. Para o autor, o desenvolvimento individual das estruturas cerebrais e psíquicas amadurecem à medida que se tornam mais complexas as relações interpessoais, e mais especificamente o processo de socialização.

O livro se encerra com o capítulo sobre estrutura social e personalidade, no qual o autor expõe as tentativas teóricas de inclusão em um mesmo paradigma de fatores psicológicos e sociais. Refere-se ao conceito de "personalidade básica" elaborado pelo psicanalista A. Kardiner e pelo antropólogo Linton. Critica neste conceito o seu caráter demasiadamente ambíguo e ao mesmo tempo a sugestão de uma entidade substancial e retificada. E rejeita até mesmo o termo "personalidade modal", adotado por autores norte-americanos, pois o que ele designa são apenas fatores partilhados de conduta em indivíduos de uma mesma cultura. Considera ainda como supérfluo o significado normativo atribuído por Dufrenne à personalidade básica, a não ser que os autores pretendam evocar o fantasma de um superego coletivo.

Dando maior ênfase à capacidade do ser humano de inovar e continuamente introduzir mudanças nas normas sociais, ao contrário dos estruturalistas radicais, Ruy Coelho não considera problemática a mudança, mas sim a persistência de uma estrutura. Supor o sistema social como dotado de uma estabilidade imanente é atitude que tem suas raízes no dogmatismo ou na inércia do espírito. Para o autor, o fato das ciências humanas reconhecerem as dimensões coletivas do comportamento humano torna desnecessária a fortificação das fronteiras entre o psicológico e o social.

PREFÁCIO

Se Ruy Coelho nega a possibilidade de deduzir a personalidade partindo do sistema sociocultural, ele também rejeita a redução das instituições sociais a meras projeções de mecanismos psicológicos. E, ao considerar o estudo da consciência humana como indispensável ao desenvolvimento da psicologia científica, Ruy Coelho já prevê a retomada atual deste tema pelos modelos cognitivistas e a neuropsicologia atual.

Nas páginas finais deste livro o seu autor se nega a formular conclusões que resumam os debates por ele aqui analisados, ou mesmo a propor soluções pessoais aos problemas levantados. Preconiza apenas o trabalho partilhado entre diferentes campos de conhecimento, pois para ele é nas áreas fronteiriças que o trabalho humano se torna mais fértil.

Lucia Coelho

Introdução

Desde a constituição da Sociologia como ciência autônoma tem-se usado estrutura como sinônimo de organização social, sem aprofundar muito o sentido do termo. Os primeiros sociólogos preocuparam-se, antes de tudo, em formar um corpo coeso de proposições substantivas que desse alicerces à nova disciplina. As sutilezas de definição surgiram mais tardiamente. A princípio tinha-se por assente que estrutura denotava forma da sociedade, realidade efetiva perceptível ao senso comum. Nas últimas décadas, o desenvolvimento da teoria, estimulado pelo acúmulo de dados empíricos e por impulsos provindos de outras ciências, levou a uma maior formalização do pensamento sociológico. Em torno das cogitações sobre o conceito de estrutura travaram-se debates, que ensejaram o aparecimento das correntes estruturalistas, que partem da doutrina tradicional herdada de Comte e Durkheim respeitante à morfologia social.

Em 1962, pela voz do seu mais ardoroso paladino, Lévi-Strauss, declarou-se uma crise no estruturalismo. Com pouca autoridade, Raymond Firth, na Inglaterra, observava que o encantamento exercido pelo estruturalismo tendia a desvanecer-se, e propunha concentrar esforços na elucidação dos problemas de organização social, para ele conceito distinto de estrutura. Contemporaneamente, o americano Murdock reclamava uma abordagem mais dinâmica, que fizesse passar a análise estrutural de estudo classificatória, ao modo de Buffon, a uma concepção de tipo darwinista. Estes três testemunhos são concordes em anunciar que se abre nova fase nas pesquisas e na teoria social, embora Lévi-Strauss lhe empreste valor negativo.

Talvez, aos olhos da posteridade, o momento atual não seja de desagregação, mas, ao contrário, marque o fim de uma crise de crescimento da nossa ciência, constituída pelo próprio estruturalismo. Segundo Auguste Comte, é peculiar aos períodos críticos o aparecimento de conceitos metafísicos, que norteiam teorias e fundamentam explicações, mas se furtam ao exame analítico. Como se verá, é essa a feição que assume estrutura no estruturalismo extremo. Mas só o afastamento no tempo permitirá um juízo bem informado. Seria prematuro e desarrazoado lavrar o atestado de óbito de uma tendência recente, que manifesta pleno vigor e ainda não deu todos os seus frutos. Tal não é a intenção de Firth e Murdock, nem a nossa.

Mesmo porque não existe um sistema uno e íntegro que se denomine estruturalismo; esse termo acoberta correntes que se dividem, se ramificam, se contradizem em muitos pontos, de modo que seria melhor caracterizá-lo como perspectiva metodológica, como estilo de pensamento. A visão estruturalista segue o destino das concepções teóricas de uma ciência jovem como a sociologia, de progredir cindindo-se e ampliando-se. O momento em que diminui o fascínio que exerce sobre os espíritos é azado para tentar aferir alguns resultados a que chegou.

Neste trabalho, no entanto, não nos propusemos fazer o inventário geral e completo das posições estruturalistas, tarefa que demandaria mais tempo do que tínhamos a nosso dispor e porventura maior capacidade. Ativemo-nos a algumas linhas de desenvolvimento que reputamos mais importantes, que são as que radicam em Comte e Durkheim.

O primeiro capítulo examina os conceitos de estrutura social, e outros que lhe são conexos, em Comte e Durkheim; o segundo, a transmissão desse cabedal científico, por intermédio de Mauss, a Lévi-Strauss, que é tratado com maior detença. Faz-se, a seguir, a crítica de Lévi-Strauss, em cuja obra repontam os exageros estruturalistas mais assinalados. O objeto do quarto capítulo é a teoria de Radcliffe-Brown, e o do quinto, as retificações, desenvolvimentos e verificações experimentais porque passou nas mãos dos discípulos. As concepções estruturais de dois discípulos de Malinowski, Firth e Nadel, são apreciadas no capítulo VI. O capítulo VII versa sobre o estruturo-funcionalismo americano, representado por Talcott Parsons, Merton e Marion Levy.

Os teóricos anglo-saxões selecionados foram os que, direta ou indiretamente, buscaram inspirações em Durkheim, que a ele referem suas cogitações. Radcliffe-Brown elaborou os conceitos durkheimiano e os aplicou à pesquisa na sociologia comparada. Os discípulos dedicaram-se sobretudo ao trabalho de campo. Firth e Nadel se distinguiram tanto na pesquisa empírica quanto na teoria. Parsons, Merton e Levy são teóricos puros. O critério de seleção visou pôr em evidência diferentes faces de evolução do estruturalismo, cujas concepções são confrontadas e passadas pelo crivo da crítica.

INTRODUÇÃO

O oitavo capítulo coloca em confronto as conceituações diversas que as constituem e formula sobre elas críticas gerais.

No tratamento particular de cada um destes autores procurou-se destacar a parte de explicação psicológica, algumas vezes claramente expressa e filiada a uma ou mais doutrinas, outras implícita e dissimulada, constituindo um psicologismo *qui n'ose pas dire son nom*[1]. As noções psicológicas subjacentes, aos vários estruturalismos são resenhadas e suas falhas apontadas. Para corrigi-las, a seguir, dá-se um escorço das investigações modernas sobre personalidade, necessariamente cursivo e incompleto. Em último lugar focalizam-se as relações entre personalidade e estrutura social, cingindo-se à revisão de Kardiner, cuja orientação é ainda preponderante neste campo.

O presente trabalho termina, pois, no momento em que se iniciam os trabalhos etnológicos americanos sobre as inter-relações entre o individual e o coletivo no comportamento humano. Na verdade, trata-se antes de uma crítica e algumas teorias sobre estrutura social, informada pelo ponto de vista dos estudos de personalidade e cultura. Constitui, para o autor, a tentativa de unificar as duas partes de sua formação científica, a primeira na Universidade de São Paulo, em que recebeu as lições de Roger Bastide, Paul Arbousse-Bastide e Fernando de Azevedo e a segunda na Northwestern University, sob direção de Melville J. Herskovits e Alfred Irving Hallowell. Seus primeiros mestres seguiam orientação durkheimiana, sem qualquer rigidez, mantendo-se abertos a influências várias. Nos Estados Unidos, foi levado a considerar a vida social como conjunto de relações em que as reações psicológicas importam tanto quanto as pautas coletivas. As suas pesquisas empíricas se nortearam pelas diretrizes estabelecidas pela antropologia cultural americana, incluindo a utilização de técnicas projetivas.

Todavia, os americanos tendem a relacionar o desenvolvimento da personalidade com o estilo de vida ou as instituições vigentes numa sociedade, o que é um pouco vago. O conceito mais geral ao qual se alçam de matriz sociocultural, tampouco é satisfatório. O rigor que preceituam no tratamento da estrutura da personalidade não é transposto ao plano coletivo. Só nos trabalhos mais recentes, por exemplo, os de Hallowell, se busca formular conexões seguras entre a vida social estruturada e a configuração psíquica individual.

---

1. Que não ousa dizer seu nome.

ESTRUTURA SOCIAL E DINÂMICA PSICOLÓGICA

Neste ensaio se evidenciará que certos estruturalistas ingleses e americanos, e os especialistas em personalidade e cultura, tendem cada vez mais a se aproximar. Mas as veredas que levam aos pontos de encontro ainda são incertas. Nosso intuito modesto foi desarraigar alguns preconceitos de escola e contornar obstáculos de disciplina, rasgando perspectivas que permitam enxergar mais longe. Sobretudo, cumpre evitar os excessos do apriorismo intransigente e as limitações de um empirismo timorato. Segundo o velho dito, articular claramente as perguntas é meio caminho andado para obter respostas precisas. Compete à teoria colocar problemas, que serão resolvidos, na medida do possível, pela pesquisa. No estado atual do desenvolvimento das ciências sociais, não é lícito ter ambições mais altas.

O texto que aqui vai impresso é, com ligeiras modificações de forma, o da tese apresentada para concurso da cadeira de Sociologia II da Faculdade de Filosofia, Ciências e Letras da Universidade de São Paulo, em 1964.

I

O CONCEITO DE ESTRUTURA SOCIAL NO NASCIMENTO DA SOCIOLOGIA

Os primórdios do conceito de estrutura social poderiam ser buscados em Rousseau, Montesquieu, ou mesmo, remontando-se ainda mais longe, em Ibn Khaldun ou na filosofia grega. O interesse de uma tal pesquisa seria antes de erudição histórica. Para a compreensão dos problemas estruturais, como se nos apresentam hoje em dia, basta partir de Auguste Comte. Foi ele que, ao definir o objeto específico da sociologia, pela primeira vez tratou a estrutura social de modo sistemático e claramente articulado.

Comte propôs, no estudo do social, a distinção entre estática e dinâmica, que, de uma forma ou de outra, perdura nas teorias estruturalistas atuais. O *consensus* é a "idéia-mãe" da estática social, o seu princípio filosófico, pois afirma que existe uma tendência natural das sociedades humanas para uma ordem necessária. A estática, também chamada anatomia social, tem por objeto o estudo do experimental e racional das ações e reações mútuas, que exercem continuamente umas sobre as outras as diversas partes do sistema social. Por meio dela se estabelecem as leis da harmonia, relativas à vida social do indivíduo, à família, e à sociedade geral, que compreende a espécie humana como um todo, em especial os povos da raça branca.

Há duas características da natureza individual, descobertas por Gall: predominância das faculdades afetivas sobre as intelectuais, as quais são o principal motor das mudanças sociais; predomínio dos instintos egoístas sobre as tendências altruístas, em que se funda a sociabilidade. A sociedade procura, na medida do possível, sem contrariar os dados biológicos, estimular as funções intelectuais e aprimorar os impulsos altruístas.

Duas são também as leis que regem a existência da família: a subordinação dos mais moços aos mais velhos, e a sujeição da mulher ao homem. Os moços devem obedecer aos velhos porque nestes se desenvolveu mais a combinação de instintos sociais com as capacidades intelectivas. A "biologia positiva" tende a encarar a mulher como num estado de infância perpétua, já que nela são mais intensos os impulsos afetivos. Deve estar, portanto, sempre sob a tutela do homem.

A terceira parte da estática social é "a análise direta da sociedade geral, encarada como formada de famílias e não de indivíduos, e sempre examinada naquilo que sua estrutura fundamental oferece de necessariamente comum em todos os tempos e todos os lugares"[1]. Na sociedade geral, observase um único princípio básico, a especialização dos trabalhos, que se deve conciliar com a cooperação de esforços. Esta fórmula exprime a "idealidade científica do fenômeno, que se desprende abstratamente dos choques e das incoerências, cotidianamente inseparáveis de um organismo tão profundamente complicado". "É, pois, a repartição contínua dos diferentes trabalhos humanos que constitui principalmente a solidariedade social". O hábito da cooperação robustece os instintos sociais, inspirando "um justo sentimento contínuo" da dependência de cada qual em relação aos demais. A partir desse momento, o "estado social pode adquirir espontaneamente uma consistência e uma estabilidade superiores ao eclodir das divergências particulares". Dessa maneira,

a organização social tende mais e mais a repousar sobre uma exata apreciação das diversidades individuais, repartindo os trabalhos humanos de modo a levar cada qual à destinação que pode melhor cumprir, não somente segundo sua natureza própria, o mais das vezes pouco pronunciada em qualquer sentido, mas também segundo sua educação efetiva, sua posição atual, em suma, segundo o conjunto de suas características principais[2].

Comte concebe, pois, a estrutura social como independendo de circunstâncias de espaço e tempo. A validade universal e eterna dos princípios estruturais é garantida pela crença na imutabilidade da natureza humana, derivada de Gall. Para combater a psicologia introspectiva e espiritualista de sua época, o fundador do positivismo lança mão de uma biopsicologia mais acentuadamente determinista. O principal alvo visado nesse combate foi a noção de eu ou de personalidade, que lhe parecia eivada de misticismo e espírito metafísico. A "fisiologia frenológica" tem por base os seguintes princípios: as

---

1. A. Comte, *Cours de philosophie positive*, vol. IV, pp. 416-417.
2. Idem, ibidem, pp. 418-426.

O CONCEITO DE ESTRUTURA SOCIAL NO NASCIMENTO DA SOCIOLOGIA

disposições fundamentais (afetivas e intelectuais) são inatas, o que pode ser provado pela existência de talentos naturais; as faculdades mentais são distintas e radicalmente independentes umas das outras, o que se evidencia nas moléstias do sistema nervoso em que uma faculdade se exacerba. As faculdades afetivas consistem em: inclinações ou instintos, localizados na parte posterior do aparelho cerebral; sentimentos ou afeições, localizados na parte média do cérebro. As primeiras dizem respeito ao indivíduo isolado, ou, no máximo, à família em suas funções de conservação; as segundas supõem a existência de relações sociais. Esta divisão fundamenta a oposição sempre presente entre impulsos egoístas e altruístas. As faculdades intelectuais, localizadas na parte antero-posterior da região frontal, são as perceptivas (espírito de observação) e as reflexivas (espírito de combinação). Ambas constituem o principal atributo do homem, que o separa das outras espécies animais. A transição entre as faculdades afetivas e as intelectuais é o sentimento social por natureza e individual por destinação.

No sistema comtiano, a psicologia dissolve-se, sendo absorvida em parte pela sociologia e em parte pela fisiologia nervosa. A estrutura social, vinculada a uma causalidade biológica, é essencialmente a histórica. Ela põe em evidência "as leis constantes da nossa natureza, que se mantiveram sempre durante o curso inteiro da evolução social". O fenômeno social não passa de "um simples desenvolvimento da humanidade, sem nenhuma criação real de faculdades quaisquer"; portanto, "todas as disposições efetivas que a observação sociológica puder descobrir deverão ser encontradas, pelo menos em gérmen, no tipo primordial que a biologia construiu de antemão para a sociologia"[3].

A história humana é vista como a instauração progressiva de uma ordem realizada imperfeitamente em organismos sociais que se estabilizam durante os períodos orgânicos, aos quais inevitáveis crises põem termo. Os períodos orgânicos e críticos se sucederão uns aos outros, até que se atinja o estado normal ou positivo. Nessa fase ideal da humanidade, as leis da harmonia social triunfarão definitivamente.

Sempre que toca no método científico, Comte recomenda distinguir entre o aspecto positivo e o normativo. Mas na sua sociologia a regra não foi seguida; as passagens que citamos mostram como o "é" e o "deve ser" estão intimamente mesclados em seu pensamento. A teoria da estrutura social é

3. Idem, ibidem, vol. IV, pp. 333-334.

ESTRUTURA SOCIAL E DINÂMICA PSICOLÓGICA

elaborada *a priori*, pela reflexão sobre os resultados a que tinham chegado na sua época as outras ciências, sobretudo a biologia. À observação empírica cumpriria apenas comprovar a validade da teoria. Com Auguste Comte, a sociologia não parece ter alcançado o estado positivo, pois que se acha enredada ainda em filosofia. Mas o *Cours de Philosophie Positive* contém, em esboço, o vocabulário e os temas fundamentais da nova ciência: estática, dinâmica, anatomia social, *consensus*, equilíbrio, divisão do trabalho.

Sobretudo o *consensus* foi o conceito chave para larga parte das cogitações posteriores, quer na sociologia propriamente dita, quer na antropologia social. A preocupação com a história, infusa em toda a obra comtiana, não passa aos seguidores, com evidente prejuízo, a nosso ver, para o progresso científico.

Émile Durkheim toma por base da sua concepção estrutural a parte da estática relativa à sociedade geral. Da mesma forma que Comte, usa estrutura e organização como sinônimos. Mas, ao contrário do mestre, que pretendia descobrir as leis válidas para uma sociedade una e eterna, preocupa-se com os aspectos diferenciais da noção. A sua morfologia social é uma tipologia das estruturas várias que os grupos humanos podem idealmente apresentar.

Durkheim distingue dois tipos de estruturas sociais, um em que predomina a solidariedade mecânica, e outro em que prepondera a solidariedade orgânica; no primeiro, se incluem as sociedades simples, no segundo, as complexas. A palavra simplicidade "só pode ter um sentido, o da ausência de partes". O grau máximo de simplicidade se encontra na horda, assim definida:

uma sociedade cuja coesão resultaria exclusivamente das semelhanças, que se deverá conceber como uma massa absolutamente homogênea, cujas partes não se distinguiram umas das outras e, por conseguinte, não seriam arranjadas entre elas, que, em uma palavra, seria desprovida de toda forma definida e de toda organização.

Trata-se de um "tipo ideal", constituído pelo pensamento, mas que ao mesmo tempo se apresenta como o verdadeiro protoplasma social, o gérmen donde teriam saído todos o tipos sociais[4]. Aqui se observa certa confusão entre o plano dos modelos e o da realidade empírica. Não se descobriu grupo algum que corresponda exatamente a essa definição; o que permite postular a sua existência é que as sociedades inferiores seriam supostamente formadas por uma simples repetição de agregados desse gênero.

4. E. Durkheim, *Leçons de sociologie – Physique des moeurs et du droit*, p. 149.

O CONCEITO DE ESTRUTURA SOCIAL NO NASCIMENTO DA SOCIOLOGIA

A noção de horda serve de ponto de apoio para a construção de uma escala de tipos sociais. Quando a horda deixa de ser independente para se tornar elemento de um grupo mais extenso, tem-se o clã. A simples repetição de clã forma as "sociedades polissegmentares simples". Juntando-se estas, originaram-se as "sociedades polissegmentares simplesmente compostas". Pela justaposição ou fusão das sociedades da espécie precedente, constituem-se as "sociedades polissegmentares duplamente compostas". Para cada uma dessas classes Durkheim dá exemplos tirados da literatura etnográfica que lhe era contemporânea. O caráter hipotético de sua construção teórica ressalta claramente do uso que faz de analogias biológicas. Assim, os primeiros tipos sociais são comparados aos anelídeos, compostos de segmentos justapostos linearmente, ou que se ligam uns aos outros segundo outras disposições. Os segundos, que não comportam subdivisões, se parecem muito mais com os seres vivos organizados, cujas partes e funções se subordinam a um órgão central, o cérebro, o qual exerce, sobre o conjunto e cada uma das partes, uma ação reguladora e moderadora. A influência do organicismo é manifesta, neste passo como em outros[5].

Assim, a solidariedade social, em uma de suas feições, é caracterizada como força equivalente ao princípio vital dos corpos sociais. Mas trata-se de uma pura analogia. Mesmo sendo discípulo de Comte, Durkheim não segue as diretrizes biopsicológicas do mestre; em muitos pontos, se lhe opõe. Por exemplo, as diferenças morfológicas entre o homem e a mulher são tidas por resultantes da diversificação de funções, e não determinantes desta. Nas condições de vida primitivas, os indivíduos dos dois sexos são sensivelmente iguais. Segundo uma opinião de Le Bom, que faz sua, à medida que progride a civilização e que as atividades masculinas e femininas se apartam, a estatura, o peso, a forma do corpo, e, sobretudo as medidas do cérebro de um e outro sexo divergem cada vez mais[6]. Na obra durkheimiana, o que faz às vezes da fisiologia frenológica é uma psicossociologia elaborada a partir de Maudsley, de Bain e de Wundt.

Os fenômenos psíquicos, que a sociologia estuda, fazem parte da consciência coletiva, definida como "o conjunto das crenças e sentimentos comuns à média dos membros de uma mesma sociedade formando um sistema determinado, que tem sua vida própria". Não tem por substrato um órgão

5. Para tipologia das estruturas ver E. Durkheim, *Les règles de la méthode sociologique.*
6. E. Durkheim, *De la division du travail social*, pp. 23-24.

ESTRUTURA SOCIAL E DINÂMICA PSICOLÓGICA

único, pois, por definição, se difunde por toda a sociedade, mas características próprias fazem dela uma realidade distinta. É independente das condições particulares em que se acham os indivíduos; estes passam, enquanto ela
perdura. É a mesma nas localidades pequenas e grandes e nas diversas pro-
fissões. Não muda em cada geração, ao contrário, liga uma às outras gerações
sucessivas[7]. Não é uma função social mais ou menos importante, é o tipo
coletivo encarnado, "alma difusa da sociedade"[8].

O conceito de consciência coletiva é o fulcro em torno do qual gira todo
o sistema de idéias de Durkheim. Não é possível ao sociólogo atingi-la diretamente, mas tão-somente através de suas manifestações. Destas, as mais
tangíveis são as expressas pelo direito penal, que nas sociedades de solidariedade mecânica tomam forma de sanções repressivas, e nas de solidariedade orgânica, de sanções restitutivas.

A solidariedade social é um fenômeno puramente moral que, por si mesmo, não
se presta à observação exata nem, sobretudo à medida. [...] É preciso, portanto substituir o fato interno que nos escapa por um fato exterior que o simboliza e estudar o
primeiro através do segundo. Este símbolo visível é o direito. Com efeito, onde a
solidariedade social existe, apesar de sua feição imaterial, não permanece em estado
de pura potência, mas manifesta sua presença por efeitos sensíveis[9].

O que caracteriza principalmente a sanção repressiva é ser irracional.

No fundo da noção de expiação há a idéia de uma satisfação concedida a algum
poder, real ou ideal, que nos é superior. Quando reclamamos a repressão do crime,
não é a nós pessoalmente que desejamos vingar, mas a alguma coisa de sagrado que
sentimos mais ou menos confusamente fora e acima de nós.

Esta "qualquer coisa de sagrado" é concebida de maneiras diversas no
tempo e no espaço, pode ser uma simples idéia, como a moral ou o dever,
mas na maioria das vezes se representa sob forma de uma ou mais entidades
concretas: os antepassados, a divindade.

Sem dúvida, esta representação é ilusória; em determinado sentido é certo que
nós mesmos nos vingamos, nos satisfazemos, pois que é em nós, e somente em nós,

7. Idem, ibidem, pp. 23-24.
8. Idem, ibidem, p. 46.
9. Idem, ibidem, p. 28.

O CONCEITO DE ESTRUTURA SOCIAL NO NASCIMENTO DA SOCIOLOGIA

que se encontram os sentimentos ofendidos. Mas esta ilusão é necessária: como conseqüência de sua origem coletiva, de sua universalidade, de sua permanência na duração, de sua intensidade intrínseca, estes sentimentos têm uma força excepcional, e se separam radicalmente do remanescente de nossa consciência cujos estados são muito mais fracos.

Aparecem-nos assim como o eco em nós de uma força que nos é estranha e que, além disso, é superior ao que somos. Vemo-nos impelidos a projetá-los fora de nós, a relacioná-los com um objeto exterior qualquer que lhes diga respeito; sabe-se, hoje em dia, como se realizam essas alienações parciais da personalidade. Esta miragem é tão inevitável que, sob uma ou outra forma, se produzirá enquanto houver um sistema repressivo[10].

Estas interessantes passagens parecem prenunciar as teorias psicanalíticas. Escusado é dizer que foram escritas em 1893, quando Freud era um homem conhecido apenas nos círculos médicos de Viena. É a própria linguagem da psicanálise que Durkheim emprega inadvertidamente, e o verbo projetar, em sentido freudiano, não é o único exemplo. Noutro trecho lê-se que os atos que ofendem a consciência coletiva devem ser recalcados e combatidos (*refoulés et combattus*), para que não se quebre a integridade das instituições que mantêm a ordem social[11]. Convém, no entanto, não exagerar o significado desses pontos de encontro. A psicologia de Durkheim, durante todo o transcorrer de sua carreira, manteve-se fiel aos postulados associacionistas.

Em *De la division du travail social*, a associação é o princípio explicativo constante dos fenômenos psíquicos. Parte-se da representação, concebida não como "simples imagem da realidade, como sombra inerte projetada em nós pelas coisas", ao contrário, "é uma força que levanta em torno dela um turbilhão de fenômenos orgânicos e psíquicos", isto é, suscita estados de consciência. "Da mesma forma que estados de consciência contrários se enfraquecem reciprocamente, estados de consciência idênticos, intercambiando-se, se reforçam uns aos outros. Enquanto os primeiros se subtraem, os segundos se adicionam"[12]. O mesmo se passa com os sentimentos. "Sentimentos contrários se repelem, sentimentos semelhantes se atraem, e isto tanto mais fortemente quando são mais intensos"[13]. A inspiração neste passo não vem da biologia, mas da física e da química, como é evidente.

10. Idem, ibidem, pp. 68-69.
11. Idem, ibidem, p. 73.
12. Idem, ibidem, pp. 65-67.
13. Idem, ibidem, p. 70.

ESTRUTURA SOCIAL E DINÂMICA PSICOLÓGICA

O modo de atuar e de articular-se dos sentimentos vincula-se estreitamente à estrutura social. Nos grupos em que prepondera a solidariedade mecânica, esta liga diretamente o indivíduo à sociedade sem nenhum intermediário. A solidariedade orgânica cria dependência em relação à sociedade porque os indivíduos dependem das partes que a compõem. No primeiro caso, o que se denomina sociedade é o conjunto mais ou menos organizado de crenças e sentimentos comuns a todo grupo; no segundo, é um sistema de funções diferentes e especiais unidas por relações definidas. Nas comunidades humanas concretas, os dois tipos se acham mesclados, podendo-se mesmo dizer que são as duas faces de uma realidade única, que necessitam, no entanto, serem diferenciados.

A solidariedade mecânica só pode ser forte na medida em que as idéias e tendências comuns a todos os membros da sociedade ultrapassam em número e intensidade as que pertencem pessoalmente a cada um deles. Mas o que faz a nossa personalidade é o que cada um de nós tem de próprio e característico, o que nos distingue dos outros. Portanto, essa solidariedade só pode crescer em razão inversa da personalidade. Há uma separação entre fenômenos psíquicos individuais e coletivos, de tal sorte que existe em cada um de nós

duas consciências: uma, que é comum ao grupo por inteiro, que, por conseguinte, não é nós mesmos, mas a sociedade vivendo e agindo em nós; outra que, ao contrário, representa somente o que temos de pessoal e distintivo, o que faz de nós um indivíduo.

Durkheim acrescenta em nota: "Todavia, essas duas consciências não são regiões geográficas distintas de nós mesmos, mas se penetram por todos os lados"[14]. A denominação mecânica é dada por analogia com a coesão que une os elementos dos corpos brutos.

Em lugar de implicar que os indivíduos se assemelham, a solidariedade orgânica supõe que eles diferem uns dos outros. Só é possível quando cada qual tem uma esfera de ação que lhe é própria, por conseguinte, uma personalidade.

É preciso que a consciência coletiva deixe descoberta uma parte da consciência individual, para que se estabeleçam as funções especiais às quais não pode regulamentar; quanto mais extensa essa região, mais forte é a coesão, que resulta dessa

14. Idem, ibidem, p. 99.

O CONCEITO DE ESTRUTURA SOCIAL NO NASCIMENTO DA SOCIOLOGIA

solidariedade. Com efeito, por um lado, cada qual depende tanto mais estreitamente da sociedade quanto o trabalho está mais dividido, e por outro, atividade de cada qual é tanto mais pessoal quanto mais especializada[15].

Nos animais superiores, cada órgão tem configuração peculiar e autonomia, e no entanto, a unidade do organismo é maior na medida em que a individuação das partes é mais marcada. Por esta razão, chama-se orgânica a solidariedade que é devida à divisão do trabalho.

O desenvolvimento da estrutura organizada, consecutivo da divisão do trabalho, se acompanha da regressão gradual da estrutura segmentar. Isso se deve a que os segmentos perdem a individualidade, que as paredes entre eles se fazem mais permeáveis, "que entre eles se dá uma coalescência que deixa a matéria social livre para entrar em novas combinações". O desaparecimento desse tipo resulta numa aproximação maior e mais íntima entre indivíduos.

A divisão do trabalho progride tanto mais quanto há mais indivíduos que mantêm contatos suficientes para poderem agir e reagir uns sobre os outros. Se convencionarmos chamar densidade dinâmica ou moral esta aproximação e o intercâmbio ativo que dela deriva, podemos dizer que o progresso da divisão do trabalho está na razão direta da densidade moral ou dinâmica da sociedade[16].

O aumento de volume é outra causa, mas que não produz por si mesma efeitos se a massa social não se contrai ao mesmo tempo, permitindo maior interação entre os membros do grupo. Trata-se de mero fator adicional, que amplifica as conseqüências do primeiro.

Os dois fatores agem da seguinte maneira: em primeiro lugar, intensificando a luta pela vida. Quando se abatem as paredes entre os segmentos sociais, os órgãos similares entram em concorrência visando substituir-se uns aos outros. Os vencedores têm pela frente encargos dobrados, e devem dividir o trabalho para desincumbir-se deles. Os vencidos, para poder subsistir, são forçados a elaborar uma parte da função total que lhes cabia até então. Nos dois casos, portanto, aumenta a divisão do trabalho.

Fazendo-se mais áspero o conflito vital, há maior dispêndio de energias, donde a necessidade de maior quantidade de alimentos para restaurá-las, e o aumento da produção. Mas este aumento não é simplesmente uma resposta à

15. Idem, ibidem, pp. 100-101.
16. Idem, ibidem, pp, 237-238.

intensificação de necessidades biologicamente fixas. A transformação de estruturas implica em mudanças na vida social, e quanto mais o meio está sujeito à mudança, maior o papel da inteligência, que é o único instrumento capaz de encontrar de novo as condições de um equilíbrio que se rompe incessantemente. "A vida cerebral se desenvolve, ao mesmo tempo em que a concorrência se torna mais viva, e na mesma medida. Verificam-se estes progressos paralelos não somente na elite, mas em todas as classes da sociedade"[17]. Em conseqüência, a produção além de aumentar quantitativamente cria objetos novos. Estes, exercendo o fascínio da novidade, despertam desejos a princípio vagos, que progressivamente se determinam, se tornam mais conscientes e se organizam. A experiência repetida engendra o hábito do objeto, e dessa forma se constituem necessidades novas.

Não se coloca o problema de saber se os meios de satisfazer as necessidades velhas intensificadas, e as novas, se distribuem igualmente. Durkheim não ignora os conflitos sociais, mas estes, para ele, se originam primordialmente de causas estruturais. As perturbações de equilíbrio são estudadas como formas anormais da divisão do trabalho, em número de três: a divisão anômica, a que se faz sob constrangimento e a em que se dá um excessivo parcelamento das tarefas.

A anomia é um estado que pode surgir na passagem da solidariedade mecânica à solidariedade orgânica, quando a primeira desapareceu ou está em vias de desaparição, e a segunda não adquiriu ainda um grau suficiente de consistência. Em condições normais, as regras que governam as atividades se deslindam por si mesmas da divisão do trabalho. As funções que correspondem a fatores gerais e constantes da vida social não podem deixar de atingir a mesma escala de fixidez e regularidade.

Há maneiras de reagir (dessas funções) umas em relação às outras que, sendo mais conformes com a natureza das coisas, se repetem com maior freqüência e se tornam hábitos; depois, os hábitos, à medida em que adquirem maior força, se transformam em regras de conduta. O passado predetermina o futuro. Em outras palavras, há certo afastamento dos direitos e deveres que o uso estabelece e que acaba por se tornar obrigatório. A regra não cria, portanto, o estado de dependência mútua em que estão os órgãos solidários; não faz mais do que exprimi-lo, de modo sensível e definido, em função de uma situação dada[18].

17. Idem, ibidem, p. 256.
18. Idem, ibidem, pp. 357-358.

O CONCEITO DE ESTRUTURA SOCIAL NO NASCIMENTO DA SOCIOLOGIA

A anomia existe quando falhas de regulamentação não permitem a harmonia das funções. Escrevendo em 1893, Durkheim observava o estado de indeterminação jurídica nas relações entre o capital e o trabalho. Nas edições posteriores de *De la division du travail social* assinala-se o desenvolvimento da legislação industrial[19].

A desarmonia nos estados anômicos provém de que um "meio opaco" se interpõe entre os órgãos, dificultando a comunicação entre eles. As relações são demasiado escassas para que possam atingir maior grau de determinação. As poucas regras que chegam a constituir-se são gerais e vagas. Esta condição se impõe "pela força das coisas". A vida industrial reclama uma organização nova, mas como as transformações se realizaram com extrema rapidez, os interesses em conflito não tiveram ainda tempo de equilibrar-se. Outro fator de antagonismo, que se consigna de passagem, é "a desigualdade demasiado acentuada nas condições exteriores da luta", sobre o qual o tempo não exerceria ação[20].

Esta é a base da luta de classes, a que Durkheim consagra poucas páginas. Em contraposição à anomia, a segunda forma anormal da divisão do trabalho resulta de regras excessivamente rígidas, agindo sob pressão e não obtendo anuência profunda. Os indivíduos são forçados a exercerem funções que não estão de acordo com suas aptidões. Ora, somente quando o processo se realiza espontaneamente, em condições de liberdade, tem por efeito promover solidariedade entre os órgãos.

Em caso contrário, as discordâncias aumentam à medida que a sociedade se desenvolve, até o dia em que os quadros, por estreitos em demasia, se rompem.

A última variante patológica da divisão do trabalho é característica da grande empresa moderna. As tarefas se fragmentam de tal sorte que a atividade de cada trabalhador cai abaixo do nível normal. As diferentes funções apresentam tal descontinuidade que não podem ajustar-se umas às outras, de que resulta uma incoerência generalizada. Mas o caso é julgado excepcional.

Os três aspectos aberrantes que se delinearam, a anomia propriamente dita ou ausência de regras, e seu contrário, que é a regulamentação de cúpula inflexível, e excessiva fragmentação de tarefas, levam ao mesmo resultado, a dissolução das normas sociais. A todos pode convir a denominação geral de anomia.

19. Idem, ibidem, p. 359.
20. Idem, ibidem, p. 362.

ESTRUTURA SOCIAL E DINÂMICA PSICOLÓGICA

A anomia é o principal tema de *Le suicide*, que amplifica outros conceitos explorados na primeira obra capital de Durkheim. A consciência coletiva tem como suporte a associação das consciências dos membros da sociedade; os modos pelos quais essa associação se faz constituem as estruturas. Nas estruturas, há fenômenos coletivos não psíquicos, como o volume da população, e parcialmente psíquicos, como a densidade moral. Em ambos, a base da explicação é ecológica, pois que depende da vinculação do grupo às condições físicas de sua existência. Mas mesmo em *De la division du travail social*, os processos mentais parecem manter certa autonomia. As representações e os sentimentos se enfraquecem ou se fortalecem, se opõem ou se combinam, se determinam e se organizam progressivamente. Tem-se impressão que ao indivíduo cabe um papel puramente passivo; é o teatro onde se desenrolam os dramas da consciência coletiva.

Em *Le suicide*, acentua-se essa tendência com a introdução do conceito de correntes coletivas. As três modalidades sociais de morte voluntária, a egoísta, a altruísta e a anômica, estão submetidas às *courants suicidogènes*. São fenômenos que obedecem a seus movimentos próprios, em que os motivos de ordem privada são relegados a um plano de reduzida importância. As "tendências coletivas são forças tão reais quanto as forças cósmicas, e agem sobre o indivíduo igualmente de fora para dentro, se bem que por outras vias"[21]. O suicídio altruísta supõe uma vinculação tão forte do indivíduo ao grupo, que os interesses pessoais e a própria existência são facilmente sacrificados às exigências sociais. Certas sociedades tornam mesmo obrigatório o sacrifício da vida em determinadas circunstâncias. O suicídio egoísta ocorre nas pessoas que mantêm laços sociais frouxos; os solteiros, divorciados e viúvos suicidam-se mais freqüentemente do que os casados; da mesma forma, os protestantes, cuja dependência direta em relação ao grupo religioso é menor. O suicídio anômico é conseqüência das transformações sociais súbitas, provocando o desajuste dos indivíduos às condições novas de existência.

Como se vê, o fator estrutural não está ausente da explicação, mas a atenção se volta de preferência para o substrato psicossocial.

Este substrato nada tem de substancial ou ontológico, pois nada mais é do que um todo composto de partes. Mas não deixa de ser tão real quanto os elementos que o compõem, pois que estes não são constituídos de outro modo. Elas (as consciências

21. Idem, *Le suicide*, p. 348.

O CONCEITO DE ESTRUTURA SOCIAL NO NASCIMENTO DA SOCIOLOGIA

individuais) também são compostas. Com efeito, sabe-se hoje que o eu é resultante de uma pluralidade de consciência sem eu; que cada uma dessas consciências elementares é, por sua vez, o produto de unidades vitais de consciência, do mesmo modo que cada unidade vital é ela própria devida a uma associação de partículas inanimadas[22].

Apesar da forma impessoal "sabe-se", esta concepção curiosa estava longe de ser corrente na época. Nesta conjunção do inorgânico e social, bem como na negação de unidade do eu, encontram-se ressonâncias do pensamento de Comte. Mas é evidente que o responsável pela elaboração do conceito de eu assim definido é Durkheim em pessoa. Da dualidade de entidades psíquicas postuladas em *De la division du travail social* passa-se a uma pluralidade. À medida que se afirma a unidade do social atomiza-se a realidade da pessoa humana.

"A psicologia coletiva é toda a sociologia", afirma o artigo de 1898, "Représentation individuelles et représentations collectives"[23]. Costuma-se daí datar uma nova fase na obra de Durkheim, o que não padece dúvida; mas é necessário salientar que já se achava prefigurada nos escritos anteriores.

Opondo-se decididamente às orientações de natureza fisiológica, das quais William James é apontado como principal representante, a psicologia durkheimiana defende uma posição intelectualista. A vida psíquica é essencialmente "memória mental" em que "as representações passadas persistem na qualidade de representações, e a evocação pela lembrança consiste, não em uma criação nova e original, mas somente em uma nova emergência à claridade da consciência".

As imagens, as idéias agem uma sobre as outras, e essas ações e reações devem necessariamente variar com a natureza das representações; notadamente devem mudar conforme as representações assim relacionadas que se assemelhem, ou se diferem ou apresentem contrastes. Não há nenhuma razão para que a semelhança não desenvolva uma propriedade *sui generis* em virtude da qual dois estados, separados por um intervalo de tempo, seriam levados a aproximar-se[24].

As ciências da natureza oferecem exemplos do modo de atuar da semelhança. Quando corpos de densidade diferente se misturam, os de mesma

---

22. Idem, ibidem, pp. 361-362
23. Idem, *Sociologie et philosophie*, p. 47.
24. Idem, ibidem, pp. 20-21

ESTRUTURA SOCIAL E DINÂMICA PSICOLÓGICA

densidade tendem a se agrupar. Nos seres vivos, os elementos semelhantes têm tal afinidade que acabam por fundir-se. "Por que o agrupamento de representações similares no espírito não se explicaria de maneira análoga?"

As forças atrativas, que tendem a unir as representações semelhantes, agem à revelia do sujeito que a experimenta muitas vezes, mesmo sem que ele o perceba. "Pode haver estados psíquicos sem consciência, embora seja difícil à imaginação figurá-los". "Nossos juízos são, a cada instante, truncados, desnaturados por juízos inconscientes; somente vemos o que nossos preconceitos nos permitem ver, e ignoramos nossos preconceitos". "Acreditamos odiar alguém que amamos, e a realidade desse amor se manifesta por atos cujo significado é claro aos olhos de um terceiro, no momento mesmo em que nos imaginamos sob influência do sentimento oposto"[25]. E assim se esclarece a definição de eu que vem em *Le suicide*, uma pluralidade de consciências sem eu.

Em *De la division du travail social*, os dados estruturais, ou seja, o número dos elementos sociais e a maneira como estão agrupados e distribuídos, são tidos por básicos na determinação da consciência coletiva. Aqui, ao contrário, supõe-se que o seu papel se reduza a fornecer a esta os quadros sobre os quais age. Uma vez constituído um primeiro fundo de representações coletivas, elas se tornam

realidades parcialmente autônomas, que vivem sua vida própria. Tem a capacidade de atraírem-se, repelirem-se, de formar entre elas sínteses de toda espécie, que são determinadas por suas afinidades naturais, e não pelo estado do meio no seio do qual evoluem. [...] Suas causas próximas são outras representações coletivas, não esta ou aquela característica da estrutura social[26].

A independência das representações coletivas em relação à causalidade estrutural é particularmente frisada no que tange o domínio da religião. "Os mitos de lendas, todos os sistemas cosmogônicos, teológicos etc., que o pensamento religioso constrói não se ligam diretamente a particularidades determinadas da morfologia social"[27].

Em *De la division du travail social* aparecia a expressão "alma da sociedade" para designar a consciência coletiva, mas não passava de metáfora. No

25. Idem, ibidem, pp. 27 e 29.
26. Idem, ibidem, p. 43
27. Idem, ibidem, p. 44.

O CONCEITO DE ESTRUTURA SOCIAL NO NASCIMENTO DA SOCIOLOGIA

artigo que estamos analisando, não se trata mais de metáfora; embora de modo condicional, confere-se alma à sociedade.

Se chamarmos *espiritualidade* a propriedade característica da vida representativa do indivíduo, deveremos dizer da vida social que se define por uma *hiperespiritualidade*, entendemos com isso que os atributos constitutivos da vida psíquica se encontram nela, mas elevados a uma potência muito mais alta[28].

Em "Détermination du fait moral", postula-se a existência de uma personalidade do grupo, distinta da personalidade do indivíduo, a qual derivaria daquela. Se o indivíduo pode libertar-se das forças físicas e constituir uma personalidade é porque "se colocou sob a proteção de uma força *sui generis*, força intensa, pois que resulta da coalização de todas as forças individuais, mas força inteligente e moral, capaz, por conseguinte, de neutralizar as energias ininteligentes e amorais da natureza: é a força coletiva"[29].

Assim, a consciência coletiva surge dotada de espiritualidade, personalidade, inteligência e poder moral. Torna-se o fator social predominante. É o que tenta provar *Les formes élémentaires de la vie religieuse*.

Neste livro, a estrutura como princípio explicativo está inteiramente subordinada a determinantes sociopsicológicos. O que faz de um grupo humano uma sociedade é estarem ligados os seus membros por uma religião comum. Isto supõe que partilhem dos mesmos valores, sistema de crenças e práticas rituais. Particular importância é concedida a estas últimas. Os ritos emanam da consciência coletiva, mas ao mesmo tempo a torna mais presente ao espírito dos fiéis. A função deles é reafirmar e reavivar os sentimentos de que depende a solidariedade social. Nas ocasiões rituais, a comunidade se reagrupa, as posições sociais se redefinem pela execução de atos prescritos, e a intensa emoção que os acompanha funde cada qual no todo coletivo. Em certo sentido, o rito recria periodicamente a própria sociedade[30]. Como diz Talcott Parsons, Durkheim visa demonstrar aqui não que a religião seja um fenômeno social, mas que a sociedade é um fenômeno religioso[31].

Para completar a visão do pensamento durkheimiano, é necessário referir-se à sua obra pedagógica. Os numerosos cursos que deu sobre educação

28. Idem, ibidem, p. 48.
29. Idem, ibidem, p. 49.
30. Idem, *Les formes élémentaires de la vie religieuse*, p. 498.
31. T. Parsons, *The Structure of Social Action*, p. 427.

ESTRUTURA SOCIAL E DINÂMICA PSICOLÓGICA

permanecem, todavia, inéditos. Legou-nos somente dois opúsculos, *L'éducation morale* e *Sociologie et éducation*. Não é possível, pois, ter uma idéia aprofundada acerca dessa obra. Mas ao tema central do nosso trabalho, relações entre estrutura social e personalidade, interessa sobretudo a integração do indivíduo imaturo à sociedade por meio da educação. As idéias de Durkheim neste particular estão marcadas por um forte cunho autoritário. Os processos educativos são assemelhados por ele às técnicas do hipnotismo.

A sugestão hipnótica supõe duas condições que são as seguintes:

1. O estado em que se encontra o sujeito hipnotizado se caracteriza por uma excepcional passividade; o espírito fica quase reduzido ao estado de *tabula rasa*; uma espécie de vácuo se faz na consciência; a vontade fica paralisada. Em conseqüência, a idéia sugerida, não encontrando pensamento contrário, pode instalar-se com um mínimo de resistência.

2. Entretanto, como o vácuo nunca é completo, será preciso que a idéia tire da própria sugestão um poder de ação particular. Por isso é necessário que o magnetizador fale em tom de comando, com autoridade. É preciso que ele diga *Eu quero;* que indique nem mesmo acreditar seja a recusa possível; que o ato deva ser cumprido; que a coisa deva ser vista tal como é mostrada, que não pode ser de outra forma[32]. O hipnotizador (e por ilação, o mestre) jamais deve hesitar, para não dar ensejo a uma recusa de obediência. Se entrar em discussão, isso será tão-somente para mostrar o seu poder.

Essas duas condições se exigem nas relações que o educador mantenha com a criança submetida à sua influência:

1. A criança fica, por condição natural, em estado de passividade, perfeitamente comparável àquele em que o hipnotizado é artificialmente colocado. A consciência não contém ainda senão pequeno número de representações capazes de lutar contra as que lhe são sugeridas; a vontade ainda é rudimentar. Por isso a criança é facilmente sugestionável. Pela mesma razão, torna-se muito acessível ao contágio do exemplo, muito propensa à imitação.

2. A ascendência que o mestre naturalmente possui sobre o discípulo, em razão da experiência e cultura, dar-lhe-á o poder necessário à eficácia de sua atividade[33].

Subjacente a estes trechos está a concepção associacionista dos estados de consciência semelhantes, que se intensificam mutuamente ou contrários, que se repelem. Mas evidenciam também a ideologia de uma total submissão do indivíduo à sociedade, reiterada em vários passos da obra durkheimiana.

32. E. Durkheim, *Sociologia e Educação*, p. 41.
33. Idem, ibidem, p. 42.

O CONCEITO DE ESTRUTURA SOCIAL NO NASCIMENTO DA SOCIOLOGIA

Assim, nos debates em torno do artigo "Determination du fait moral", na Sociedade Francesa de Filosofia, Brunschvicg propusera definir o progresso da civilização, como consistindo em permitir às liberdades individuais exercer, cada vez mais amplamente, o direito de "retomada" sobre a estrutura material das sociedades. Durkheim respondeu:

> Esta expressão *retomada* me parece extremamente inexata; não se trata de uma retomada, mas de uma conquista feita graças à sociedade. Esses direitos e essas liberdades não são coisas inerentes à natureza do indivíduo como tal. [...] O indivíduo se submete à sociedade e esta submissão é a condição de sua libertação[34].

Talvez para ele a objeção tivesse sabor de blasfêmia, pois que explicitamente assimilara, na sua comunicação, a sociedade à divindade[35].

Nesta última fase, embora não faça referência a Comte, Durkheim se aproxima do mestre no que toca às concepções pedagógicas, e à deificação da sociedade. A sua noção de eu, e a sujeição da pessoa à coletividade, são orientações comtianas que seguiu desde os primeiros escritos. No *Cours de philosophie positive* uma parte importante é reservada à história. A posição de Durkheim, porém, é anti-histórica. O trabalho do historiador consiste para ele em estabelecer,

uma seqüência de mudanças entre as quais não existe liame causal. O estado antecedente não produz o conseqüente, mas a relação entre eles é exclusivamente cronológica. Nessas condições, toda previsão científica é impossível. Podemos dizer como as coisas sucederam até o presente, mas não em que ordem sucederão daqui por diante, porque a causa de que elas supostamente dependem não é cientificamente determinada, nem determinável[36].

A investigação da causalidade social compete unicamente à sociologia, que é a ciência das estruturas sociais não-temporais.

A teoria de Durkheim é, o mais das vezes, caracterizada como um hipersociologismo infenso a toda explicação psicológica. Cremos ter apresentado material suficiente para fundar outra interpretação. É o próprio Durkheim que assimila a sociologia à psicologia coletiva; com efeito, seu fundamento é a noção de consciência coletiva. Mas esta noção não se conser-

---

34. Idem, ibidem, pp. 105-106.
35. Idem, ibidem, p. 75.
36. Idem, *Les règles de la méthode sociologique I*, p. 117.

ESTRUTURA SOCIAL E DINÂMICA PSICOLÓGICA

vou idêntica a si mesma ao longo de toda a obra. A princípio é o eco em nós de uma força que sentimos no ser superior, que projetamos num objeto externo; é a miragem. Esta miragem ou projeção adquire singular consistência, pois que é a contrapartida na psique do sistema repressivo externo. Por sua ação produzem-se alienações parciais da personalidade, em primeiro lugar a profunda cisão entre a instância social interiorizada e o restante do aparelho psíquico. Como já tivemos ocasião de salientar, Durkheim antecipa-se, por intuição, às descobertas psicanalíticas. Mas cisão interior e alienações da personalidade são processos patológicos. Em termos freudianos, a segregação e o enrijecimento do superego, experimentado como força estranha ao indivíduo, é mecanismo que caracteriza as neuroses, ou em grau mais profundo, as psicoses. Durkheim não se dá conta que o homem normal, ao ultrapassar a adolescência, necessariamente supera as divisões interiores, pelo menos na medida em que se adapta às atividades da vida corrente. E esta adaptação não é somente conformidade aos *mores*, mas supõe uma dinâmica psíquica endógena. O eu, para ele, é "uma pluralidade de consciências sem eu".

Esta frase suscita certa perplexidade. Contém-se nela um paralogismo, que vem da extensão do termo eu à vida mental inteira. Daí resulta a suposição da existência de centros de consciência secundários, ignorados do centro principal, ou seja, a antinomia consciência sem consciência. Nenhuma teoria psicológica do nosso conhecimento justifica esta concepção, que nos aparecia, no entanto, envolta em vago ar de familiaridade. Subitamente, aclarou-se o mistério com a releitura das primeiras páginas de *A la recherche du temps perdu*. Marcel, o narrador, entre o sono e a vigília, vê rodopiar em torno ao seu leito os diferentes quartos em que dormiu, e os seus passados. É escusado dizer que a análise proustiana focaliza estados crepúsculos do espírito, no exemplo dado, e que todo o empenho do herói é recompor sua unidade fragmentada, o que consegue ao cabo de dezesseis volumes.

A psicologia de Durkheim, malgrado as distorções sistemáticas do *a priori* associacionista, revela, em alguns passos, aguda percepção da realidade psíquica. Assim, por exemplo, aqueles em que caracteriza os juízos e afetos inconscientes. Mas proíbe-se o uso da expressão inconsciente que lhe parece aventuroso. Não hesita, porém, em lançar mão de analogias quando convém à teoria que defende. A idéia do eu compósito lhe é dada pela disseminação da consciência coletiva pelos elementos constitutivos da sociedade. Visa por esta forma reforçar a realidade do social por oposição à do individual. A estrutura social é para ele mais inteiriça, mais estável, mais articulada do que a personalidade, que não chega propriamente a ter estrutura.

O CONCEITO DE ESTRUTURA SOCIAL NO NASCIMENTO DA SOCIOLOGIA

Ao postular um substrato psicossocial, composto de elementos discretos, Durkheim acreditava ter evitado o ontologismo. Mas a consciência coletiva, embora negada como substância, adquire a partir de *Le suicide* atributos substanciais. As unidades que integram não são consciências individuais, mas representações coletivas, que permanecem sempre idênticas, que se combinam e recombinam com certa autonomia. O mecanismo explicativo dessa combinação é associação por semelhança. Para caracterizá-lo, recorre-se a analogias vagas e confusas, tomadas à química, à física e à biologia: combinação de forças, afinidades de elementos que acabam por fundir-se (isto lembra antes a alquimia) em energias vitais, e assim por diante. Durkheim, ao contrário de Comte, tinha informação muita insegura sobre ciências naturais. A sua psicologia, mal fundada em raciocínios analógicos, é a dos autores lidos na mocidade, Bain, Maudsley, e sobretudo Wundt, sob cuja direção pessoal estudou. Os pensadores que lhe eram contemporâneos, William James e Bergson, os quais repuseram a psicologia em bases novas, só lhe despertaram aversão.

A teoria da consciência coletiva, apesar de estreitamente vinculada ao associacionismo, sobreviveu ao declínio deste. É que na Escola Sociológica Francesa o divórcio entre a sociologia e a psicologia decretado por Durkheim adquiriu força de lei, e os postulados psicológicos subjacentes às suas concepções sociológicas não eram examinados criticamente. O conceito de representações coletivas persistiu até nossos dias, muitas vezes sob roupagens terminológicas diferentes, como veremos. A razão de termos dedicado tanta atenção à psicologia durkheimiana já desatualizada na época em que se formulou é a sua permanência mais ou menos disfarçada, que se faz necessário trazer à luz.

A segunda parte da obra de Durkheim, com sua *hiperespiritualidade* e reificação da consciência coletiva, é menos importante para o desenvolvimento das ciências sociais do que a primeira, em que se põe a ênfase na estrutura da sociedade. A descontinuidade entre uma e outra é menos marcada do que alegam muitos, e mesmo do que o próprio autor supunha. Em *De la division du travail social* e *Le suicide*, encontra-se também a reificação, vício fundamental do pensamento burguês segundo Lukács[37]. A consciência coletiva, embora definida como *categoria* e não como substância, aparece já com feição de coisa em si, isolada da psicologia individual e do devir histórico.

37. *Historie et conscience de classe.*

Por outro lado, depende de uma estrutura e, se bem que inacessível à análise direta, pode ser pesquisada em suas manifestações.

Sobre a base da noção de estrutura em Durkheim erigiram-se as diferentes teorias estruturalistas, que se expõem na primeira parte deste trabalho. Na elaboração destas teorias, alguns princípios durkheimianos são submetidos à revisão parcial. As críticas gerais, que incidem sobre os fundamentos comuns a todas elas, constituirão o balanço final do estruturalismo.

II

ESTRUTURA SOCIAL E PSICOLOGIA: MAUSS E LÉVI-STRAUSS

Depois da morte de Durkheim, a figura central da escola sociológica francesa tornou-se seu sobrinho Marcel Mauss. Essa sucessão por linha materna talvez não seja sem interesse para o estudioso de sistemas de parentesco. Recolhendo a herança do tio e mestre, Mauss prosseguiu no trabalho de sistematização e ampliação de suas idéias, que começara enquanto ele ainda era vivo.

O artigo "Sociologie", escrito em colaboração com Fauconnet para *La Grande Encyclopédie,* edição de 1901, reafirma as concepções da escola como já foram expostas. O problema da causação social adquire contornos mais nítidos. As explicações sociológicas incluem-se em três categorias:

1. uma representação coletiva pode ser relacionada com outra representação coletiva, por exemplo, o código penal de uma sociedade baseado na vingança privada;
2. uma representação coletiva pode ser relacionada com um aspecto da estrutura social; o exemplo dado é o da constituição das leis nas cidades em formação;
3. aspectos da estrutura social podem originar-se de representações coletivas; é o caso de certas idéias míticas que informaram a organização dos hebreus como tribo nômade[1].

A primeira categoria é ilustrada por um estudo assinado conjuntamente por Mauss e Henri Hubert, "Esquisse d'une theorie générale de la magie". A preocupação dos autores é buscar uma explicação para as práticas, concepções e ritos mágicos; crêem tê-la encontrado na noção de *mana,* força impessoal e indefinível por essência. Usando a linguagem kantiana, afirma-se que a

---

1. M. Mauss e P. Fauconnet, "Sociologie", *La grande encyclopédie,* t.30, pp. 165-176.

ESTRUTURA SOCIAL E DINÂMICA PSICOLÓGICA

magia se funda em juízos sintéticos *a priori*. Mas não é o indivíduo que opera a síntese, "pois que os juízos mágicos nos são dados como preconceitos, como prescrições, e é nessa forma que se encontram no espírito dos indivíduos". O mecanismo básico é a associação de idéias, "que se atraem, formando círculos". O liame natural entre as idéias é mera possibilidade que se apresenta no espírito:

> O que impõe um juízo mágico é uma quase-convenção que estabelece, prejudicialmente, que o signo cria a coisa, a parte, o todo, a palavra, o acontecimento, e assim por diante. Na verdade, o essencial é que as mesmas associações se reproduzem necessariamente no espírito de vários indivíduos, ou antes, de uma massa de indivíduos. A generalidade e o apriorismo dos juízos mágicos nos parecem ser a marca de sua origem coletiva.

Devemos considerar a magia como um sistema de induções *a priori,* que se operam sob pressão da necessidade em grupos de indivíduos. "Oferece-se a hipótese de que foi sob seu influxo que os homens aprenderam a induzir, porque o indivíduo isolado pode apenas adquirir hábitos ou instintos sendo incapaz de reflexão". A idéia de poder mágico está contida na de *mana,* em que tudo, matéria e forma, é coletivo, que "nada compreende de intelectual, nem de experimental, senão a sensação da própria existência da sociedade e de seus preconceitos"[2].

Durkheim e Mauss são co-autores de "De quelques formes primitives de classification", em que as origens de certas representações coletivas são procuradas na estrutura social. Toda sociedade primitiva elabora formas de classificação dos seres e dos fenômenos, e as categorias que presidem à classificação são reflexos das divisões existentes no grupo. Assim, para dar dois exemplos, os australianos atribuem a todas as coisas sexo e laços de parentesco, que as incluem numa fratria, classe, ou grupo totêmico: tudo, no universo dos Zuni, se reparte em regiões delimitadas, de acordo com as direções fundamentais[3]. Tem-se visto neste trabalho um dos marcos pioneiros da sociologia do conhecimento.

A mais notável contribuição de Mauss é, possivelmente, o estudo em que se associou a Henri Beuchat, "Essai sur les variations saisonnières des sociétés Eskimos". O subtítulo, "Étude de morphologie sociale", indica o ponto de vista

---

2. M. Mauss, *Sociologie et Anthropologie*, pp. 118-119.

3. E. Durkheim e M. Mauss, "De quelques formes primitives de classification", *L'année Sociologique,* pp. 1-72.

em que os autores se colocaram. Trata-se de uma abordagem realmente estrutural, em que não se exige do leitor adesão aos preceitos da escola, nem a aceitação de categorias ideais de fundamentos discutíveis, tais como consciência coletiva ou *mana*. Mauss se cingiu à análise do fenômeno do nomadismo em relação às condições ecológicas num único grupo étnico. Embora utilizando-se de fontes secundárias, seu método se aproxima mais das preocupações empíricas que dominaram as ciências sociais posteriormente.

Seu primeiro cuidado é afastar as pressuposições dos deterministas geográficos, sobretudo de Ratzel, hoje caídas em descrédito. Se existem não uma, mas duas estruturas sociais que se alternam entre os esquimós, tal fenômeno não emana diretamente dos ditames do clima ártico. As influências do ambiente físico são, por assim dizer, filtradas pelas instituições que regulam a vida da sociedade, a que se deve atribuir certa autonomia causal. É evidente que os animais, dos quais a existência dos aborígines depende, se deslocam no meio físico de acordo com a sucessão das estações. Mas, isto, por si só, não explica a textura cerrada da trama social dos esquimós no inverno, nem sua dispersão no verão. Pode-se acrescentar, em aditamento a Mauss, que os povos de língua algonquina, ocupando uma região limítrofe de características similares, apresentam uma organização sensivelmente diversa.

Cada grupo de caçadores esquimó constitui uma variante local da cultura geral que se distingue por dois conjuntos de instituições jurídicas, domésticas e religiosas, além, naturalmente, das práticas ergológicas. Um deles se observa no inverno, e o outro no verão. A alternância cíclica dos dois modos de vida se realiza sem conflitos; secularmente preparado pelos hábitos coletivos, o grupo todo assume a formação cerrada ou dispersa, quando chega a estação apropriada, como se fosse uma expedição militar obedecendo ordens.

Como bom durkheimiano, Mauss tenta extrair da observação de um só caso uma explicação geral. As variações sazonárias seriam verificáveis em todas as sociedades. No continente americano, os índios da costa noroeste do pacífico têm um período durante o ano quase exclusivamente consagrado a cerimônias religiosas e festas. A transumância das populações pastoris, nas regiões montanhosas da Europa, seria um outro exemplo. A análise de Mauss põe em relevo o fenômeno do ritmo nas atividades humanas abrindo assim uma via de ataque promissora, que, no entanto, só foi trilhada de novo por Gearing[4].

4. M. Mauss, "Essai sur les variatios saisonnières des sociétés Eskimos", *L'annèe Sociologique*, pp. 39-132.

ESTRUTURA SOCIAL E DINÂMICA PSICOLÓGICA

Foi o "Essai sur le don: forme et raison de l'échange dans les sociétés archaiques" que mais fez para estabelecer a reputação internacional de Mauss. Trata-se de uma análise das instituições primitivas referentes à economia e ao direito, que resenha as conclusões atingidas em trabalhos anteriores, devidos a G. Davy, R. Lenoir e ao próprio Mauss.

A tese principal a ser desenvolvida é que, em determinadas sociedades, as trocas se fazem sob forma de presentes, voluntários em teoria, mas na realidade obrigatórios. Essas transações se revestem de aspectos cerimoniais, que não são mais do que formalismo, ficção e "mentira social"; há interesses econômicos que lhes são subjacentes. Põem em jogo mecanismos que afetam não só a vida jurídico-econômica, mas também a religiosa, moral, política e doméstica, constituindo de fato "fenômenos sociais totais". As áreas escolhidas para demonstração são três: Melanésia, Polinésia e Costa Noroeste do Pacífico, no continente norte-americano, mas os princípios obtidos são julgados válidos para Roma, Índia, China e a Germânia, dos primeiros tempos. Vestígios dessas instituições se conservam na época atual.

Nos grupos primitivos o interesse econômico não assume a feição de incentivo de lucro que tem entre nós. Além de bens materiais, trocam-se festas, danças, demonstrações de polidez e serviços de natureza vária. Tais trocas, que se realizam entre clãs, fratrias ou outros segmentos sociais, e nunca entre indivíduos, constituem o que Mauss chama "prestações totais". Quando intervém um elemento de disputa, de reafirmação do prestígio coletivo, tem-se a "prestação total de tipo agonístico", cujo paradigma é o *potlatch,* que marca a transição entre as formas grupais e individuais de transação econômica. O *potlatch,* como é sabido, caracteriza a cultura de alguns grupos da Costa Noroeste do Pacífico, na América do Norte. Consiste em duelo de presentes, no qual o propósito do doador é afirmar a própria supremacia em relação a quem os recebe. Algumas vezes objetos são destruídos publicamente ao invés de presenteados. A chave para entendimento dessa forma de prestações é o conceito de *hau,* elaborado pela consciência primitiva dos Maori da Nova Zelândia. *Hau* é o espírito do objeto que é trocado nas operações do comércio ritual, e que se acredita tender sempre a voltar ao lugar de origem. Para conservar esta coisa animada é necessário que um rigoroso equivalente a substitua nas mãos dos antigos possuidores. Nenhum ganho imediato é visado; muitas vezes, mesmo, procura-se esmagar o adversário a golpes de generosidade, dando-se mais do que se recebe. Generosidade, aliás, aparente, pois se o contendor não puder retribuir à altura, não lhe será assegurada a posse do bem, além de perder o prestígio. Em certos casos de rivalidade aguda, entre as tribos do Noroeste do Pacífico, os bens em lugar de serem ofertados são destruídos. As trocas comerciais substituem assim as atividades bélicas.

As conclusões a que Mauss chega são as seguintes:

> As sociedades progrediram na medida em que elas próprias, seus subgrupos, e finalmente seus indivíduos souberam estabilizar suas relações, dar, receber e restituir. Para comerciar, foi preciso, em primeiro lugar, saber depor as lanças. Foi então que se conseguiu trocar os bens e as pessoas, não somente de clã a clã, mas de tribo a tribo, de nação a nação e sobretudo – de indivíduo a indivíduo [...] É assim que o clã, a tribo, os povos, souberam – e é assim que amanhã, no nosso mundo chamado civilizado, as classes, nações, assim como os indivíduos, devem saber opor-se sem massacrar e dar sem sacrificar-se uns aos outros[5].

Embora se mantendo dentro da ortodoxia durkheimiana, Mauss não segue servilmente as pegadas do mestre. A consciência coletiva é o seu ponto de partida, mas ao cabo da jornada a ênfase é posta nas relações sociais como tais. Da imensa cópia de dados desvencilha-se o princípio de reciprocidade nas ações humanas, cuja fecundidade será posta em evidência. Mas, do ponto de vista teórico, a sociologia continua sendo para ele sobretudo a ciência dos fatos mentais coletivos. Suas relações com a psicologia são tratadas numa série de artigos, de que se apresentarão alguns aspectos a seguir.

A separação estrita entre as duas ciências é mantida, sem que isto impeça que colaborem. O estudo dos símbolos míticos e morais e dos ritmos nas atividades coletivas, que se situam no domínio sociológico, podem fornecer dados importantes ao psicólogo. Neles, "o fato psicológico geral aparece com toda nitidez porque é social; é comum a todos os que participam dele, e porque é comum, despoja-se das variantes individuais. Tem-se nos fatos sociais uma espécie de experiência natural de laboratório que faz desaparecer as harmônicas, deixando, por assim dizer, somente os tons puros"[6]. Por outro lado, cabe à psicologia esclarecer o conceito de homem total, de que a sociedade necessita. Nas sociedades complexas, o comportamento se modifica de tal forma, de acordo com as situações, que se criam compartimentos no espírito. (Há aqui coincidência com a idéia de consciência multíplice de Durkheim).

5. M. Mauss, *Sociologie et Anthropologie*, pp. 278-279.
6. Idem, ibidem, p. 301.

ESTRUTURA SOCIAL E DINÂMICA PSICOLÓGICA

Faz-se mister precisar a mescla desses compartimentos que se opera no homem médio e normal.

Talvez então possamos compreender os movimentos de massa e grupos que são fenômenos sociais, no caso de serem estes, como acreditamos, instintos e reflexos iluminados raramente por um pequeno número de idéias-signos que se lhes vinculam, por meio dos quais os homens se comunicam e mantêm comunhão[7].

Os fatos relativos à expectativa *(attente),* embora de natureza social, colidem com o psicológico e o fisiológico, e são extremamente freqüentes. Não somente na magia e na religião, mas em toda a vida social encontra-se a expectativa, determinada ou indeterminada, "que justifica, ou da qual se deduz – como dizia Kant – de antemão todos os milagres e todos os direitos"[8].

Um caso em que a eficácia da expectativa se revela com todo vigor é quando a idéia de morte é sugerida ao indivíduo pela coletividade. O rito mágico, a praga ou maldição, se julgados de validade incontestе, podem produzir no organismo da vítima uma atonia generalizada, capaz por si só de levar ao efeito desejado pelo inimigo. Mauss se baseia em dados etnográficos colhidos na Austrália, Nova Zelândia e Polinésia. Além da feitiçaria, a quebra de um tabu pode ter como conseqüência a convicção da morte próxima, que efetivamente sobrevém. A realidade do fenômeno foi confirmada por trabalhos posteriores do eminente fisiólogo Walter Cannon.

Em "Les techniques du corps", aparece a preocupação com problemas para os quais não se voltara a atenção dos cientistas sociais europeus. As posturas e gestos habituais, o modo de usar o corpo nas diferentes atividades, diferem de uma sociedade para outra, sempre obedecendo aos cânones da tradição. Algumas referências esparsas na literatura são coligadas por Mauss, que estabelece uma "enumeração biográfica", na realidade verdadeiro programa de pesquisas. Merecem destaque as que dizem respeito às primeiras fases da existência: técnicas do nascimento e da obstetrícia; técnicas da infância: alimentação da criança, desmame, treino após desmame; técnicas da adolescência. Este artigo coincide quanto à data com os trabalhos pioneiros dos antropólogos culturais americanos, como por exemplo, Margaret Mead, em que estas questões são tratadas[9]. Mauss, no entanto, limita-se a focalizar o

7. Idem, ibidem, p. 305.
8. Idem, ibidem, p. 307.
9. A observação é de C. Lévi-Strauss, "Introduction à l'oeuvre de Marcel Mauss", em M. Mauss, *Sociologie et Anthropologie.*

ESTRUTURA SOCIAL E PSICOLOGIA: MAUSS E LÉVI-STRAUSS

problema da transmissão das técnicas de acordo com a posição da escola sociológica francesa, isto é, como adaptação do indivíduo à sociedade.

"Une catégorie de l'esprit humain: la notion de personne, celle de moi" antes que ensaio de psicologia, é um capítulo da história das idéias. Escrito em 1938, mostra como Mauss se conservava fiel ao método proposto por Durkheim meio século antes. A idéia de pessoa ou de eu é estudada numa suposta seqüência de desenvolvimento, da cultura Zuni à filosofia de Kant, através das instituições sociais e jurídicas que a refletem. O postulado básico é tomado a *De la division du travail social:* nas sociedades primitivas o indivíduo está de tal modo sujeito ao grupo que não tem noção de uma personalidade distinta que lhe seja peculiar. À medida que se processa a evolução social, rompe-se a homogeneidade do meio interno, e a diferenciação progressiva dos segmentos que se combinam permite a individuação[10].

Marcel Mauss era mais permeável à psicologia de sua época do que Durkheim. Não obstante, em nada os contatos com essa ciência lhe afetaram a pureza doutrinária. Menos imbuído de imperialismo sociológico, preconiza uma política de boa vizinhança com a psicologia, sob condição de estrito respeito aos traços de fronteiras. Mas a esta ciência é atribuído quase sempre um papel ancilar. Na explicação dos fenômenos fundamentais do espírito humano cabe à sociologia coligir os dados e ordená-los de maneira significativa. O psicólogo poderá então investigar a combinação de fatores na formação da mente individual.

As relações de mestre a discípulo na sociologia francesa estavam impregnadas de afetividade. Os alunos de Mauss tributavam-lhe veneração similar à que ele tinha por Durkheim. Lévi-Strauss assim descreve as emoções ressentidas à primeira leitura de "Essai sur le don": "coração disparado, cabeça fervilhante, e espírito invadido pela certeza ainda indefinível, mas imperiosa, de assistir a um acontecimento decisivo da evolução científica"[11]. É quase o tom da exaltação religiosa.

A influência de Mauss, se bem que a mais importante, não é a única; Freud, Marx, F. de Saussure, Lowie, Radcliffe-Brown, Kroeber, dentre outros, contribuíram para a formação de seu pensamento. Mas, segundo um relato autobiográfico, desde cedo se fixam os traços que compõem o seu feitio mental. Reagindo contra o bergsonismo, que tanto impressionou a inteligência francesa na sua mocidade, chegou à convicção que

10. M. Mauss, *Sociologie et Anthropologie.*
11. C. Lévi-Strauss, "Introduction à l'oeuvre de Marcel Mauss", op. cit., p. XXXIII.

ESTRUTURA SOCIAL E DINÂMICA PSICOLÓGICA

os seres e as coisas podem conservar os valores próprios sem perder a nitidez de contornos que os delimitam uns em relação aos outros e dão a cada qual uma estrutura inteligível. O conhecimento não repousa sobre uma renúncia ou sobre uma troca, mas consiste numa seleção dos aspectos verdadeiros, isto é, os que coincidem com as propriedades do meu pensamento[12].

A ciência que desde a infância despertou-lhe a maior curiosidade foi a geologia. A fenomenologia, que exerceu fascínio sobre os pensadores de sua geração, não o tocou. O postulado da continuidade entre o real e o vivido, que é básico nessa corrente filosófica, só lhe mereceu repulsa. Ao contrário, parecia-lhe que "a passagem entre as duas ordens é descontínua; que para atingir o real é necessário em primeiro lugar repudiar o vivido, para reintegrá-lo depois numa síntese objetiva despojada de toda sentimentalidade". No existencialismo, via principalmente o aspecto de elucubração subjetivista. Ora, a missão da filosofia "é compreender o ser em relação a si mesmo e não em relação a mim"[13].

Um perfil psicológico do jovem Lévi-Strauss poderia ser obtido pela análise, seguindo o paradigma dos testes projetivos, da descrição de um pôr de sol escrita a bordo de navio que o transportava ao Brasil, onde ia assumir o cargo de professor na Universidade de São Paulo. Nessa página, seja dito de passagem, de alto teor literário, o espetáculo do crepúsculo, evanescente e cambiante por essência, é apresentado predominantemente em termos tomados à mais permanente das artes, a arquitetura. Quando não formando parte de construções, as nuvens do poente são vistas como massas rochosas ou perfil recortado de um litoral erodido; atingindo o maior grau de ligeireza, evocam no espírito do autor vidro trefilado. Cada instante do jogo mutável de luz e vapores é sentido como uma estrutura que se fixa e se desfaz[14]. A inclusão desse exercício literário nos primeiros capítulos de *Tristes Tropicos* leva a supor que o próprio Lévi-Strauss lhe empresta algum sentido de confissão, pois é nesses capítulos que se propõe revelar-se ao leitor. Pode-se dizer, portanto, que antes de ser uma posição teórica, o estruturalismo corresponde a traços fundamentais do feitio mental, mesmo da personalidade do Prof. Lévi-Strauss. Toda a sua obra pode ser encarada como um empenho tenaz de eliminar o impreciso e o flutuante nas concepções da ciência social, buscan-

12. Idem, *Tristes tropiques*, p. 47.
13. Idem, ibidem, p. 50.
14. Idem, ibidem, pp. 55-61.

do um núcleo de significado seguro nos fenômenos aparentemente os mais incertos e variáveis.

O trabalho básico, que convém examinar com detença, é *Les structures élémentaires de la parenté,* cuja influência no pensamento social contemporâneo é poderosa. O que Lévi-Strauss chama de estruturas elementares do parentesco são aquelas que se constituem segundo formas prescritas de casamento. Baseiam-se, portanto, puramente no mecanismo do parentesco. Quando o casamento se realiza em função da busca de riqueza, ou segundo escolha pessoal por motivos vários, têm-se estruturas complexas.

A norma primordial, que fundamenta toda a regulação das relações sexuais nas sociedades humanas, é a proibição do incesto. Esta "possui, ao mesmo tempo, a universalidade das tendências e instintos e o caráter coercitivo das leis e instituições"[15]. Encontram-se em todos os grupos sociais, embora suas manifestações sejam diversas. "Esta regra, social por sua natureza de regra, é ao mesmo tempo pré-social por duas razões: a primeira é a sua universalidade, a segunda, o tipo de relações às quais impõe sua norma"[16]. A vida sexual é, simultaneamente, estranha ao grupo e parte integrante dele. Por um lado, exprime a natureza animal do homem, os desejos individuais, que se chocam com as convenções sociais, que ultrapassam os fins próprios da sociedade. Por outro, é, no seio da natureza, um esboço de vida social, pois que o instinto sexual é o único que, para se definir, tem necessidade do estímulo de outrem. É neste terreno que a passagem da natureza à cultura pode e deve necessariamente se operar. A proibição do incesto está tanto no umbral da cultura quanto na cultura, "num sentido como procuraremos mostrar – é a própria cultura"[17]. Em seguida, Lévi-Strauss passa à discussão e refutação das teorias explicativas do fenômeno anteriores à sua, que não importa reproduzir aqui.

Retomando a exposição direta de seu pensamento, explicita as idéias aventadas. "A proibição do incesto exprime a passagem do fato natural da consangüinidade ao fato cultural da aliança"[18]. O papel primordial da cultura é assegurar a existência do grupo como tal; portanto, deve substituir a organização ao acaso. Donde a necessidade de intervir na natureza; a proibição do incesto é uma das formas da intervenção, que tem preeminência, mas não

15. Idem, *Les structures élémentaires de la parenté,* p. 11.
16. Idem, ibidem, p. 13.
17. Idem, ibidem, pp. 13-14.
18. Idem, ibidem, p. 16.

ESTRUTURA SOCIAL E DINÂMICA PSICOLÓGICA

a única. Sempre que há número limitado de objetos a que se atribui valor, impõem-se regras distributivas. Nas sociedades de tecnologia pouco desenvolvida, a produção de meios de vida é um problema grave. A escassez dos alimentos lhes confere subido valor, e disso o autor dá vários exemplos. A importância emocional da alimentação chega a refletir-se na poesia de certos povos primitivos. Da mesma forma, as mulheres constituem bens raros em vários grupos. Em alguns deles, a poligamia é um privilégio de determinados membros, obrigando os demais a adotar soluções como a poliandria fraterna ou o homossexualismo. Mesmo nas sociedades monogânicas, "a tendência polígama profunda, cuja existência pode-se admitir em todos os homens, faz sempre aparecer como insuficiente o número de mulheres disponíveis"[19]. Além do que, as mulheres mais desejáveis estão sempre em minoria. Em todos os casos, a demanda de mulheres cria estados de desequilíbrio e tensão.

Nos grupos primitivos, esse desequilíbrio tem conseqüências mais ponderáveis do que o desajuste nas relações sexuais. O casal, tanto nestes quanto nas sociedades rústicas, forma uma associação de funções econômicas essenciais. O casamento torna-se o único meio de acesso aos benefícios materiais da vida grupal. O celibato é um estado anormal, que implica extrema miséria para quem se encontra nele.

Dada a imperiosa necessidade de contrair matrimônio, e o valor das mulheres como "bens escassos", a regulação de sua distribuição assume importância capital. "Encarada em seu aspecto puramente formal, a proibição do incesto não é mais do que a afirmação, pelo grupo, de que em matéria de relações entre os sexos não se pode proceder de qualquer maneira"[20]. Não é dado a ninguém dispor em benefício próprio das mulheres, que estão sob sua guarda em conseqüência de relações consangüíneas. O grupo todo deve ter acesso a elas. Esta é a forma negativa da interdição; sua forma positiva e mais desenvolvida vem a constituir as regras de endogamia e exogamia.

Lévi-Strauss distingue duas modalidades de endogamia: uma autêntica e outra derivada. "A endogamia 'verdadeira' manifesta simplesmente a exclusão do casamento praticado fora dos limites da cultura"[21]. Define a obrigação de casar-se no interior de um grupo definido por certas características concretas (nome, língua, raça, religião etc.). A outra modalidade é chamada "fun-

19. Idem, ibidem, p. 47.
20. Idem, ibidem, pp. 53-54.
21. Idem, ibidem, p. 59.

cional" pois que somente existe em função da exogamia. Assim o conjunto dos primos cruzados, em várias sociedades, é aquele em que se vai procurar comumente o cônjuge, mas não constitui um verdadeiro grupo endogâmico. Tal fato não resulta de prescrição direta, mas simplesmente de que é vedado casar-se com o primo paralelo. Tanto assim, que, quando não há primo cruzado em condições de contrair matrimônio, busca-se esposo dentre os parentes mais distantes de categorias não proibidas. Permite-se o que não é taxativamente denegado. As relações funcionais entre a endogamia (sentido estrito) e a exogamia põem em relevo a importância desta. A renúncia aos privilégios respeitantes às mulheres do círculo imediato se acompanha de aquisição de direitos com relação às do grupo alheio. A exogamia, forma mais explícita da proibição do incesto, funda um mecanismo de troca de mulheres, cuja base é a reciprocidade.

O princípio da reciprocidade foi posto em evidência por Mauss, no "Essai sur le don"; a ele Lévi-Strauss se reporta. Reproduzindo a lição do mestre, mostra que, no escambo de bens entre primitivos, importa menos o valor do objeto do que a própria operação. A função principal do presente, nesses grupos, é dirimir a hostilidade efetiva ou potencial entre eles. Mas convém relembrar, o presente é um "fato social total", cujas significações se multiplicam. Para Lévi-Strauss, o casamento é um outro fato da mesma categoria. Sempre que as trocas de mercadorias e serviços se tornam mais nutridas, incluem também as de mulheres. O matrimônio em várias sociedades é uma fase de um ciclo de permutas, por vezes duradouro e complexo. A circulação de bens de um grupo para outro é insuficiente para garantir a paz permanente. Esta só se afirma quando se constituem laços de parentesco tais que possibilitem a prática regular e normal das uniões matrimoniais. Nosso autor se vale de muitos exemplos, dentre os quais os resultados de sua própria pesquisa entre os Nambiquara. Bandos inimigos desses índios, em certos casos, acabam por se fundir num único, mediante a criação de relações artificiais de parentesco. "Uma transição contínua existe, da guerra às trocas e das trocas aos intercasamentos; a troca de noivas é apenas o termo de um processo ininterrupto de dons recíprocos, que realiza a passagem da hostilidade à aliança, da angústia à confiança, do medo à amizade"[22].

A feição característica do casamento como forma de troca aparece com toda a clareza no caso das organizações duais. Este termo designa um sistema

22. Idem, ibidem, p. 86.

ESTRUTURA SOCIAL E DINÂMICA PSICOLÓGICA

em que os membros da comunidade se repartem em duas divisões que mantêm relações complexas, comportando graus diversos de aproximação. As metades duais são freqüentemente exógamas com predominância de descendência matrilinear. A exogamia pode emanar diretamente das divisões, ou ser mediatizada por formações especiais chamadas classes matrimoniais. Além da função reguladora do casamento, a metade estabelece, para os membros de uma em relação aos da outra, formas de rivalidade e cooperação que servem de base a competições rituais e mitos cosmológicos. Muitas vezes a bipartição do grupo social se estende a todos os seres e fenômenos do universo, que se incluem em classes opostas. A troca de mulheres, entre as metades, quase sempre se acompanha de prestações e contraprestações de caráter econômico, social e cerimonial.

As organizações duais se distribuem por todos os continentes e aparecem com maior nitidez nas sociedades de culturas simples. Mesmo nos grupos mais complexos se encontram vestígios delas. As teorias dos antropólogos que procuram explicar sua origem são declaradas insatisfatórias. "Para compreender sua base comum é preciso encarar certas estruturas fundamentais do espírito humano"[23], sendo de pouca valia as considerações de origem geográfica ou histórica. Estas estruturas mentais supõem-se serem em número de três:

a exigência da regra como regra; a noção de reciprocidade considerada como a forma mais imediata em que se possa integrar a oposição entre eu e outrem; enfim, o caráter sintético do presente, isto é, o fato de que a transferência consentida de um valor de um indivíduo a outro os transforma em parceiros, e adiciona uma qualidade nova ao valor transferido[24].

A comparação de usos e costumes deve ser complementada pela exploração de um campo, o do pensamento infantil, "que fornece a todas as culturas um fundo comum e indiferenciado de estruturas mentais e esquemas de sociabilidade onde cada qual vai buscar os elementos que lhe permitirão construir seu modelo particular"[25]. A psicologia da infância revela, sob forma concreta e viva, mecanismos dificilmente atingíveis pela análise teórica, porque entranhados nos recônditos do espírito. Neste passo, Lévi-Strauss se vale dos estudos de Susan Isaacs.

23. Idem, ibidem, p. 96.
24. Idem, ibidem, pp. 108-109.
25. Idem, ibidem, p. 109.

Segundo esta autora, existe nas crianças de idade pré-escolar um desejo de posse exclusiva, ou quanto menos de deter a maior parte dos objetos. Ter menos do que os outros, produz intensos sentimentos de amargura. A utilização de alguma coisa por turnos, como no caso de um velocípede, se torna difícil, porque cada qual não consente em esperar pela sua vez. O conflito entre crianças que visam realizar suas pretensões extremas é, por isso mesmo, insolúvel, e facilita a intervenção do adulto. O raciocínio infantil é o seguinte: "Se eu não posso ter mais do que o outro, que pelo menos tenha tanto quanto ele". A igualdade é o mínimo múltiplo comum entre os desejos que se opõem. A arbitragem é aceita[26]. Raramente, pois, se almeja algo pelo valor intrínseco; talvez, somente o alimento, quando se tem fome. O que confere valor ao objeto é o interesse que este tem para outrem. O desejo de possuir é, pois, antes de tudo uma resposta social, que deve ser compreendida em termos de poder, ou antes, de impotência. Quero possuir para não ser privado de um objeto que me poderá ser necessário, e que estando em mãos de outro, este tenderá a preservá-lo para si. "Não há, pois, contradição entre propriedade e comunidade, entre monopólio e partilha, entre arbitrário e arbitragem; todos esses termos designam as modalidades diversas de uma tendência ou necessidade que é a única primitiva: a necessidade de segurança[27]. A importância atribuída ao possuir faz compreender o papel que o presente desempenha na mentalidade infantil. É da observação comum que a criança avalia a amizade em termos dos presentes recebidos. Mas não há nisto nenhum elemento de cálculo; não é tanto o objeto em si, mas o próprio ato da dádiva que assume valor. "Elas (as crianças) não amam tanto por causa do presente; sentem que o presente é amor"[28]. Receber presentes é ser amado, enquanto interpreta-se sempre como sentimento de ódio a exclusão de uma distribuição qualquer. O que é contemplado com a dádiva não só se sente amado como também se vê considerado como alguém que não nutre inimizade. Dar é mais importante que receber, pois assim se prova não estar em estado de necessidade. A generosidade se expressa por vezes de maneira excessiva, mas de um momento para outro transforma-se no seu contrário. As crianças oscilam continuamente entre amor intenso, e ódio encarniçado, sem equilíbrio, e sem atitude fixa.

26. Idem, ibidem, p. 110, citando S. Isaacs.
27. Idem, ibidem, pp. 110-111.
28. Idem, ibidem, p. 111, citando S. Isaacs.

ESTRUTURA SOCIAL E DINÂMICA PSICOLÓGICA

Com base nestas observações, Lévi-Strauss aponta características coincidentes na sociedade infantil e nas sociedades chamadas primitivas. São as seguintes: apelo à regra para escapar aos intoleráveis sofrimentos do arbitrário; necessidade intensa de segurança que faz se empenhar do modo mais total em relação a outrem, e estar-se pronto a tudo, dar para obter-se a certeza de não perder tudo, e de receber por seu turno; personalização do presente; oposição correlativa entre as noções de antagonismo e reciprocidade; bipartição dos seres entre amigos, aos quais nada é recusado, e inimigos, "que devo matar na primeira ocasião que se oferecer, de medo que eles me matem"[29]. As relações entre o pensamento infantil e o pensamento primitivo, e destes com os processos mentais dos psicopatas, foram postas em relevo por Freud e Roheim, dentro da escola psicanalítica, e por Blondel. Piaget estudou os paralelos entre os dois primeiros. Todos eles, com maiores ou menores reservas, perfilham a hipótese da recapitulação ontogenética, que Lévi-Strauss julga inaceitável. A crítica das concepções destes autores, respeitante ao problema em foco, encaminha o esclarecimento de sua posição.

"O pensamento da criança e o pensamento do adulto diferem antes por sua extensão do que por sua estrutura"[30]. A comparação entre a criança civilizada e o adulto primitivo, ou entre essa e o psicopata, é uma colocação falha do problema, se feita em termos de estádios de desenvolvimento. "O pensamento do adulto se constrói em torno de certo número de estruturas, que precisa, organiza e desenvolve em razão mesmo desta especialização, e que constituem somente fração das que são inicialmente dadas, de maneira ainda frusta e indiferenciada, no pensamento da criança." Os esquemas mentais do adulto variam segundo a época e a cultura, mas se elaboram "a partir de um fundo universal, infinitamente mais rico do que aquele de que dispõe cada sociedade particular". Toda criança "traz consigo, ao nascer, e sob a forma embrionária, a soma total de possibilidades", de "estruturas mentais esboçadas", que são "a integralidade dos meios de que a humanidade dispõe por toda a eternidade para definir suas relações com o mundo e suas relações com outrem"[31]. Mas ao constituir-se, as estruturas integram apenas certo número de elementos, excluindo outros. "Cada tipo de organização representa pois uma escolha, que o grupo impõe e perpetua".

29. Idem, ibidem, p. 112, citando Radicliffe-Brown.
30. Idem, ibidem, p. 119.
31. Idem, ibidem, p. 119.

Para estear essa hipótese, a argumentação de Lévi-Strauss procede em duas partes. A primeira, de valor negativo, estabelece que desde os primórdios da existência o pensamento da criança aparece com características integralmente humanas, que a diferenciam nitidamente do animal. Louva-se aqui em Brainard, que na educação de sua filhinha repetiu as experiências realizadas com macacos por Köhler. A tentativa malogrou porque a criança se recusava a procurar uma solução por si própria, e pedia ao pai que lhe desse os objetos fora de seu alcance[32]. A segunda estabelece uma analogia entre o desenvolvimento social e o aprendizado da língua, interpretado de maneira especial. Segundo Jakobson, nos primeiros anos de vida, o número de sons que a criança pode articular é praticamente ilimitado:

> Neste período, ela produz a totalidade dos sons realizáveis na linguagem humana, dos quais sua língua preservará apenas alguns. Assim sendo, toda criança é capaz, nos primeiros meses de vida, de emitir sons, uns tantos dos quais lhe parecerão mais tarde extremamente difíceis de reproduzir de modo satisfatório quando aprender línguas muito afastadas de sua própria.

Esta opera uma seleção, de certo ponto de vista, regressiva, "a partir do momento em que se instaura, as possibilidades ilimitadas que estavam abertas no campo fonético são irremediavelmente perdidas"[33].

Há pois, de início, no pensamento da criança um sincretismo, a que se deve atribuir um sentido diferente do que Piaget deu ao termo. Não se trata de indiferenciação primitiva, mas de um sistema de diferenciação diverso do nosso, e mais ainda, "da coexistência de vários sistemas, e da passagem contínua de uns a outros". Mas os sistemas existem, e "quanto mais mergulhamos nos níveis profundos da vida mental, mais esta nos apresenta estruturas, cujo número diminui ao mesmo tempo que aumenta o seu rigor e a sua simplicidade". Da mesma forma que para o psicanalista a criança é um "perverso polimorfo", o sociólogo deve considerá-la um "social polimorfo"[34].

Para ilustrar a tese proposta, cita-se o caso de Johnny A., um menino de quatro anos que criou duas regiões imaginárias, Tana-Gaz e Tana-Pé, englobando todos os seres e todas as coisas. Lévi-Strauss encontra um sabor melanesiano nestas denominações, e reminiscências do sistema dualista na

---

32. Idem, ibidem, p. 121, citando P. Brainard.
33. Idem, ibidem.
34. Idem, ibidem, pp. 129-130.

ESTRUTURA SOCIAL E DINÂMICA PSICOLÓGICA

operação que lhe serviu de base. Há mesmo uma sugestão de exogamia no fato do pai e da mãe pertencerem a regiões diferentes. Aos seis anos de idade, o pequenino Johnny sente-se embaraçado quando lhe falam nas criações de sua imaginação de algum tempo atrás, o que não teria acontecido se tivesse nascido numa tribo australiana. É que a cultura no seio da qual se desenvolvia não emprestava valor fundamental à divisão em metades, que teve que ser abandonada e recalcada.

O pensamento primitivo é pois uma síntese mental elaborada no plano social, pelos adultos do grupo. Os paralelos que apresenta com o pensamento infantil e o pensamento patológico se explicam em virtude do fundo comum que lhes subtende. A regressão do enfermo mental não significa que este reverte a uma fase arcaica de evolução da espécie, mas tão-somente a uma etapa vencida do próprio desenvolvimento[35].

Voltando à análise da organização dualista, Lévi-Strauss completa sua visão psicológica, juntando os dados da psicanálise aos da teoria da Gestalt. Antes do aparecimento dessa teoria, a psicologia oscilava entre o associacionismo e o idealismo. Assim, as noções matemáticas eram supostamente construídas a partir da experiência, pelo jogo automático das associações, ou então supunha-se que eram inatas do espírito humano. Köhler mostrou que uma galinha era capaz de perceber relações, provando que noções tidas por tardiamente aparecidas podem ser primitivas. Para Lévi-Strauss, o gestaltismo é a descoberta experimental da imanência das relações.

O mesmo ponto de vista deve ser adotado no estudo das instituições humanas:

> Elas também são estruturas cujo todo, isto é, cujo princípio regulador, pode ser dado antes das partes, ou seja, o conjunto complexo constituído pela terminologia da instituição, suas conseqüências e implicações, os costumes pelos quais se exprime e as crenças que ocasiona. Este princípio regulador pode possuir um valor racional, sem ser concebido racionalmente.

À luz dessas considerações deve-se entender as relações entre as organizações dualistas e o casamento entre primos cruzados. Os dois fenômenos têm origem "na apreensão pelo pensamento primitivo de estruturas inteiramente fundamentais", nas quais se enraíza a cultura como um todo. Representam

---

35. Idem, ibidem, p. 165.

pois, graus diferentes de consciência estrutural, sendo o primeiro mais elevado do que o segundo[36].

Não está no escopo deste trabalho analisar pormenorizadamente a teoria de Lévi-Strauss sobre parentesco, aqui encarado apenas como um dos aspectos básicos da estrutura social. Possivelmente o esboço que se segue, em sua brevidade, não faz justiça à elegância e rigor lógicos da exposição.

O casamento entre primos cruzados, instituição mais fluida e menos consciente, é o fulcro em torno do qual gira a argumentação do nosso autor, por constituir a fórmula elementar da troca matrimonial. Esta, como vimos, é parte do que Mauss chamou "prestações totais", envolvendo transferências de serviços, artigos vários, direitos e privilégios. Em virtude da diferença de *status* entre os sexos, as mulheres funcionam como objetos nas operações de escambo que se realizam entre os homens. "A relação irmão/irmã é idêntica à relação irmã/irmão, mas uma e outra diferem da relação irmão/irmão e da relação irmã/ irmã, sendo estas duas últimas semelhantes entre elas".

Vejamos o que se passa na geração seguinte. "Um tio não tem, para seus sobrinhos, o mesmo *status* se é irmão do pai que para ele é um irmão, ou irmão da mãe que para ele é uma irmã, e o mesmo se dá com a tia; sobrinhos e sobrinhas se distinguem segundo sejam filhos de minha irmã, sendo eu homem, ou de meu irmão, sendo eu mulher; ou segundo sejam filhos de meu irmão, do qual sou irmão, ou de minha irmã, da qual sou irmão; enfim, uma prima ou um primo nascidos de um irmão de irmão, ou de uma irmã de irmã, são para mim como irmão ou irmã, enquanto se formos parentes no seio de uma estrutura assimétrica – irmão da irmã ou irmã do irmão – ele ou ela torna-se outra coisa e talvez mesmo o que há de mais diverso de um parente, isto é, um cônjuge"[37]. O casamento nas sociedades primitivas (e, com menor evidência, também na nossa) é um ato bilateral e simétrico, que envolve dois grupos. A união entre primos cruzados põe em relevo essa feição. Imaginemos duas famílias *A* e *B,* que contraíram aliança pelo casamento de uma mulher *a* com um homem *b*. Do ponto de vista do grupo *A*, houve aquisição de um novo membro, naturalmente com perda correlata para o outro grupo. Ao mesmo tempo, abriu-se para o grupo *B* um crédito, que deverá ser satisfeito na próxima geração. Mas a dívida só poderá ser saldada com manutenção do sistema de trocas se uma prima cruzada for cedida. Se dois primos

36. Idem, ibidem, p. 123.
37. Idem, ibidem, p. 165.

ESTRUTURA SOCIAL E DINÂMICA PSICOLÓGICA

paralelos forem ambos credores em relação ao grupo do pai, e devedores em relação ao grupo da mãe, casarem-se com as respectivas irmãs rompe-se a cadeia, porque não estavam ligados por compromissos mútuos.

O esquema exposto é puramente teórico, mas corresponde talvez ao caso de bandos primitivos de organização extremamente elementar. As regras de filiação e residência não importam aqui; esta situação inicial pressupõe somente a concepção das mulheres como valores, "e a apreensão, pela consciência individual, de relações recíprocas do tipo: A está para B assim como B está para A; ou ainda: se A está para D como B está para C, C deve estar para D como B está para A; isto é, as duas fórmulas de troca de irmãs, e do casamento de primos cruzados. A aquisição da aptidão a apreender estas estruturas coloca um problema, mas é um problema psicológico e não um problema social"[38].

A seguir, Lévi-Strauss critica a teoria de Frazer, a que opõe uma súmula da sua própria:

a passagem do estado de natureza ao estado de cultura se define pela aptidão, que existe no homem, de pensar as relações biológicas sob forma de sistemas de oposições: oposição entre os homens, proprietários, e as mulheres, propriedade; oposição, no que toca a estas, entre esposas, mulheres adquiridas, e as filhas e irmãs, mulheres cedidas; oposição entre dois tipos de laços, os laços de aliança e os laços do parentesco; oposição nas linhagens, entre as séries consecutivas (compostas de indivíduos do mesmo sexo) e séries alternativas (em que o sexo muda quando se passa de um indivíduo ao seguinte). A dualidade, a alternância, a oposição e a simetria, quer se apresentem sob formas definidas ou fluidas constituem antes do que fenômenos que se trata de explicar os dados fundamentais e imediatos da realidade social, nos quais se deve reconhecer os pontos de partida de toda explicação[39].

A idéia central de Lévi-Strauss emerge em fórmulas diversas ao longo de toda obra analisada. "A troca é somente um aspecto de uma estrutura global de reciprocidade que se torna objeto (em condições que resta ainda precisar) de uma apreensão imediata e intuitiva da parte do homem social[40]. "Uma lógica interna dirige o trabalho inconsciente do espírito humano, mesmo nas suas criações que durante muito tempo foram consideradas como as mais arbitrárias"[41].

38. Idem, ibidem, p. 171.
39. Idem, ibidem, p. 175.
40. Idem, ibidem, p. 177.
41. Idem, ibidem, p. 277.

ESTRUTURA SOCIAL E PSICOLOGIA: MAUSS E LÉVI-STRAUSS

O estudo dos sistemas de parentesco australianos leva a desdobrar o conceito de troca em dois outros, troca restrita e troca generalizada. A troca restrita é simétrica e bilateral; processa-se entre grupos circunscritos, como as organizações dualistas ou classes matrimoniais construídas a partir destas, e pressupõe a permuta de irmãs e casamento entre primos cruzados bilaterais. A troca generalizada é assimétrica, e unilateral; neste caso, cada grupo constitui um elo numa cadeia de unidades de troca. Não há permuta de irmãs, e a forma de aliança inerente ao sistema é o casamento entre primos cruzados matrilaterais. A combinação das regras de descendência dá a base para a classificação dos sistemas harmônicos e desarmônicos. Harmônicos são aqueles em que os regimes seguem o mesmo padrão: residência matrilocal descendência matrilinear, ou então residência patrilocal descendência patrilinear.

Lévi-Strauss não pretende estabelecer um esquema de sucessão rigoroso à maneira de Durkheim. A prudência metodológica o compele a afirmar somente que os sistemas harmônicos são possivelmente mais arcaicos do que outros. Representam assim como a troca restrita soluções mais pobres do problema, pois que dão nascimento a ciclos limitados de reciprocidade.

A análise das formas de troca generalizada não coloca princípios novos de interpretação; para os propósitos deste trabalho, pode ser posta de lado. Passa-se a considerar agora os capítulos finais de *Les structures élémentaires de la parenté*.

Lévi-Strauss esposa um determinismo social estrito. "É suficiente que um grupo humano proclame a lei do casamento com a filha do irmão da mãe, para que se organize, entre todas as gerações e todas as linhagens, uma vasta ronda de reciprocidade, tão harmoniosa e inelutável quantos as leis físicas e biológicas"[42]. "As leis do pensamento – primitivo ou civilizado – são as mesmas que aquelas que se expressam na realidade física, e na realidade social, que é apenas um dos seus aspectos"[43]. Parece, portanto, estabelecer-se uma equivalência entre estrutura Física, Gestalt e estrutura social. Neste passo, o autor se apóia na *Dialética da Natureza*, de Engels.

Outro clássico do socialismo que teve influência sobre Lévi-Strauss é Proudhon; uma versão de seu conhecido paradoxo afirma que a propriedade é o roubo porque é a não-reciprocidade. Mas a comunidade também anula a reciprocidade, pela negação dos termos adversos. Entre uma e outra, Proudhon

---

42. C. Lévi-Strauss, *La pensée sauvage*, p. 336.
43. Idem, *Les structures...*, p. 561.

propõe-se construir um mundo. "Este mundo, acrescenta o nosso autor, é o da vida social, em que as regras do casamento e parentesco visam reproduzir o paradigma da reciprocidade, num labor incessantemente renovado, que jamais logra êxito"[44]. A psicanálise é, como se viu, um dos instrumentos de que se serve Lévi-Strauss para perquirir o espírito humano. Mas a teoria de *Totem e Tabu* não pode ser aceita tal como se apresenta, em razão de suas falhas já tantas vezes apontadas: gratuidade da hipótese da horda primitiva e assassinato do pai, círculo vicioso em que o estado social nasce de condições que o pressupõem. Se a reconstrução histórica, no entanto, não corresponde a nada de real, é possível, segundo uma sugestão de Kroeber, justificar a teoria no plano psicológico. Esta explicaria o estado presente da cultura, e não o seu passado. O parricídio e o incesto, que se manifestam sob inúmeras formas simbólicas que nunca tiveram realização efetiva, são "a expressão permanente de um desejo de desordem, ou antes, de contra-ordem". Em outras obras, Freud sugeriu que certos fenômenos básicos dependeriam de uma estrutura permanente do espírito humano. Lévi-Strauss enfileira algumas citações nesse sentido.

A primeira é *De Inibição, Sintonia e Angústia,* em que se admite a possibilidade de que a causa imediata da repressão primitiva resida em fatores de ordem quantitativa, como, por exemplo, uma dose excessiva de excitação, e a ruptura das barreiras que se lhe opõem. Em outra, se atribui, sob forma condicional, origem interna à inibição. Finalmente, Freud é explicitamente assertivo: há forças psíquicas que agem como inibições à vida sexual, e que são a aversão, a vergonha, e as exigências morais e estéticas. Pode-se ter a impressão de que a ereção dessas barreiras psíquicas é fruto da educação; esta certamente contribui para tal. "Na realidade, porém, este desenvolvimento é organicamente determinado e pode ocasionalmente produzir-se sem a ajuda da educação"[45]. Haveria duas formas de sublimação, uma resultante da educação, e portanto submetida a fatores sociais; outra se originaria de mecanismo mais simples, no início do período de latência[46]. Tais concepções parecem a Lévi-Strauss audaciosas e condizentes com a ciência moderna.

A psicanálise hesita ainda entre o método histórico e o método funcional. Mas há uma ciência social em que os dois tipos de explicação se combinam:

---

44. Idem, ibidem, p. 608.

45. Idem, ibidem, pp. 609-610. Citações: Freud, *The Basic Writings of S. Freud*, p. 583. *De Inibição, Sintoma e Angústia,* que Lévi-Strauss cita no original, foi consultada a tradução inglesa, *The Problem of Anxiet.*

46. Idem, ibidem, p. 610. Freud. *The Basic Writings of S. Freud*, p. 584.

ESTRUTURA SOCIAL E PSICOLOGIA: MAUSS E LÉVI-STRAUSS

é a lingüística, concebida como estudo fonológico. A sociologia da família exposta em *Les structures élémentaires de la parenté* segue modelos da fonologia. Há razões profundas para isso; as trocas matrimoniais e a linguagem são formas de comunicação, passíveis do mesmo tratamento. A diferença entre os dois tipos de comunicação está em que, ao contrário da palavra, que se tornou integralmente signo, a mulher é ao mesmo tempo signo e valor. No último parágrafo do livro, Lévi-Strauss estabelece correspondências entre o mito sumeriano da Idade do Ouro e o mito andamã da vida futura; um descreve a felicidade primitiva que precedeu a confusão das línguas, que fez das palavras propriedade comum; o outro é o sonho de um céu em que as mulheres não serão mais trocadas. Em ambos projeta-se "num passado ou num futuro igualmente inacessíveis, a doçura, eternamente negada ao homem social, de um mundo em que se poderia viver na intimidade (*entre soi*)"[47].

O capítulo que Lévi-Strauss escreveu sobre a família para a obra coletiva *Man, Culture and Society,* organizada por H. L. Shapiro resume as idéias de seu trabalho principal, com algumas diferenças de formulação que não deixam de ser importantes. As relações entre a divisão do trabalho entre os sexos e a proibição do incesto emerge com maior clareza.

Exatamente da mesma maneira como o princípio da divisão sexual do trabalho estabelece a dependência mútua entre os sexos, e compelindo-os a perpetuar-se e fundar família, a proibição do incesto estabelece a dependência mútua entre as famílias, compelindo-as, para perpetuar-se, a originar novas famílias.

O que dificulta o reconhecimento dessa identidade é um mero obstáculo verbal, o uso de termos tão diversos como divisão e proibição. "Mas se poderia fazer ressaltar o aspecto negativo da divisão do trabalho com chamá-la de proibição de tarefas; ao revés, sublinhar-se-ia o aspecto positivo da proibição do incesto se fosse chamada de princípio de divisão dos direitos matrimoniais entre as famílias"[48]. Neste escrito, não se mencionam as raízes inconscientes dos mecanismos de troca matrimonial. E mesmo certas frases levariam a supor que se trata de mecanismos conscientes.

Assim, diz-se que alguns povos primitivos contentam-se com fórmulas de troca matrimonial que traduzem simples interdições. Outros "preferiam inventar regras que cada indivíduo ou família deve seguir cuidadosamente, e

47. Idem, ibidem, p. 617.
48. Idem, "The Family", em H. L. Shapiro (ed.), *Man Culture and Society*, pp. 279-280.

das quais certas formas de mescla, concebidas experimentalmente como satisfatórias, devem necessariamente emergir". Esses "selvagens foram capazes de planejar (*to devise*) códigos fantasticamente engenhosos" cuja compreensão necessita das melhores cabeças lógicas e matemáticas de nossa civilização[49].

Nos artigos contemporâneos de *Les structures élémentaires de la parenté*, no entanto, afirma-se o primado do inconsciente. Na definição do termo, Lévi-Strauss afasta-se de Freud. "O inconsciente deixa de ser o inefável refúgio das particularidades individuais, o depositário de uma história única, que faz de cada um de nós um ser insubstituível." Inconsciente designa, na sua terminologia, a função simbólica especificamente humana que em todos os homens obedece às mesmas leis, que se resume, afinal, no conjunto dessas leis. É necessário estabelecer distinção marcada entre o inconsciente e o subconsciente. Este é o reservatório das lembranças e imagens colecionadas no decurso de uma vida, simples aspecto da memória.

Ao contrário, o inconsciente está sempre vazio; ou, melhor dito, ele é tão estranho às imagens quanto o estômago aos alimentos que o atravessam. Órgão de uma função específica, limita-se a impor leis estruturais, que esgotam sua realidade, a elementos inarticulados que vêm de fora: impulsos, emoções, representações, lembranças.

O subconsciente é o léxico individual, que só adquire sentido à luz dos princípios estruturais da língua. As línguas são várias, mas há um número limitado de leis fonológicas, válidas para todas. Mitos e complexos psicanalíticos também podem ser reduzidos a umas poucas formas elementares[50].

As elaborações secundárias e as racionalizações que se sobrepõem às estruturas básicas adquirem consistência e se tornam hábitos. "Agimos e pensamos segundo hábitos, e a resistência inaudita que se opõe a derrogações, mesmo mínimas, provém antes da inércia do que a vontade consciente de manter costumes cuja razão seria compreendida"[51]. As relações entre o que é psicologicamente primário e o secundário ressaltam de um outro estudo sobre sistemas de parentesco. No seio destes, cumpre distinguir entre o sistema de apelações, enraizado na língua, participando, portanto, da natureza dos sistemas fonológicos, e o sistema de atitudes. Para caracterizar os sistemas de apelações, Lévi-Strauss cita Jakobson: "A evolução do sistema fonológico é, a

---

49. Idem, ibidem, pp. 279-280.
50. Idem, *Anthropologie Structurale*, pp. 224-225.
51. Idem, ibidem, p. 25.

ESTRUTURA SOCIAL E PSICOLOGIA: MAUSS E LÉVI-STRAUSS

cada momento dado, dirigida pela tendência para um fim [...] Esta evolução tem pois um sentido, uma lógica interna, que a fonologia histórica é chamada a pôr em evidência"[52]. No sistema de atitudes, introduz-se uma subdivisão: umas são atitudes difusas, não cristalizadas, sem caráter institucional, que refletem a terminologia no plano psicológico; outras são atitudes estilizadas, obrigatórias, sancionadas por tabus ou privilégios, que se exprimem por meio de um cerimonial fixo. Estas últimas não decorrem automaticamente da nomenclatura, mas servem para resolver as contradições e superar as insuficiências inerentes ao sistema de apelações.

Embora as atitudes sejam elaboração secundária, os sistemas que formam são também suscetíveis de um tratamento "fonológico". Em cinco sociedades primitivas, examinam-se as atitudes que prevalecem entre pares antitéticos de relações assim constituídos: irmão/irmã, marido/ mulher, pai/filho, tio materno/filho da irmã. As relações entre irmão e irmã mais afetuosas e consistentes que as que existem entre esposos, ou ao contrário as relações conjugais são harmoniosas e as fraternas agravadas de tabus ou outros impedimentos. Na geração seguinte, há um coeficiente negativo ou positivo entre pai e filho e entre tio materno e sobrinho uterino, que decorre do tipo de relações que existia anteriormente. "O que é esta estrutura, e qual será sua causa? A resposta é a seguinte: esta é a estrutura de parentesco mais simples que se possa conceber e que possa existir. É propriamente dito, o elemento de parentesco"[53]. Ao chegar-se à concepção geral que o termo estrutura social tem para Lévi-Strauss, torna-se claro que esta não se calca diretamente sobre a realidade empírica, que são as relações sociais. "As relações sociais são a matéria-prima empregada na construção de modelos que tornam manifesta a própria estrutura social".

Para merecer o nome de estrutura, o modelo deve tão-somente satisfazer quatro condições.

Em primeiro lugar, uma estrutura apresenta um caráter geral de sistema. Consiste em elementos tais que uma modificação qualquer de um deles acarreta a modificação de todos os outros.

Em segundo lugar, todo modelo pertence a um grupo de transformações das quais cada uma corresponde a um modelo da mesma família, de forma tal que o conjunto dessas transformações constitui um grupo de modelos.

52. Idem, ibidem, p. 41.
53. Idem, ibidem, p. 56.

ESTRUTURA SOCIAL E DINÂMICA PSICOLÓGICA

Em terceiro lugar, as propriedades acima indicadas permitem prever de que maneira reagirá o modelo em caso de modificação de um de seus elementos. Enfim, o modelo deve ser construído de modo tal que o seu funcionamento possa dar conta de todos os fatos observados[54].

Os modelos podem ser construídos para diversos fins, para descrever e explicar diferentes tipos de fenômenos. O melhor será o modelo verdadeiro, que só utiliza os fatos considerados, e dá conta de todos. Os modelos podem ser conscientes ou inconscientes, isto em nada afeta a sua natureza. Quando conscientes, são chamados comumente normas; são os mais pobres de significado para o antropólogo. Quanto mais clara for a estrutura aparente, tanto mais difícil é apreender a estrutura profunda, por causa das deformações que a consciência interpõe entre o observador e o seu objeto.

De acordo com a relação entre a escala do modelo e a dos fenômenos representados, estabelece-se uma distinção entre modelos mecânicos e modelos estatísticos; nos primeiros, a escala das representações e dos correlatos objetivos é a mesma, nos segundos, diferente. Os exemplos são as regras de casamento:

Nas sociedades primitivas, essas regras são representadas sob forma de modelos em que figuram os indivíduos, efetivamente distribuídos em classes de parentesco ou clãs; tais modelos são mecânicos. Na nossa sociedade, é impossível recorrer a esse gênero de modelos, já que os diferentes tipos de casamento dependem nela de fatores mais gerais: tamanho dos grupos primários e secundários de onde provêm os possíveis cônjuges, fluidez social, quantidade de informação etc. O modelo adequado seria de natureza estatística[55].

Entre as duas formas existem outras intermediárias.

Que a etnologia deva utilizar modelos do primeiro tipo deduz-se do fato de que essa ciência "faz apelo a um tempo mecânico, isto é, reversível e não-cumulativo. [...] Ao contrário, o tempo da história é 'estatístico': não é reversível e comporta uma orientação determinada"[56]. Outra razão para empregar-se o modelo mecânico é que este facilita a comparação, método básico da etnologia.

54. Idem, ibidem, p. 306.
55. Idem, ibidem, p. 311.
56. Idem, ibidem, p. 314.

ESTRUTURA SOCIAL E PSICOLOGIA: MAUSS E LÉVI-STRAUSS

Ao passar em revista as aplicações feitas até o momento da análise estrutural, Lévi-Strauss esclarece sua noção de níveis da realidade social. Em primeiro lugar, vem o estudo da morfologia social, ou de estruturas de grupo, de que se ocupa também a ecologia humana. "Mas as pesquisas estruturalistas visam exclusivamente os quadros espaciais cujas características são sociológicas, isto é, não dependem de fatores naturais tais como os da geologia, da climatologia, da fisiologia etc"[57]. As considerações de tempo social são igualmente importantes neste contexto. Citam-se os trabalhos da ecologia urbana, da escola de Chicago, os da sociodemografia, e outras pesquisas demográficas que partem do conceito de *isolat* de Dahlberg. A noção de cultura, que deveria se aproximar desse conceito, tem emprego legítimo aqui.

Aborda-se a seguir a estática social ou estruturas de comunicação. "Em toda a sociedade, a comunicação se opera ao menos em três níveis: comunicação de mulheres; comunicação de bens e serviços; comunicação de mensagens. Por conseguinte, o estudo do sistema de parentesco, o do sistema econômico, e o do sistema lingüístico apresentam analogias"[58]. Os três são passíveis de tratamentos pelo mesmo método, mas se situam em níveis estratégicos diversos. As fórmulas de casamento e parentesco definem um quarto tipo de comunicação: o dos genes, entre fenótipos. A cultura não consiste exclusivamente em formas de comunicação; *Les structures élémentaires de la parenté* a caracterizará como o universo das regras. Neste passo, as regras são tidas por formadoras dos "jogos de comunicação". Para esclarecer as diferenças entre a circulação das mulheres e a dos bens econômicos, Lévi-Strauss vale-se dos mesmos termos que serviram naquela obra: a dupla oposição entre pessoa e símbolo e entre valor e signo. A semelhança está em que ambas operam num quadro fixo de opções. Segundo von Neumann e Morgenstern, o jogo consiste no conjunto das regras que o descrevem. A obra desses autores sobre a teoria dos jogos e o comportamento econômico abre caminho para aplicações mais amplas. A cibernética, ou teoria da comunicação, poderia também ser aplicada à análise dos sistemas de parentesco e casamento.

Na dinâmica social consideram-se as estruturas de subordinação. A estrutura social não se reduz nunca a um sistema de parentesco. Deve-se introduzir no modelo teórico elementos novos, cuja intervenção possa explicar as transformações diacrônicas da estrutura. Lévi-Strauss refere-se, como sinônimos, a organização social e ordem dos elementos (indivíduos e grupos) na

57. Idem, ibidem, p. 320.
58. Idem, ibidem, p. 326.

estrutura social. O primeiro passo da análise, neste nível, é descrever as unidades ou categorias, tais como classes sociais, "sodalidades", Estado. O segundo é pôr em relação os fenômenos observados com os do nível anterior. "Dois problemas se colocam: 1. as estruturas fundadas sobre o parentesco podem, por si mesmas, manifestar propriedades dinâmicas? 2. de que maneira as estruturas de comunicação e as estruturas de subordinação reagem umas com as outras?"[59]. O primeiro é o problema da educação, ou seja, das relações de dominação e subordinação entre as gerações.

Outro procedimento mais teórico consiste em buscar as correlações existentes entre as posições (estáticas) da estrutura de parentesco (reduzida à terminologia) e as condutas dinâmicas correspondentes. Para Lévi-Strauss há uma relação dialética entre o sistema de apelações e o sistema de atitudes, como já foi visto. Em certas sociedades, o sistema de parentesco não regula as uniões matrimoniais entre indivíduos pares, mas pertencentes a camadas sociais formando hierarquia. Aí se introduzem os problemas da poligamia, que favorece os chefes políticos e religiosos, e a hipergamia (ou hipogamia), casamento obrigatório entre pessoas de *status* diferentes. Finalmente, os estudos de *pecking order* entre as aves poderiam abrir perspectivas para compreensão das estruturas em que dominação e subordinação parecem operar ao sabor do acaso.

Assim se chega à discussão da *ordem das ordens*. A sociedade compreende um conjunto de estruturas correspondentes a diversos tipos de ordens. O sistema de parentesco é um meio de ordenar os indivíduos de acordo com certas regras; a organização social é outro; as estratificações sociais e econômicas, um terceiro. Essas estruturas podem ser ordenadas entre si. Lévi-Strauss emprega aqui o termo organização social, raramente encontrado em sua obra, sem, porém, defini-lo e integrá-lo no seu sistema de idéias. Mas a tentativa de formulação de um modelo total comporta uma dificuldade básica: "até que ponto a maneira pela qual uma sociedade concebe suas diversas estruturas de ordem, e as relações que as unem, corresponde à realidade?" Há várias respostas possíveis. Mas é preciso considerar que as estruturas parciais são ordens "vividas", que existem em função de uma realidade objetiva a qual se pode abordar do exterior, independentemente da representação que os homens têm dela. A tentativa de integração se faz por meio de estruturas de ordem "concebidas" e não mais vividas, e "que não correspondem direta-

59. Idem, ibidem, p. 343.

mente a nenhuma realidade objetiva; não são susceptíveis de controle experimental, pois que se fundam numa experiência específica"[60]. Para analisá-las é necessário reduzi-las a ordens do primeiro tipo. As ordens vividas correspondem ao domínio do mito e da religião; nas sociedades contemporâneas, ao da ideologia política.

Na "Introduction à l'oeuvre de Marcel Mauss", diz-se que "uma sociedade é comparável a um universo em que somente massas discretas seriam altamente estruturais". Os diferentes sistemas de símbolos que em seu conjunto formam a cultura são irredutíveis entre si; "a tradução de um sistema para o outro está condicionada à introdução de constantes que são valores irracionais"[61]. A análise psicológica impõe-se, pois, mas dentro de limites nitidamente demarcados. "Quanto mais recusamos à psicologia uma competência que se exerça em todos os níveis da vida mental, tanto mais devemos nos inclinar diante dela como a única capaz (com a biologia) de dar conta da origem das funções de base"[62]. A psicanálise não permite prescindir das ciências sociais, mas o seu modo de operar é do mesmo tipo do que existe nestas. A cura psicanalítica é a reconquista de um eu que nos é estranho; a pesquisa etnológica nos faz aceder ao que há de mais estranho em outrem, em que reconhecemos "um outro nós mesmos". "Nos dois casos, coloca-se o mesmo problema, de buscar comunicação, seja entre um *eu* objetivante, seja um *eu* objetivo e uma *outra* subjetividade." Nos dois casos, visa-se chegar aos "itinerários inconscientes deste encontro, traçados de uma vez por todas na estrutura inata do espírito humano e na história particular e irreversível dos indivíduos e dos grupos." A idéia do inconsciente como termo mediador entre mim e outrem se apóia também nos dados da lingüística estrutural[63].

A consideração do caráter relacional do pensamento simbólico e da linguagem conduz Lévi-Strauss a uma de suas concepções mais curiosas:

> Quaisquer que tenham sido o momento e as circunstâncias de sua aparição na escala da vida animal, a linguagem só pode ter nascido de chofre. [...] Como conseqüência de uma transformação cujo estudo não depende das ciências sociais, mas da biologia e da psicologia, efetuou-se a passagem, de um estádio em que nada possuía sentido, a um outro em que tudo o possuía.

60. Idem, ibidem, pp. 347-348.

61. Idem, "Introduction à l'oeuvre de Marcel Mauss", em M. Mauss, *Sociologie et Anthropologie*, p. XX.

62. Idem, ibidem, pp. XXII-XXIII.

63. Idem, ibidem, p. XXXI.

ESTRUTURA SOCIAL E DINÂMICA PSICOLÓGICA

Essa mudança radical não ocorreu no domínio do conhecimento, que se elabora lenta e progressivamente.

No momento em que o Universo inteiro tornou-se, de súbito, significativo, não foi, em virtude disso, melhor conhecido. [...] As duas categorias, a do significante e a do significado, se constituíram simultânea e solidariamente, como dois blocos complementares; mas o conhecimento, isto é, o processo intelectual que permite identificar, uns em relação aos outros, certos aspectos do significante e certos aspectos do significado – poder-se-ia mesmo dizer escolher, no conjunto do significante e no conjunto do significado, as partes que apresentam as relações mais satisfatórias de conveniência mútua – pôs-se a caminho muito lentamente. [...] O universo tinha sentido muito antes que se começasse a saber o que ele significava; isto é evidente por si mesmo. Mas do que precede resulta que significava, desde o início, a totalidade do que Humanidade pode jamais esperar conhecer a respeito dele[64].

O progresso do espírito humano, ou o progresso científico, consiste em ratificar divisões anteriores, proceder a reagrupamentos, definir afinidades e descobrir novos recursos "no seio de uma totalidade fechada e complementar de si mesma".

Estas idéias têm um desenvolvimento mais amplo no último livro de Lévi-Strauss, *La pensée sauvage*. Como está implícito nas proposições do escrito de 1950, todo conhecimento é um esforço de sistematização de dados. Entre os povos primitivos há mesmo a tendência à hiper-sistematização: não existe objeto no universo que não seja classificado numa ou noutra categoria, em geral na base das qualidades sensíveis que apresentam. Entre ciência e mágica a diferença principal seria que a primeira postula um determinismo integral, enquanto a outra distingue níveis na realidade, em que operam diferentes formas de determinismo. "O pensamento mágico e as práticas rituais traduzem uma apreensão inconsciente da *verdade do determinismo* enquanto modo de existência dos fenômenos científicos, de sorte que o determinismo seria globalmente *suspeitado e representado,* antes de ser *conhecido e respeitado*"[65].

A idéia central do livro é que o pensamento mítico procede de maneira idêntica à do *bricoleur,* isto é, do artesão autodidata que se ocupa em seus lazeres com a fabricação de obras de arte rústica, utilizando-se dos detritos vários que a civilização lhe deixa à porta. Embora por sua feição generalizadora possa ser chamado científico, o pensamento mítico, por meio de analogias e

---

64. Idem, ibidem, pp. XLVII-XLVIII.
65. Idem, *La pensée sauvage,* p. 19.

aproximações, nada mais faz que produzir novos arranjos dos mesmos elementos. Lévi-Strauss cita Boas, o qual observou que os universos mitológicos se desmembram apenas formados, para que de seus fragmentos nasçam outros universos. Muitas vezes, se bem que os materiais permaneçam os mesmos, os fins passam a ser meios, os significados se transformam em significantes e vice-versa[66]. Nesta eterna reelaboração, o que se destaca é a persistência dos fragmentos, isto é, das idéias fundamentais.

Lévi-Strauss acautela o leitor contra a impressão que poderia lhe advir, de que "a vida social, as relações entre o homem e a natureza, são projeção, ou mesmo resultado de um jogo conceitual que se desenrolaria no espírito". Mas afirma que "o esquema conceitual governa e define as práticas"; estas, "realidades discretas, localizadas no tempo e no espaço e características de gêneros de vida e formas de civilização", são o objeto de estudo do etnólogo. Mas práticas não se confundem com *praxis*.

O marxismo –talvez mesmo o próprio Marx – raciocina muitas vezes como se as práticas decorressem imediatamente da *praxis*. Sem pôr em dúvida o incontestável primado das infraestruturas, acreditamos que entre *praxis* e práticas se intercala um mediador, que é o esquema conceitual por meio do qual forma e matéria, desprovidas ambas de existência independente, se efetuam como estruturas, isto é, como seres a um só tempo empíricos e inteligíveis[67].

O estudo das infraestruturas se reserva à história, assistida pela demografia, a tecnologia, a geografia histórica e a etnografia. A teoria das superestruturas compete sobretudo à etnologia, que, antes de mais nada, é uma psicologia. Esta psicologia é também uma "sócio-lógica", que serve de fundamento à sociologia[68].

Fiel à sua concepção básica, Lévi-Strauss propõe uma "dialética das superestruturas" moldada sobre a linguagem, que consiste em estabelecer "*unidades* constitutivas que só podem desempenhar esse papel sob condição de serem definidas de maneira não equívoca, isto é, contrastando-se aos pares, para em seguida, por meio dessas unidades constitutivas, elaborar um *sistema*, o qual terá o papel de um operador sintético entre a idéia e o fato, transformando este último em sinal"[69].

66. Idem, ibidem, p. 31.
67. Idem, ibidem, p. 173.
68. Idem, ibidem, p. 101.
69. Idem, ibidem, p. 174.

ESTRUTURA SOCIAL E DINÂMICA PSICOLÓGICA

Até o momento, não parece haver grande divergência entre a posição atual de Lévi-Strauss e a que se firmara em obras anteriores. Mas há um ponto que passa por retificação, o do papel do inconsciente. *Les structures élémentaires de la parenté* dava a idéia que se buscava a gênese inconsciente da troca matrimonial. "Teria sido necessário distinguir melhor entre a troca, tal como se expressa espontânea e imperiosamente na *praxis* dos grupos, e as regras conscientes e premeditadas por meio das quais esses mesmos grupos – ou seus filósofos – procuram codificá-la e controlá-la"[70]. Esta revisão no entanto, é de pouca monta, como se verá mais adiante.

Lévi-Strauss aceita a recomendação de Sartre de estudar as sociedades de acordo com a razão dialética. Mas defende a preeminência que atribui à razão analítica, porque esta dá acesso a uma realidade que escapa à história humana, e da qual a lingüística e a psicanálise desvendam certos aspectos.

A língua não reside nem na razão analítica dos antigos gramáticos, nem na dialética constituinte da *praxis* individual que se defronta com o prático-inerte, pois que todas as três a supõem. A lingüística nos põe em presença de um ser dialético e totalizante, mas exterior (ou inferior) à consciência e à vontade. Totalização não reflexiva, a língua é uma razão humana que tem suas razões, e que o homem não conhece[71].

A discussão com Sartre se trava principalmente em torno desses pontos. Lévi-Strauss mantém que a razão analítica deve explicar a razão dialética; esta não pode dar conta de si mesma, nem da razão analítica. A razão dialética seria simplesmente o esforço da razão analítica de ultrapassar-se a si própria.

O autor de *Critique de la raison dialétique* é acusado de ter compreendido apenas pela metade a lição de Marx e de Freud. Ensinaram eles que o homem só faz sentido se encarado do ponto de vista do sentido; até aí, Lévi-Strauss está de acordo com Sartre. "Mas é preciso acrescentar que *este sentido não é nunca o verdadeiro*; as superestruturas são atos falhados que lograram êxito no plano social"[72]. É tarefa vã buscar uma verdade superior no seio da consciência histórica. Costuma-se opor à descontinuidade do universo etnológico a continuidade da história. Mas esta continuidade é ilusória. A concepção histórica que pretende atingir a essência da mudança não leva a nenhuma realidade.

70. Idem, ibidem, p. 333.
71. Idem, ibidem, p. 334.
72. Idem, ibidem, p. 336.

Por hipótese, o fato histórico é o que se passou realmente; mas onde se passou alguma coisa? Cada episódio de uma revolução ou de uma guerra se resolve numa pluralidade de movimentos psíquicos e individuais; cada um desses movimentos traduz evoluções inconscientes, e estas se resolvem em fenômenos cerebrais, hormonais ou nervosos, cujas referências são elas próprias de ordem física ou química[73].

À história, atribui-se a função de um método, que não se liga ao homem, nem a nenhum objeto particular; cabe-lhe tão-somente, "inventariar a integralidade dos elementos de uma estrutura qualquer, humana ou não humana"[74]. Existe, sem dúvida, uma *praxes* vivida por indivíduos concretos, mas que não é mais do que o modo de apreensão consciente de processos psicológicos e fisiológicos descontínuos.

Não contestamos que a razão se desenvolva e se transforme no campo prático: a maneira segundo a qual o homem pensa traduz suas relações com o mundo e com os homens. Mas para que a *praxis* possa ser vivida como pensamento, é preciso em primeiro lugar (num sentido lógico e não histórico) que o pensamento exista: isto é, que as suas condições iniciais sejam dadas, sob forma de uma estrutura objetiva do psiquismo e do cérebro, sem a qual não haveria nem *praxis,* nem pensamento[75].

O pensamento histórico é "domesticado". O pensamento selvagem é intemporal, e quer apreender o mundo como totalidade ao mesmo tempo sincrônica e diacrônica. O universo dos povos chamados primitivos consiste principalmente de mensagens. Até o presente, isto foi considerado um traço característico que explicaria a sua inferioridade mental e tecnológica.

Foi preciso que a ciência física descobrisse que um universo semântico possui todas as características de um objeto absoluto, para que se reconhecesse que a maneira pela qual os primitivos conceitualizam o mundo é, não somente coerente, mas a única que se impõe em presença de um objeto cuja estrutura apresenta a imagem de uma complexidade descontínua[76].

A conclusão é que o pensamento científico, na sua forma mais moderna, volta a encontrar o pensamento selvagem, do qual nasceu nos primórdios da cultura.

73. Idem, ibidem, p. 340.
74. Idem, ibidem, p. 348.
75. Idem, ibidem, p. 349.
76. Idem, ibidem, pp. 354-355.

III

CRÍTICAS A LÉVI-STRAUSS

Há certos temas que formam a trama contínua da tradição sociológica francesa, acentuando-se de autor para autor, e assumindo sua feição mais característica em Lévi-Strauss. Na análise que se empreenderá, destacar-se-ão apenas os que concernem às preocupações centrais deste trabalho. Estes são em número de três: interdependência do plano psíquico e do plano social; relações entre a estática e a dinâmica, ou seja, entre sociologia e história; posição metodológica.

Tem início com Auguste Comte a recusa da psicologia como ciência do eu, ao mesmo tempo em que se atribui à explicação psicológica papel primordial. A organização psíquica pessoal, quando sequer mencionada, é tida por tradução, ao nível do indivíduo, de leis gerais do espírito. Assim temos o paradoxo de uma defesa intransigente da sociologia contra supostas incursões da psicologia, que se escuda, no entanto, numa ordem de causalidade mental, de que o social deriva. Em Comte, é evidente o apego ao legado intelectual do século XVIII, à idéia de uma natureza humana eterna e imutável, que por seu intermédio passa aos sucessores. A frenologia de Gall dá-lhe os elementos básicos, os instintos, cuja combinação forma o "quadro cerebral", constantemente revisto em suas onze versões[1]. Durkheim se vale do associacionismo de Maudsley e Wundt para elaborar sua teoria das representações coletivas. A noção de estrutura mental de Lévi-Strauss compartilha com estes conceitos um acentuado ar de família; na sua gênese intervêm a psicanálise e a *Gestalttheorie,* assim como a inspiração lingüística. Em todos os casos se busca uma unidade discreta, significativa em si mesma, e termo último da análise. A psicossociologia que Comte extraiu das elucubrações de

---

1. Ver P. Arbousse-Bastide, *La doctrine de l'éducation universelle dans la philosophie d'Auguste Comte,* pp. 702-715.

ESTRUTURA SOCIAL E DINÂMICA PSICOLÓGICA

Gall apresenta sugestões de interesse, que não são amplamente reconhecidas, como se procurou demonstrar em escrito anterior[2]. A crítica do associacionismo, de que se incumbiu o próprio desenvolvimento da psicologia, não necessita ser refeita. Os fundamentos psicológicos da vida social, na concepção da escola sociológica francesa, serão examinados na forma renovada proposta por Lévi-Strauss.

Tomemos o ponto de partida, a proibição do incesto. Esta é declarada pré-social, em primeiro lugar por sua universalidade, que a assemelharia às tendências e instintos. Portanto, já se supõe que as tendências e instintos antecedem o social, que este não faz parte da natureza humana. A segunda razão de considerar-se a proibição do incesto pré-social é que este regula as relações sexuais, fundando o mecanismo das trocas. Haveria, portanto, um estádio que vem antes de uma instituição básica, como seja a família nuclear. Grupos compostos de dois homens e suas mulheres se aliariam mediante a troca de mulheres, e disso nasceria a família. Como observa De Josselin de Jong:

> Quando um homem tem filhos com certa mulher, e tem relações de troca com o irmão desta mulher, e com aquele que tem direitos sobre sua irmã, e assim por diante, não parece absurdo chamar as três unidades de troca presentes de "famílias nucleares", independentemente de ter-se já o casamento tornado uma instituição fixa e definida. Nem parecerá disparate dizer-se que cada uma dessas unidades, quer se chamem ou não "famílias nucleares", compreende o conjunto básico de distinções ou "oposições" que obviamente subtende todos os sistemas mais elaborados de parentesco e casamento[3].

Em outras palavras, se o todo precede as partes, como Lévi-Strauss não se cansa de afirmar, concebe-se mal um início absoluto a partir destas. Ou então seria preciso supor que os membros de uma horda desprovida de quaisquer regras intuíssem subitamente, e de uma só vez, todo o sistema. Como vimos, esta solução por uma criação súbita é proposta para a linguagem, e será discutida mais adiante.

Lévi-Strauss na última parte de sua obra não desenvolve a idéia do casamento como passagem do estado de natureza ao estado de cultura. E mesmo, à oposição entre os dois estados, atribui valor sobretudo metodológico[4]. Mas

---

2. R. Coelho, *Indivíduo e Sociedade na Teoria de Auguste Comte*.
3. J. P. B. de Josselin de Jong, *Lévi-Strauss's Theory of Kinship and Marriage*, p. 33.
4. C. Lévi-Strauss, *La pensée sauvage*, p. 327.

CRÍTICAS A LÉVI-STRAUSS

como princípio metodológico conserva toda sua força, justificando a distinção entre impulsos inatos, que seriam naturais, e impulsos adquiridos que se elaboram como superestruturas: há sempre a suposição de que o organismo é analítica e empiricamente anterior à sociedade, que nele se encontram mecanismos fixos de simbolização, que originam a cultura.

A existência de uma natureza humana pré-social é mera conjetura, inacessível à comprovação científica. Mas há indicações de que seria prudente abster-se desta hipótese. Segundo o estabeleceu a antropologia física, uma das principais características da espécie humana é a fetalização, também chamada pedomorfismo, ou neotínea[5]. Em nenhuma outra espécie o *facies* das fases precoces do desenvolvimento se preserva de modo tão nítido. É do conhecimento comum que o neonato é um ser inerme e desvalido, e permanece assim por largo tempo. A ausência de mecanismos instintuais montados e a dependência que isso implica são compensadas pela grande flexibilidade do animal humano. Como se tem dito e repetido, a não especialização biológica e o prolongado período de imaturidade favorecem o aprendizado, base da transmissão cultural. Não se quer negar que haja uma natureza humana específica, mas esta deverá ser estudada na riqueza de suas manifestações culturais. Quaisquer que sejam os impulsos, derivados do organismo ou da sociedade, deverão ser considerados naturais.

Para justificar sua idéia de existência de estruturas mentais que prefiguram as relações sociais, Lévi-Strauss usa o material empírico de Susan Isaacs, mas não coincide com o pensamento dessa autora. Uma passagem crucial de *Social Development in Young Children* diz o seguinte:

A extravasão do ódio e agressão sobre os estranhos não traz somente aos que pertencem ao grupo um sentido caloroso de companheirismo. Torna possível a experiência ativa de *fazer* coisas juntos. O isolamento egocêntrico se quebra na ação tanto quanto no sentimento. Os membros do grupo tornam-se capazes de aderir a um fim comum. Hábitos comuns, padrões comuns de comportamento lentamente imprimem seu selo sobre os desejos e opiniões individuais, e uma história comum se constrói. Desta maneira o grupo ganha gradualmente alguma ascendência sobre os membros individuais; assume lentamente uma organização, e obtém em certa medida permanência[6].

5. Ver M. R. Drennan, "Pedomorphism in the pré-Bushman Skull", *American Journal of Physical Anthropology*, v. 16, pp. 203-210 e M. F. Ashlei Montague, "Time, Morphology and Neoteny in the Evolution of Man", *American Anthropologist,* n. 57, pp. 13-27.

6. S. Isaacs, *Social Development in Young Children*, p. 253.

ESTRUTURA SOCIAL E DINÂMICA PSICOLÓGICA

Assim, pois, a regra social emerge paulatinamente do convívio. A reciprocidade não é vista como um dado primário, mas como algo que cresce lentamente, resultando da experiência de "viverem juntos" *(togetherness)*, e do mecanismo mais profundo da identificação[7]. Aliás, Isaacs, não deixando de ser discípula ortodoxa de Freud, firma uma posição antiestruturalista em psicologia. Parece-lhe mais adequado designar os processos mentais por "termos puramente transitivos, isto é, como eventos"; confessa ter um "forte preconceito contra as personificações". Usa *id, ego e super-ego* como se fossem notações taquigráficas para resumir processos mentais[8].

O apelo à regra, em que Lévi-Strauss vê um princípio básico informando a sociedade infantil do mesmo modo que a sociedade primitiva, não necessita ser procurado nos refolhos mais íntimos do inconsciente. Da análise de Susan Isaacs, depreende-se que surge como um momento na evolução das inter-relações; as situações insolúveis no plano infantil são submetidas à arbitragem do adulto. Que existam disposições no espírito independente da vida social é um dos postulados da psicologia. Mas Lévi-Strauss quer provar que, mais do que disposições, são "formas embrionárias" de comportamento, "estruturas mentais esboçadas".

A experiência de Brainard, base do primeiro argumento, é de interpretação dúbia; desde o início, a criança está, em relação com os pais, numa situação social, que não permite isolar componentes não-sociais. O segundo, que põe em tela a aquisição da linguagem, vai nos ocupar mais longamente.

As teorias sobre os inícios da linguagem são em grande número, mas se resumem em duas posições fundamentais. Uma, mantém que o aprendizado da língua se realiza gradualmente, pela estruturação do complexo a partir do simples; segundo a outra, o indivíduo está originalmente de posse de um equipamento fonético vasto, e a linguagem se constrói por um processo de ajustamento, com eliminação de certos sons. Nesta última enquadram-se a de Jakobson, citado por Lévi-Strauss, a de K. Goldstein e a de D. McCarthy, entre outras[9]. Adotando-se o ponto de vista "organísmico" desses autores, admite-se que a criança é *virtualmente* capaz de produzir todos os sons das línguas humanas, mas não que *efetivamente* os emite. Jakobson demonstrou que a

7. Idem, p. 276.
8. Idem, p. 228.
9. Não foi possível consultar o livro de R. O. Jakobson, *Kindersprache Aphasie und allgemeine Lautgesetze,* que é resenhado por K. Goldstein em *Language and Language Disturbances,* e O. McCarthy, "Language Development in Children", em L. Carmichael (ed.), *Child Psychology,* pp. 492-631.

CRÍTICAS A LÉVI-STRAUSS

mesma seqüência cronológica de sons se apresenta em crianças que aprendem línguas diferentes, na Suécia, Noruega, Dinamarca, Rússia, Polônia, Índia, Tchecoslováquia, Bulgária, Alemanha, Holanda, Estônia e Japão[10]. Mas Jakobson usou o método biográfico, e os seus dados referentes ao período do balbucio são considerados não válidos por Goldstein, que entretanto perfilha sua teoria. Lynip, que se serviu de meios magnéticos para registrar e analisar as primeiras emissões de voz infantis, estabeleceu que estas diferem marcadamente das que os adultos produzem. Os espectrogramas do balbucio apresentam apenas indícios tênues das futuras formas sonoras. A criança aprende a falar por imitação; somente a partir do décimo terceiro mês há semelhança entre os sons que emite e os da mãe[11].

A instabilidade e labilidade dos fenômenos fonéticos na primeira infância se evidenciam nos trabalhos de Gesell e seus colaboradores; no Child Study Center da Universidade de Yale Ruth Métraux, que pesquisou durante dois anos 270 crianças de língua inglesa, de dezoito a cinqüenta e quatro meses, verificou que, a princípio há incerteza e inconsistência na produção de qualquer palavra. Assim, em vez "ball" *(ból),* a criança dirá *bó, bá,* ou *bu;* "baby" é pronunciada *bebi, beibi, bibi*[12]. Os sons do *th* em inglês só começam a ser emitidos regularmente a partir dos trinta e seis meses, e assim mesmo com omissões e confusões.

Na literatura consultada não há indicação nenhuma de um sistema fonético, mesmo rudimentar, que apareça espontaneamente, e que seja necessário quebrar ou recalcar para aprender a língua materna. O que torna difícil ao adulto aprender um idioma estrangeiro é a perda da plasticidade da primeira infância.

Portanto, a analogia lingüística de Lévi-Strauss não lhe pode servir para fundar sua hipótese.

Da mesma forma, a aplicação da fórmula freudiana, "a criança é um perverso polimorfo", incide em exagero. A psicanálise postula a fixação da libido em certas etapas do desenvolvimento psicossexual. Quando esse desenvolvimento é bloqueado por um mecanismo gerador de neurose, dá-se a regressão a um estádio anterior. Reaviva-se um núcleo de fixação, em torno

10. R. O. Jakobson, *apud* K. Goldstein, *La structure de l'organismo*, p. 36.
11. Lynip, citado por O. McCarthy, "Language Development in Children", op. cit., pp. 516-517.
12. R. Métraux, "Spech Profiles of the Pré School Child 18 to 54 Months", *The Journal of Speech and Hearing Disorders* n. 15, p. 37. Em lugar dos caracteres do IPA, usamos a transliteração portuguesa.

ESTRUTURA SOCIAL E DINÂMICA PSICOLÓGICA

do qual, em determinadas circunstâncias, configura-se uma perversão. Freud escreveu na *Introduction à la psychanalyse* que, se o adulto manifesta uma perversão, algo o predispunha a isso[13]. Predisposição não é o mesmo que "forma embrionária". O enunciado mais correto do *obiter dictum* seria: "A criança é um perverso polimorfo em potencial". Esse ponto será mais largamente tratado na parte relativa à personalidade. A analogia psicanalítica tampouco se revela um argumento convincente.

Ao trazer como ilustração de sua tese o caso do pequeno Johnny A., Lévi-Strauss não sai do raciocínio analógico. O paralelo entre as fantasias desse menino e a organização dualista é engenhosamente apresentado. Seria necessário conhecer melhor sua história de vida e o sentido que nela tiveram tais fantasias para verificar se se trata de algo mais do que uma parecença superficial. Como o próprio Lévi-Strauss veio a conhecer dúvidas acerca da existência da organização dualista como estrutura fundamental[14], podemos passar adiante.

Nas páginas finais de *Les structures élémentaires de la parenté,* invoca-se a psicanálise para substanciar uma teoria de determinantes psicobiológicas do espírito. *Totem e Tabu* inspira a noção da contra-ordem que se oporia à ordem, e que dá a idéia de um maniqueísmo psíquico. Que o período de latência resulte da atuação de forças internas, como "a aversão, vergonha e exigências estéticas e morais", não é um ponto provado. Em torno dele travaram-se as polêmicas entre Malinowski e Ernest Jones que não conseguiram destruir um dado básico, a ausência de latência entre os nativos das Ilhas Trobriand. Fenichel admite que em certos povos primitivos este período possa não aparecer, e que restrições culturais sejam responsáveis pela renúncia a desejos sexuais. Mas não lhe parece que haja contradição entre a determinação social e a determinação biológica dos fenômenos. As mudanças biológicas podem ser ocasionadas por forças externas que deixem traços permanentes na psique[15]. Para Schachtel, a repressão da sexualidade infantil se deve a instâncias que emanam da sociedade. A mesma passagem que Lévi-Strauss cita é comentada por ele como se segue.

É surpreendente que o homem que descobriu, explorou, descreveu e colocou em relevo repetidas vezes o conflito entre cultura, sociedade e instinto sexual tenha atri-

---

13. S. Freud, *Introduction à la psychanalyse*, p. 334.
14. C. Lévi-Strauss, *Anthropologie structurale*, cap. VIII.
15. O. Fenichel, *The Psychoanalytical Theory of Neurosis*, p. 62.

CRÍTICAS A LÉVI-STRAUSS

buído a origem ontogenética das inibições sexuais a fatores orgânicos, como se desejasse explicar como naturais essas inibições, que uma cultura hostil ao prazer e ao sexo criou, aprofundou e robusteceu de todos os modos imagináveis.

A explicação desta "hipótese estranha e discutível" reside, em sua opinião, no "conflito trágico", que existe em Freud como em todo grande descobridor, "entre um espírito poderoso e lúcido que busca a verdade, e a pessoa que nunca pode desvincilhar-se de todo das mil amarras que a subjugam e atam aos preconceitos, ideologias, mentiras e convenções do seu tempo e sociedade"[16].

É fato digno de nota que um psicólogo clínico, como Schachtel, saliente a importância da causalidade social, enquanto Lévi-Strauss, que é antropólogo social, se atenha a fatores biopsicológicos. O depoimento de Ernest Schachtel é valioso, pois se baseia numa ampla experiência psiquiátrica.

Lévi-Strauss, finalmente, vai além da psicanálise na sua formulação da estrutura da psique. A concepção de um inconsciente puramente estrutural e vazio, bem como a divisão inconsciente-subconsciente-consciente, confrontada com a teoria clássica, acusa divergências fundamentais em relação a esta. Freud acautela contra as generalizações apressadas na repartição dos fenômenos psíquicos entre os sistemas Pré-consciente (PCS) e Inconsciente (ICS). No adulto, "o sistema ICS propriamente dito funciona somente como etapa preliminar de uma organização mais elevada". As relações entre os dois sistemas não se limitam ao recalcamento.

O ICS é vivo, susceptível de desenvolver-se, mantém relações com o PCS, e mesmo coopera com ele. Em suma, é permissível dizer que o ICS se prolonga nos seus chamados rebentos, que os acontecimentos da vida agem sobre ele, e que, ao mesmo tempo que influencia o PCS, é por seu turno influenciado por este último[17].

Esta é uma visão dinâmica e dialética do espírito humano, que se tem revelado fecunda. A hipótese de Lévi-Strauss levantaria sérias dificuldades para quem desejasse verificá-la empiricamente. Se o inconsciente é uma estrutura imutável, que no entanto produz efeitos variados, é evidente que escape à comprovação pelo método das variações *concomitantes*. A sua exploração seria talvez possível pelo método dos resíduos. Mas a validade deste é discutível, como será visto adiante.

16. E. G. Schachtel, "On Memorry and Childhood Amnesia", em P. Mullahy (ed.), *A Study of Interpersonal Relations,* p. 7.

17. S. Freud, *Métapsychologie,* pp. 134-136.

ESTRUTURA SOCIAL E DINÂMICA PSICOLÓGICA

Quando, pois, Lévi-Strauss assevera que Sartre compreendeu apenas pela metade a lição de psicanálise, este estaria habilitado a exigir o que se chama em termos jurídicos uma reconvenção: que a acusação se volte contra o acusador. Não é fazer inteira justiça ao método de Freud tratá-lo como a chave para decifração de uma linguagem secreta, excluindo o dinamismo da estrutura. A frase "A superestrutura é um ato falhado que teve êxito" parece reduzir ao mínimo, senão omitir por completo, a função sintetizadora do *ego*. Não há dúvida de que a técnica psicanalítica é a busca do sentido implícito que se oculta nos níveis mais profundos do psiquismo. Mas a cura se processa pela ruptura do círculo vicioso das estruturas mórbidas, só possível mediante a *endovisão*[18], a que se segue sua reintegração no consciente. É óbvio que este, governado pelo princípio da realidade e adaptando o indivíduo à vida social, desempenha o papel mais relevante.

A colocação da atividade mental em termos de consciência e inconsciência já fora ocasião, para Durkheim, de sérios embaraços conceituais. Vimos como ele acaba por forjar a noção curiosa de centros de consciência espalhados pelo organismo, que a consciência central não apreende. Lévi-Strauss, pelo contrário, tende a exagerar a ação dos mecanismos inconscientes sobre a consciência. Mas como conciliar a sua interpretação da psicanálise com a teoria da Gestalt, que resume a vida psíquica nas funções conscientes, tal como se manifestam na percepção?

O gestaltismo, a princípio, adotava uma posição fisicalista. Paul Guillaume escreveu:

o fato fisiológico, o fato nervoso, em todos os seus aspectos acessíveis à ciência, *são* fatos físicos; a fisiologia fala a linguagem da física. Mas esta concepção acarreta *ipso facto* a extensão da noção de forma a certos fatos físicos. É preciso buscar as formas físicas não somente nos fatos fisiológicos, descritos em termos físicos, que se encontram nos seres vivos, mas nos fatos que o físico estuda e reproduz no seu laboratório[19].

Desenvolvimentos posteriores levaram a maioria dos representantes da escola a refutarem essa tese. Köhler faz da organização sensorial um fenômeno característico do sistema nervoso. "Alguns autores parecem pensar que,

18. "Insigth", embora se trate de um neologismo híbrido, é indispensável ao vocabulário psicológico do português.

19. P. Guillaume, *La psychologie de la forme*, pp. 24-25.

CRÍTICAS A LÉVI-STRAUSS

de acordo com a psicologia da Gestalt, *Gestalten*, isto é, entidades segregadas, existem fora do organismo e simplesmente se estendem ou projetam no sistema nervoso". Tal ponto de vista é inteiramente errôneo. "Entre os objetos físicos em torno de nós e nossos olhos, os únicos meios de comunicação são as ondas luminosas. Não há organização nesses estímulos; a formação de unidades específicas ocorre como função neural"[20]. Nesta base se edificou a psicologia organísmica, talvez o mais interessante renovo da *Gestalttheorie*.

O fisicalismo, porém, como se torna claro nas citações feitas, está no cerne do pensamento de Lévi-Strauss: as relações sociais são imanentes ao objeto, são estruturas lógicas intuídas pelo primitivo, e assim por diante. Em *Les structures élémentaires de la parenté*, não se resolve a antinomia entre a natureza inconsciente das estruturas sociais e a sua apreensão pelo espírito como objeto exterior. Em relação ao casamento de primos cruzados e à organização dualista, esboça-se uma idéia de graus diferentes da consciência, que não é desenvolvida. Que as regras do parentesco sejam produto da invenção, é o que consigna no artigo "The Family", sem que se discrimine com limpidez a parte que o consciente tem no processo. Há, em *La pensée sauvage*, o reconhecimento de que a elaboração consciente possa ter algum papel na codificação das trocas matrimoniais. Mas essas são apenas concessões que não invalidam o primado do inconsciente. O que se encontra no consciente são atos falhos que se firmaram.

Na obra de Lévi-Strauss, lê-se em filigrana, como dizem os franceses, outra influência, a do behaviorismo. O hábito é tido por fator imperioso na preservação das formas de pensamento. Os sistemas de parentesco dão nascimento a atitudes que divergem das que decorrem automaticamente da nomenclatura. Certas formas de subordinação parecem originar-se espontaneamente do comportamento, como a "pecking order" das aves. Há também a idéia de que as práticas mágicas e rituais são formas rudimentares do determinismo, vividas na ação, antes de serem apreendidas pela consciência. Mas trata-se de meras sugestões, que não contribuem substancialmente para a teoria.

Assim, vemos como Lévi-Strauss talhou, na psicanálise e no gestaltismo, blocos de conceitos, que, juntamente com alguns elementos do behaviorismo, lhe serviram para construção de um edifício aparentemente harmonioso. Mas certos desacordos persistem em profundidade, como a oposição entre cons-

20. W. Köhler, *Gestalt Psychology*, p. 160.

ciente e inconsciente; a psicologia do comportamento postula a primazia da ação sobre o pensamento, que se choca com a concepção do nosso autor. O que dá unidade ao sistema é o constante apelo à analogia lingüística. As estruturas mentais são materiais que se ordenam e desfazem pela ação do *bricolage* que atua sobre elas; o fundo comum a todas elas é eterno.

Neste passo, o pensamento de Lévi-Strauss trilha um *ricorso* do de Vico. Na *Scienza Nuova* aparece pela primeira vez a concepção de "uma língua mental comum a todas as nações, a qual compreenda a substância das coisas que movem a vida social humana, e a explique em tantas modificações diversas quantos sejam os diversos aspectos que essas coisas possam ter". Assim se formaria "um vocabulário mental comum a todas as diversas línguas articuladas, mortas e vivas"[21]. Mas em Vico o início da linguagem está na imaginação poética. A poesia (tomada no sentido do étimo grego, *poiésis*) é a força fundamental do espírito humano, que cria os significados que o mundo tem para as diversas civilizações. A "língua mental comum" é um repositório de aquisições básicas a que o homem volta quando uma civilização venceu o curso que a leva do nascimento à maturidade e à morte.

Para Lévi-Strauss, os significados se constituíram de chofre, de uma vez por todas. Esta hipótese não é discutida, mas dada como evidente por si mesma. O universo semântico, realidade fechada em si própria, é um absoluto, cujos fundamentos são inacessíveis à consciência e à vontade.

Para resumir, a psicologia de Lévi-Strauss, como a de Durkheim, é deliberadamente intelectualista; os problemas da afetividade e da conação são relegados a plano inferior. O indivíduo concreto é visto antes como teatro de acontecimentos do que como entidade organizadora de experiência. A unidade constitutiva do espírito, representação coletiva ou estrutura mental, é auto-suficiente e própria da espécie, não do indivíduo. Os fenômenos de base são tidos por ontogenéticos, e explicativos das elaborações secundárias, isto é, da vida social. Em Lévi-Strauss, há uma hipótese inicial (da constituição instantânea de todos os significados) que é mera conjetura; trata-se de uma explicação *obscurum per obscurius*.

A justificação de assumir tal hipótese é a necessidade de fixar as condições objetivas do pensamento. Mas esta preocupação leva Lévi-Strauss a desqualificar a história, o que constitui uma acentuação da posição durkheimiana. Ele admite o marxismo como análise redutora das ideologias,

---

21. G. B. Vico, *Opere*, p. 444.

CRÍTICAS A LÉVI-STRAUSS

mas a isso limita o seu papel. E assim fazendo, dá uma inflexão especial aos conceitos de *praxis* e ideologia, para ajustá-los ao seu pensamento.

Georg Lukács, fazendo a crítica da filosofia kantiana, diz: "a essência da prática reside na supressão da *indiferença da forma em relação ao conteúdo*, indiferença em que se reflete metodologicamente o problema da coisa em si". Para estabelecer a prática como principio da filosofia é necessário encontrar "um conceito de forma cuja validade não tenha mais por fundamento e condição metodológica esta pureza em relação a toda determinação de conteúdo, esta pura racionalidade"[22]. A indiferença da forma em relação ao conteúdo, como se tornou perfeitamente claro, é uma das bases metodológicas de Lévi-Strauss. Entre a *praxis* e as práticas, medeia o esquema conceitual em que forma e matéria, desprovidas de existência independente se associam. Os esquemas conceituais são idênticos no pensamento infantil, no pensamento primitivo, quer nos primórdios da humanidade, quer na nossa época. Aqui Lévi-Strauss parece seguir Proudhon antes que Marx.

Em *Misère de la philosophie*, Marx afirma a transitoriedade e relatividade ao momento histórico das idéias e categorias.

Os mesmos homens que estabelecem as relações sociais de conformidade com sua produtividade material, produzem também os princípios, as idéias, as categorias, de conformidade com suas relações sociais. Assim estas idéias, estas categorias são da mesma forma tão pouco eternas quanto as relações que exprimem. São produtos históricos e transitórios. Há um movimento contínuo de acréscimo das forças produtivas, de destruição das relações sociais, de formação das idéias; só existe de imutável a abstração do movimento – *mors immortalis*.

Na edição Costes, que contém as anotações que Proudhon fez no seu exemplar, lê-se à margem do segundo período na citação acima: "Sim, eternas como a humanidade, nem mais nem menos; e todas contemporâneas"[23]. Mais adiante Marx cita outras passagens de Proudhon em que este nega que algo se produza na história; tudo existe desde o começo dos tempos, e na sucessão das idades há apenas aparições.

Proudhon anota: "Sim, produção é aparição"[24]. É desnecessário trazer trechos de Lévi-Strauss para confronto; a similaridade de posições é evidente por si mesma.

22. G. Lukács, *Historie et conscience de classe*, p. 160.
23. K. Marx, *Misère de la Philosophie*, pp. 127-128.
24. Idem, ibidem, pp. 136-137.

ESTRUTURA SOCIAL E DINÂMICA PSICOLÓGICA

O marxismo, numa fórmula simplista, é o contraponto entre a consciência e a vida. "A consciência nunca pode ser outra coisa senão o ser consciente, e o ser dos homens é o seu processo real de vida"[25]. Lévi-Strauss separa radicalmente estrutura de processo, que ele define como a subjetividade vivida pelo indivíduo no transcurso temporal[26]. Dentro da teoria de Marx não é possível tal separação; as estruturas surgem do processo vital, se consolidam, e se desfazem ao embate dos conflitos que esse processo suscita. Mas a história tem um sentido objetivo que é possível ao homem perceber. É isto precisamente que Lévi-Strauss nega; o histórico para ele se reduz ao psíquico individual, que é inconsciente, resolvendo-se em mecanismos fisiológicos explicáveis pela física e pela química. Aparentemente há uma regressão ao estádio da metodologia científica anterior a Comte. São demasiado conhecidos para que mereçam mais do que menção os princípios da classificação das ciências segundo o critério da complexidade crescente, e da interdição de explicar o superior pelo inferior.

Ao considerarmos o método proposto por Lévi-Strauss, vemos que o seu reducionismo não é tão radical, pois que se detém ao nível de uma realidade tida por específica e indissolúvel, a da estrutura. Esta, como entidade ao mesmo tempo empírica e inteligível, se confunde no plano metodológico com o modelo. Esta identificação suscita problemas.

O modelo é construído pelo observador, depois de dissolvidos pela análise os modelos (ou estruturas) conscientes, que são as normas do grupo. Pretende-se assim atingir a estrutura profunda (inconsciente), "modelo verdadeiro" subjacente às relações sociais concretas e diretamente observáveis. O modelo é, pois, uma descoberta do cientista, que penetra num plano oculto da realidade que lhe dá um conhecimento certo. A comparação e o método das variações concomitantes se seguem a essa construção, não a fundamentam. A via de acesso às estruturas profundas é o método dos resíduos. O modelo estatístico, por comportar incertezas, é uma limitação; a tarefa do antropólogo social é chegar sempre que possível ao modelo mecânico.

Lévi-Strauss mostra-se, por um lado, demasiado ambicioso, pois que almeja reconstituir uma realidade que tenha todos os caracteres do absoluto.

---

25. Esta famosa passagem contém um jogo de palavras intraduzível: "Das Bewusstesein kann nie etwas andres sein als das bewusste Sein, und das Sein der Menschen ist ihr wirklicher Lebensprozess", K. Marx, *Die Deutsche Ideologie*, pp. 22-23.

26. C. Lévi-Strauss em R. Bastide, *Sens et usages du terme structure*, p. 44.

CRÍTICAS A LÉVI-STRAUSS

Para a maioria dos estruturalistas, como será visto, o modelo é um artifício que permite pôr em evidência um esquema básico de relações. Seu valor é de permitir uma descrição mais simplificada e precisa. Temos de nos contentar com a afirmação banal de que a ciência é um conhecimento aproximado; a argumentação de Lévi-Strauss não permite derrogá-la. Aliás, como vimos, o seu pensamento prolonga o racionalismo tradicional de Durkheim, na busca da noção elementar invariável. Como diz Gaston Bachelard:

> O racionalismo foi profundamente transtornado pelo uso múltiplo das noções elementares. Originam-se *corpos de aproximação, corpos de explicação, corpos de racionalização,* sendo estas três expressões congêneres. Entende-se que estes *corpos* são tomados no mesmo sentido que *o corpus* que fixa a organização de um direito particular. O racionalismo ao multiplicar-se torna-se condicional. Ele é tocado pela relatividade; uma organização é racional relativamente a um corpo de noções. Não há razão absoluta. O racionalismo é funcional. É diverso e vivo[27].

A fecundidade do método que utiliza modelos está no seu contínuo *remodelar,* como o prova a física. "O esquema do átomo proposto por Bohr há um quarto de século atuou como uma boa imagem: nada mais resta dele"[28].

Por outro lado, Lévi-Strauss restringe demasiado a explicação social, que faz consistir em desvendar a estrutura latente no objeto, em si própria não analisável. Numa passagem de *Anthropologie Structurale,* cita-se um sociólogo norueguês, Sverre Holm, que filia o estruturalismo, através da *Gestalttheorie,* à filosofia natural de Goethe[29]. A estatura de Goethe como poeta está, evidentemente, fora de discussão, mas a sua contribuição para o pensamento científico foi exígua. Sherrington, ao rever toda a sua obra no campo da ciência, pôde apenas confirmar uma de suas experiências, a relativa à complementaridade das cores. É que toda esta obra está norteada pela idéia de fenômenos básicos *(Urphänomenem),* que fundam as explicações, mas não são susceptíveis de aprofundamento, porque evidentes por si mesmos. Todos os *Urphänomenem* que Goethe imaginou se revelaram mais tarde decomponíveis pela análise científica. A sua ótica, que nega obstinadamente uma das teorias mais solidamente estabelecidas pela experimentação, a de Newton, convida à reflexão sobre as fraquezas do espírito humano, mesmo quando animado

27. G. Bachelard, *La philosophie du non,* p. 32.
28. Idem, ibidem, p. 140.
29. Idem, ibidem, p. 354.

ESTRUTURA SOCIAL E DINÂMICA PSICOLÓGICA

pelo gênio. Colocar o estruturalismo sob a égide de Goethe desperta desconfianças legítimas.

A aplicação do método dos resíduos supõe, pois, que o universo, de que o social é uma parte, seja composto de estruturas em número finito. Tudo o que é temporal, por acessório e contingente, deve ser eliminado, para se atingir o essencial. A validade metodológica é garantida por uma especulação teórica que caracteriza previamente a realidade a ser estudada. Ao aceitar-se o processo de pesquisa, implicitamente se admitiriam as proposições substantivas sobre a natureza do social. Cremos ter demonstrado suficientemente que os fundamentos *a priori* da teoria de Lévi-Strauss são discutíveis.

O argumento constantemente reiterado em favor da adoção desta teoria é que permitiria atingir, com maior rigor, conhecimentos mais certos. Resta pois examinar se os resultados obtidos são compensatórios.

De Josselin de Jong, cujo balanço crítico é favorável a Lévi-Strauss, faz, entretanto, algumas restrições. Em primeiro lugar, os casos apresentados em que as mulheres figuram como "bens neutralizados" dizem respeito a situações cerimoniais de natureza especial. Não lhe parece que se tenha comprovado o mesmo sentido para a troca de mulheres em geral. No que se refere ao escambo econômico, a teoria é incompleta. Existem mercadorias cuja natureza intrínseca não se anula ao serem trocadas. Em grupos da Indonésia, estudados por vários pesquisadores holandeses, verificaram-se as categorias de bens "masculinos" e "femininos", que mudam de mãos com a solenização dos casamentos, circulando em direções opostas por toda a comunidade. "O valor funcional da troca em tais casos resulta da natureza dos bens quanto do próprio ato e das posições dos parceiros da troca no sistema como um todo"[30]. A extensão e a importância do sistema de trocas formais, quer de mulheres, quer de bens, devem ser aferidas, em confronto com os dados etnológicos, para cada caso. Não podem ser presumidas de antemão, como princípio irrestrito.

Cumpre reconhecer, no entanto, que o extremo formalismo de Lévi-Strauss favoreceu-lhe a elucidação de aspectos da vida social mais altamente formalizados. Mas a estrutura, na sua interpretação, é uma unidade que se fecha sobre si mesma, cimentada na base por uma causalidade psicológica invariável. Por outro lado, os níveis superiores da organização social, no esquema que apresenta, manifestam coesão frouxa. A dinâmica social se restringe à

---

30. J. P. B. De Josselin De Jong, *Lévi-Strauss's Theory of Kinship and Marriage*, pp. 57-58.

CRÍTICAS A LÉVI-STRAUSS

efetivação dos mecanismos de comunicação, com as tentativas de correção frente aos óbices que encontra, e às relações entre as estruturas de comunicação e as estruturas de subordinação – dominação. Sua dialética põe em jogo antinomias estruturais que se conciliam em sistemas compósitos de natureza precária. Não há superação efetiva de um momento estrutural, em que as unidades constitutivas ganhem novo significado por incorporarem-se num todo de âmbito diverso.

Sem dúvida, a abordagem diacrônica levanta questões de difícil solução. À medida que se progride em direção aos fenômenos globais, aumenta a complexidade, e surgem graus diferentes de estruturação. Mas a renúncia a tratar a sociedade e a cultura do ponto de vista do processo, em suas transformações temporais, empobreceria sobremaneira a ciência social, quer se chame antropologia ou sociologia. Não há razão válida para abandonar à competência exclusiva da história esse vasto domínio. O próprio interesse dos historiadores pela perspectiva sociológica robustece a convicção de que se trata de um tipo de exploração fecundo.

Em resumo, a noção de estrutura em Lévi-Strauss comporta vários matizes de sentido:

1. esquema mental, conceito-chave, que se pode desdobrar em:
   a) estrutura inconsciente, base primeira da função simbolizadora;
   b) *Gestalt* de relações sociais, ou estrutura elementar;
2. modelo, que é ao mesmo tempo forma de vida coletiva e construção do espírito do observador; quando assumem feição consciente, os modelos constituem as normas;
3. estrutura de comunicação;
4. estrutura de subordinação ou ordem;
5. "ordem das ordens" ou ideologia, apreendida apenas por via subjetiva.

As acepções 1 e 2, com suas variantes conotam a mesma realidade fundamental. A estrutura de comunicação, que manifesta mais nitidamente o caráter de sistema, é o ponto nodal. Nela se fundem a realidade exterior, social e física, e a realidade interior do pensamento humano.

Notemos, de passagem, certo paralelismo entre as conclusões de Lévi-Strauss e as de Comte. Este, na última elaboração de seu sistema, reabilita a validade científica do fetichismo. Da mesma forma, em *La pensée sauvage,* o pensamento do primitivo é tido por prenunciador da cibernética.

ESTRUTURA SOCIAL E DINÂMICA PSICOLÓGICA

Segundo uma opinião, por ele próprio endossada, Lévi-Strauss leva a posição estruturalista às últimas conseqüências. De início, uma prudência algo timorata aconselha desconfiar dos extremismos. Cremos ter demonstrado, ao término do exame de suas idéias, que essa desconfiança é justificada. Faz-se mister, pois, prosseguir na análise das teorias estruturalistas concebidas por outros autores.

IV

O ESTRUTURALISMO DE RADCLIFFE-BROWN

A carreira de Radcliffe-Brown iniciou-se na Universidade de Cambridge, onde primeiramente estudou psicologia, sob orientação de Rivers, que se distinguiu tanto nessa ciência quanto na pesquisa etnológica. Depois de cinco anos de estudos, passou a dedicar-se exclusivamente à antropologia social, não deixando contribuição alguma no campo da psicologia. A publicação de *The Andaman Islanders* deu-lhe de imediato posição de relevo no mundo científico. Este é o único trabalho alentado que a ele se deve; o restante de sua obra se compõe de artigos, conferências e comunicações. Radcliffe-Brown se realizou mais pela palavra falada do que pela palavra escrita. Suas idéias foram veiculadas principalmente por meio de contatos diretos com colegas e estudantes. A ação que exerceu como professor, fundador de departamentos de antropologia social e animador de pesquisas foi profunda e a mais extensa de que temos notícia, pois que se irradiou por todos os continentes[1].

As influências que se exerceram sobre Radcliffe-Brown, conforme ele as declara, foram as de Montesquieu, Comte, Spencer e Durkheim. As contribuições dos três primeiros são mais difusas, e apenas ocasionalmente referidas; por exemplo, a identificação do *ethos* com *o esprit général* de Montesquieu. O autor constantemente citado ao longo de sua obra é Durkheim, que mais do que qualquer outro o estimulou a formular seus principais conceitos.

Radcliffe-Brown ambicionou construir uma "ciência natural da sociedade", separada da história, mas não se opondo a esta. Os fatos sociais podem ser estudados sob dois pontos de vista: o histórico, associado à arqueologia,

---

1. Eis a lista, possivelmente incompleta, das universidades em que ensinou: Cambridge, Londres, Birmingham, Pretoria, Johannesburg, Cape Town, Sydney, Yenching, Chicago, Oxford, Escola de Sociologia e Política (São Paulo) e Fuad I (Alexandria).

ESTRUTURA SOCIAL E DINÂMICA PSICOLÓGICA

que constitui a etnologia; e o funcional, próprio da antropologia social. Não há conflito entre os dois, mas antes relações de complementaridade. Se bem que mencione cursos ministrados no âmbito do que chama etnologia, na sua obra publicada prepondera quase que exclusivamente o segundo ponto de vista. Nos últimos escritos, para evitar as confusões inerentes ao uso do termo história, foi levado a distinguir entre o método ideográfico e o nomotético. O primeiro visa a estabelecer como aceitáveis certas proposições particulares ou fatuais; o método nomotético tem como propósito chegar a proposições aceitáveis de ordem geral. A sociologia comparativa, da qual a antropologia social é um ramo, se funda no estudo nomotético, ou seja, teórico[2].

O método ideográfico parece ser o que melhor convém à exploração da cultura, mas Radcliffe-Brown não se sente a gosto com esse termo. Em certo passo, consigna os fenômenos assim rotulados fora da esfera do observável. "Não observamos uma 'cultura', pois que essa palavra denota, não uma realidade concreta qualquer, mas uma abstração, e no uso corrente, uma abstração vaga"[3]. Posteriormente, aceita como válido o emprego do termo como sinônimo de tradição cultural. Nesta acepção, a cultura pode ser definida como "o processo por meio do qual uma pessoa adquire – através do contato com outras pessoas ou com coisas tais como livros e obras de arte – sabedoria, habilidades, idéias, crenças, gostos, sentimentos"[4]. A cultura é parte do processo da vida social, mas não todo o processo; deste podem-se destacar também certas feições gerais, que convém chamar formas da vida social.

Assim, na sua última fase, Radcliffe-Brown procurava superar oposições polêmicas. Mas o intuito conciliatório desserviu-lhe a clareza de conceituação; qualquer que seja a terminologia adotada, impõe-se conservar à parte forma e processo. A identificação das duas noções só leva à confusão. Mas esta identificação surge tardiamente, como exagero da tendência de considerar em conjunto estrutura e função. A antropologia social é para ele "o estudo teórico comparativo das formas de vida social entre os povos primitivos"[5]. Esta é uma constante de seu pensamento.

Outra constante é a idéia de função. Se bem que Radcliffe-Brown tenha imputado a criação (ou suposta criação) do funcionalismo como escola a um

---

2. A. R. Radcliffe-Brown, *Structure and Function in Primitive Society*, pp. 1, 3 e 186.
3. Idem, ibidem, p. 190.
4. Idem, ibidem, p. 4.
5. Idem, ibidem, p. 4.

"momento de irresponsabilidade do Prof. Malinowski", não repelia a princípio ser classificado como funcionalista. Função tem dois sentidos; o primeiro é implícito, ou pelo menos não claramente reconhecido, e se depreende de trabalhos empíricos do autor, tais como *The Study of Kinship Systems* e *The Mother's Brother in South África*. Neste caso, a palavra exprime uma relação de interdependência. Quando ao comparar duas ou mais sociedades se observa que mudanças num fenômeno se acompanham de variações num outro, diz-se que o segundo é função do primeiro. Trata-se, como é evidente, do princípio das variações concomitantes de Galileu. Mas a sua aplicação à sociologia não era generalizada no momento em que Radcliffe-Brown escreveu os dois famosos artigos.

O segundo sentido foi o que elaborou conscientemente a partir do organicismo durkheimiano, e que não se altera substancialmente, através de variantes verbais. "A função de qualquer atividade recorrente, tal como a punição de um crime ou uma cerimônia mortuária, é a parte que desempenha na vida social como um todo e portanto sua contribuição para manutenção da continuidade estrutural". Radcliffe-Brown, diferentemente de outros teóricos, mantém estreita aliança entre os conceitos de função e estrutura. A analogia entre organismo e sociedade tem significado restrito; deve-se levar em conta dois pontos em que divergem. "No organismo animal é possível observar a estrutura orgânica independentemente, em certa medida, do seu funcionamento". "Mas na sociedade humana a estrutura social como um todo só pode ser observada em seu funcionamento". Portanto, não há meios para construir-se uma morfologia social à parte da filosofia social. "O segundo ponto é que o organismo animal, no curso de sua história, pode mudar, e efetivamente muda, de tipo estrutural sem quebra de continuidade[6]. Esta concepção de mudança será retificada a seguir.

Vê-se pois que, em contraste com Lévi-Strauss, Radcliffe-Brown dá realce à análise da sociedade como um todo. Está implícito na definição de função que o sistema social tem certa unidade, que é denominada unidade funcional. Esta supõe condições de harmonia ou *consistência* interna, em que as partes funcionam sem conflitos persistentes que não possam ser resolvidos nem regulados. Quando tais condições prevalecem, existe *eunomia;* a ausência de unidade e consistência funcionais levam à *disnomia*[7]. Radcliffe-Brown

6. Idem, ibidem, pp. 180-181.
7. Idem, ibidem, p. 182.

ESTRUTURA SOCIAL E DINÂMICA PSICOLÓGICA

foi buscar esses termos na filosofia política da Grécia, opondo-os ao conceito de anomia de Durkheim, que lhe parece insatisfatório.

É evidente que a disnomia extrema leva à extinção da sociedade; a estrutura depende da unidade funcional. O sistema social é definido como "a estrutura social total de uma sociedade juntamente com a totalidade dos usos sociais em que essa estrutura aparece e dos quais depende para continuidade de sua existência"[8]. A esses dois planos, o da estrutura e o dos usos, deve-se acrescentar a cultura. De acordo com a definição dada, e em consonância com as idéias expendidas até o momento, poder-se-ia esperar que se fizesse consistir o estudo do social principalmente na pesquisa sobre os usos. Mas a abordagem sociológica, para Radcliffe-Brown, dá destaque ao primeiro plano. "Não quero dizer que o estudo da estrutura social seja toda a antropologia social, mas eu o encaro como sendo, num sentido muito importante, a parte fundamental dessa ciência"[9]. As estruturas sociais são tão reais quanto os organismos individuais, e diretamente acessíveis à observação.

A estrutura social compreende em primeiro lugar, as relações de pessoa a pessoa. "Por exemplo, a estrutura de parentesco de qualquer sociedade consiste em certo número de relações diádicas, tais como entre pai e filho, ou irmão da mãe e filho da irmã". Em segundo lugar, inclui-se no conceito a diferenciação de indivíduos e classes de acordo com o papel social. "As posições diferenciais de homens e mulheres, chefes e plebeus, empregadores e empregados, tanto são determinantes das relações sociais quanto o pertencer a diferentes clãs ou nações"[10]. Noutro passo, faz-se a distinção entre sistema estrutural, arranjo de pessoas, e organização, arranjo de atividades. Aquele é o *conjunto* das posições sociais; esta, o sistema de papéis[11].

Tudo isto se refere às relações que existem efetivamente, num dado momento, vinculando determinados seres humanos. Mas a ciência, em contraposição à história e à biografia, não se preocupa com o particular, com o único; seu campo é o da generalidade, dos eventos que se repetem. Das variações que os casos particulares apresentam, deve-se abstrair a forma normal ou geral das relações. Superficialmente, há semelhanças entre o que Lévi-Strauss chama estrutura (na acepção de modelo) e forma estrutural.

---

8. Idem, ibidem, p. 181.
9. Idem, ibidem, p. 190.
10. Idem, ibidem, p. 192.
11. Idem, ibidem, p. 11.

O ESTRUTURALISMO DE RADCLIFFE-BROWN

Radcliffe-Brown elucida esse ponto numa carta ao antropólogo francês, lida no Simpósio Internacional sobre Antropologia, da Wenner-Gren-Foundation, em 1952. As conchas colhidas na praia, diz ele, apresentam cada qual a estrutura característica da espécie. Comparando-se espécies diferentes, pode-se reconhecer uma forma ou princípio estrutural geral, por exemplo, de hélice, que é possível exprimir-se por meio de uma equação logarítmica. A equação seria o modelo. Assim também, num grupo de aborígines australianos verifica-se o arranjo de pessoas em certo número de famílias. "É isto que eu chamo a estrutura social daquele grupo particular num momento dado. Outro grupo local tem uma estrutura, semelhante, em aspectos importantes, à do primeiro. Examinando uma amostra significativa dos grupos locais de uma região, posso descrever certa forma de estrutura"[12]. O conceito de forma estrutural é, pois, descritivo e abstrato; denota uma construção do espírito do observador a partir de dados empíricos.

A importância da distinção entre a estrutura como existência concreta e a forma estrutural vem à tona quando se considera a continuidade temporal. A continuidade da estrutura social não é estática, como a de um edifício, mas dinâmica, como a estrutura orgânica de um corpo vivo. As células se renovam no organismo, assim como os indivíduos na sociedade. As relações efetivas de pessoas ou grupos mudam de ano para ano, ou mesmo de dia para dia. "Mas enquanto a estrutura real muda desta maneira, a forma estrutural pode permanecer constante por um período maior ou menor". Mesmo nas mudanças mais revolucionárias alguma continuidade é preservada[13].

Os componentes ou unidades da estrutura social são pessoas. Cada ser humano é duas coisas ao mesmo tempo: um indivíduo e uma pessoa; como indivíduo, é objeto de estudo para os fisiólogos e psicólogos, como pessoa, é um complexo de relações sociais. "Se me disserem que indivíduo e pessoa são afinal de contas a mesma coisa, recordarei o credo cristão. Deus é três pessoas, mas dizer que Ele é três indivíduos é tornar-se culpado de uma heresia que causou a condenação à morte de muitos." Não distinguir entre indivíduo e pessoa em ciência é, pior do que heresia, uma fonte de confusão[14].

A pessoa se compõe, pois, de relações sociais, que se definem a seguir. "Uma relação social existe entre dois ou mais organismos individuais quando

12. Idem, "The Social Organization of Australian Tribes", em Sol Tax *et al.* (eds.), *An Appraisal of Anthropology Today,* pp. 108-109.

13. Idem, *Structure and Function...*, 192-193.

14. Idem, ibidem, pp. 193-194.

ESTRUTURA SOCIAL E DINÂMICA PSICOLÓGICA

existe algum ajustamento de seus interesses respectivos, por convergência de interesses, ou por limitação dos conflitos que possam originar-se da divergência de interesses"[15]. Interesse é tomado no sentido mais amplo possível, referindo-se a todo comportamento encarado como tendo finalidade. Uma relação social não resulta da similaridade de interesses mas depende ou dos interesses que as pessoas tenham umas pelas outras, ou de um ou mais interesses comuns, ou da combinação de ambos os casos. A forma mais simples de solidariedade social é a cooperação para obtenção de determinado fim. Quando duas ou mais pessoas têm interesse comum num objeto, este tem valor social para elas. "Interesse e valor são termos correlativos, que se referem aos dois lados de uma relação assimétrica"[16].

Os interesses e valores são determinantes das relações sociais. Por exemplo, se todos os membros de uma sociedade têm interesse na observância de uma lei, esta adquire valor social. O estudo dos valores é, pois, parte integrante do estudo da estrutura social. Dentre eles, merecem destaque especial os valores rituais, que se exprimem nos ritos e nos mitos; é uma verdade banal que a religião é o cimento que mantém a sociedade coesa. Aqui, intervém um outro elemento, o sentimento.

Os ritos dão expressão regulada a certos sentimentos humanos ("feelings and sentiments", distinção impossível de estabelecer-se em português), e assim mantêm esses sentimentos vivos e ativos. Por seu turno, são esses sentimentos que, controlando ou influenciando a conduta dos indivíduos, tornam possível a existência e continuidade da vida social ordenada.

As sociedades diferem umas das outras segundo a estrutura e a constituição e portanto segundo as regras costumeiras de comportamento das pessoas. "O sistema de sentimentos do qual a constituição social depende deve, pois, variar em correspondência com as diferenças de constituição". A religião também deve variar em correspondência com o modo pelo qual a sociedade é constituída[17]. Neste trecho, fala-se de estrutura e constituição de maneira a sugerir que são coisas distintas; mas nos vários textos são empregadas como sinônimos.

15. Idem, ibidem, p. 199.
16. Idem, ibidem.
17. Idem, ibidem, pp. 160-161.

O ESTRUTURALISMO DE RADCLIFFE-BROWN

Aliás, a precisão conceitual e a consistência terminológica não são características de Radcliffe-Brown. Os termos regra, norma, padrão, instituição se substituem um pelo outro, embora às vezes pareçam comportar certo grau de distinção. Instituição implica maior medida, generalidade e complexidade, referindo-se a classes ou tipos de relações ou interações sociais. Regras ou normas são modos de proceder regulares, codificados pela etiqueta, moral, ou leis. São formulações parciais do padrão, a que se atribui significado mais abstrato. Mas instituição e padrão em muitos casos se confundem.

Forma estrutural é outra expressão não isenta de ambigüidade. Na carta a Lévi-Strauss, conota princípio estrutural; noutros lugares, quer dizer feição geral da vida social, e não se diferencia claramente de padrão ou instituição. Princípio estrutural, por sua vez, aparece ora com o sentido de uma regulação de âmbito mais vasto, como sejam a descendência matrilinear ou patrilinear, ora como proposições explicativas equivalentes a leis sociológicas. No campo do parentesco, ao qual Radcliffe-Brown deu as suas contribuições mais originais, encontramos dois princípios fundamentais, o da unidade do grupo de coirmãos[18], e o da unidade do grupo de linhagem. Ambos adquirem progressivamente contornos mais nítidos em escritos sucessivos, de 1924 a 1952.

O ponto de partida é a verificação de que, em muitos grupos primitivos, as relações entre irmão da mãe e o filho da irmã se revestem de grande importância. Para resumirmos a discussão, nos restringiremos ao exame do caso dos Bathonga, da África do Sul, estudados por Junod. Trata-se de uma sociedade em que a herança e a sucessão se transmitem por linha paterna. Em relação ao pai, e aos irmãos deste de ambos os sexos, as regras de comportamento prescrevem respeito e acatamento à sua autoridade ilimitada e severa. Da parte da mãe e dos tios uterinos, o jovem thonga acostuma-se a esperar indulgência e ajuda amistosa nas ocasiões de necessidade. O tio materno é designado por uma expressão que se traduz literalmente por "mãe masculina". "Os padrões que assim se originam em relação ao pai e à mãe são generalidades e estendidos à parentela de um lado (paterno) e do outro (materno)"[19].

Há divergências no modo de interpretar o termo *extensão*. Para Jack Goody, trata-se de uma extensão de sentimentos; Radcliffe-Brown teria pro-

---

18. Traduzimos a palavra inglesa *sibling* por coirmão, tomando como substantivo.
19. A. R. Radcliffe-Brown, *Structure and Function...*, p. 25.

ESTRUTURA SOCIAL E DINÂMICA PSICOLÓGICA

posto uma explicação ontogenética, senão psicológica[20]. Meyer Fortes vê na lição do mestre o realce dado aos mecanismos sociológicos; extensão, no seu entender, significa amplificação de normas de comportamento e princípios jurídicos reconhecidos pelo grupo. O elemento psicológico, que se pode ler nas entrelinhas do artigo de 1924, nunca teve preponderância, e é expungido das formulações posteriores. O que está na base da teoria não é o condicionamento psicológico, pela inculcação de atitudes e sentimentos no período da infância. Os princípios da unidade do grupo de coirmãos e da unidade do grupo de linhagem se referem ao *status* jurídico das pessoas e não a identificações emocionais. Segundo Fortes, ter distinguido entre um e outro aspecto é um dos méritos de Radcliffe-Brown[21].

Ambas as interpretações se apóiam em textos do mestre. A equivalência dos coirmãos e a solidariedade da linhagem são essencialmente normas legais. Goody, no entanto, sustenta que Radcliffe-Brown se manteve sempre fiel ao conceito de extensão de sentimentos, e cita como prova de sua tese a seguinte passagem da introdução a *African Systems of Kinship and Marriage:* "A mãe, embora deva, naturalmente, usar de disciplina para com os filhos menores, é primacialmente a pessoa que dispensa carinho e afeto. Exatamente como as relações para com o pai se estendem ao seu grupo de coirmãos, assim as relações para com a mãe se estendem ao grupo dela." Mas omite a passagem da mesma página, poucas linhas acima; "É com este grupo (o dos parentes agnáticos numa sociedade patrilinear) que a pessoa mantém as relações jurídicas mais importantes, isto é, relações definidas por direitos e deveres"[22].

Não há dúvida de que quando lida com conceitos jurídicos Radcliffe-Brown se aproxima mais do ideal de clareza e objetividade que se propôs. É o que se evidencia no artigo "Patrilineal and Matrilineal Succession". Assim como o princípio da unidade dos coirmãos garante o funcionamento da estrutura num dado momento, a sua continuidade temporal depende das regras de sucessão. Há sociedades que chegaram a um regime patrilinear; outras, ao matrilinear. A suposta passagem de um ao outro repousa em meras conjeturas e deve ser afastada por insatisfatória.

20. J. Goody, "The Mother's Brother and the Sister's Son in West Africa", *Journal of the Royal Anthropological Institute of Great Britain and Ireland,* pp. 60-61.

21. Meyer Fortes, "Radicliffe-Brown's Contribution to the Study of Social Organization", *The British Journal of Sociology,* pp. 20-21.

22. A. R. Radcliffe-Brown e C. D. Forde (eds.), *African Systems of Kinship and Marriage,* p. 36; J. Goody, "The Mother's Brother and the Sister's Son in West Africa", op. cit., p. 61.

O ESTRUTURALISMO DE RADCLIFFE-BROWN

O que se pode dizer é que tanto um como outro são modos de determinar os direitos sobre as pessoas e dar-lhes estabilidade, fixando a forma da transmissão. A linhagem, quando a consistência funcional prepondera, é uma verdadeira corporação[23].

Radcliffe-Brown retoma constantemente seus conceitos sociológicos, refundindo-os, aprofundando-os. No que toca ao psicológico, porém, contenta-se com caracterizações sumárias. Sentimento é uma disposição do espírito (o que aliás convém melhor à definição de atitude); interesse e valor são termos conexos, que se referem "a qualquer ato de comportamento em direção a um objeto"[24]; e assim por diante. Não se poderia adivinhar que o autor teve formação acadêmica de psicólogo, mesmo se levando em conta o pouco desenvolvimento da psicologia no princípio do século. Precisamente Rivers foi um dos que contribuiu para tirá-la desse estado, com seus trabalhos em vários ramos dessa ciência, destacando-se as pesquisas pioneiras em etnopsicologia. As influências que possa ter exercido sobre Radcliffe-Brown não são perceptíveis na obra escrita deste.

A hipótese da extensão dos sentimentos tem vago colorido behaviorista, parecendo fundar-se na associação por contigüidade. Assim sendo, harmoniza-se com o associacionismo durkheimiano; a concepção da dependência mútua dos sentimentos e ritos, do sistema de sentimentos e da constituição social é de um discípulo ortodoxo de Durkheim. Mas Radcliffe-Brown aponta como base da coesão social o interesse. Ora, esta é uma idéia de Spencer que Durkheim refuta mediante argumentação longa e cerrada[25], para propor a sua explicação da solidariedade social como resultante da coerção. O nosso autor apela indiferentemente para princípios que se contradizem, sem procurar conciliá-los. Assim, o artigo "Social Sanctions" da *Encyclopedia of the Social Sciences* é de inspiração puramente durkheimiana. Lê-se nele: "As sanções existentes numa comunidade constituem motivos no indivíduo para regulação de sua conduta em conformidade com os usos". E mais adiante: "O que se chama consciência é, pois, no sentido mais lato, o reflexo no indivíduo das sanções da sociedade"[26]. Não se alude sequer ao interesse como raiz da motivação e à percepção de interesses como constituinte da consciência, que são temas constantes de outros escritos.

23. A. R. Radcliffe-Brown, *Structure and Function...*, cap. III.
24. Idem, ibidem, p. 139.
25. E. Durkheim, *De la division du travail* social, pp. 178-205.
26. A. R. Radcliffe-Brown, *Structure and Function...*, p. 205.

ESTRUTURA SOCIAL E DINÂMICA PSICOLÓGICA

A carência de uma análise mais acurada do comportamento individual (chama-se sociologia ou psicologia, pouco importa) se faz sentir mais notadamente no tratamento dado à personalidade. Radcliffe-Brown propõe uma noção da pessoa fundada na *persona* dos juristas latinos, isto é, um conjunto de direitos e obrigações. A separação entre pessoa e indivíduo se apóia numa argumentação infeliz. A Santíssima Trindade é um mistério inacessível à razão, um dogma aceito pela fé. Ao invocá-lo, introduz-se maior obscuridade do que a que se quer evitar. Como caracterizar o indivíduo divorciado de sua personalidade? Sem dúvida, há uma pessoa legal que os códigos definem, que pode ser o núcleo de um conjunto de papéis, quando referido a um indivíduo concreto. Aliás, o termo se aplica também a um *ens rationis,* que é a pessoa jurídica. Mas o conceito de papel é apenas aflorado; dele não se faz uso eficiente.

Na demarcação entre o psicológico e o sociológico, pois, Radcliffe-Brown dilata demasiadamente o âmbito deste último domínio, e deixa na obscuridade as relações entre ambos. Limita-se a apontar para as correspondências entre as normas institucionais que regulam os arranjos de pessoas e as modalidades da motivação. A teoria durkheimiana da consciência como reflexo da sociedade, como foi visto, é insuficiente para explicar a adaptação do indivíduo ao grupo. Mas este não é problema que o interessasse em especial. Depois de ter abandonado a psicologia, sua atenção voltou-se exclusivamente para as regulações da existência coletiva. O método empregado em *De la division du travail social,* de análise das instituições através de suas manifestações legais, inspirou-lhe a obra toda.

As contribuições mais importantes que nela se contêm são as análises dos sistemas de parentesco, que deram fundamentos para o estudo das instituições jurídicas e políticas dos povos primitivos. Sobretudo no campo da antropologia política, revelaram-se frutíferas suas idéias sobre as formas de sucessão como princípios reguladores dos grupos incorporados *(corporate descent groups), a* partir dos quais se organiza a distribuição das terras, propriedades móveis e direitos vários, assim como a atribuição de cargos governamentais e funções religiosas. Esse ponto de vista permitiu aos discípulos de Radcliffe-Brown demonstrarem que certos povos africanos apresentavam uma vida política e jurídica extremamente rica e complexa, que passara despercebida aos primeiros observadores. Uma amostra desses trabalhos se encontra em *African Political Systems,* para o qual o mestre escreveu um prefácio que

O ESTRUTURALISMO DE RADCLIFFE-BROWN

constitui ainda hoje uma das mais importantes discussões gerais sobre os problemas da política primitiva[27].

Porquanto amplas sejam as perspectivas que Radcliffe-Brown abriu, suas limitações são também evidentes. No modo de analisar os sistemas consuetudinários das sociedades primitivas, apega-se às formas e procedimentos cristalizados, não se dando conta do que Hauriou chamou a revolta dos fatos contra os códigos. O funcionamento efetivo das instituições na prática não é problema que o preocupe. Para usar os seus próprios termos, confinou-se ao estudo da morfologia, desprezando os fenômenos fisiológicos. Essa observação, que vários críticos já fizeram, poderá ser generalizada.

Radcliffe-Brown não parece perceber na vida social a existência de níveis superpostos com diferentes graus de formalização. Na sua conceituação de estrutura social, colocam-se lado a lado as relações diádicas, a diferenciação de indivíduos e classes, de clãs e nações. A extensão dos sentimentos e relações jurídicas parece estabelecer entre essas categorias um nexo puramente horizontal. Tem-se a impressão de que as relações de pessoa a pessoa vão definir todas as demais. Por outro lado, a noção de forma estrutural implica uma subordinação dos elementos ao todo. Neste caso, pelo menos do ponto de vista metodológico, há uma diferença de planos. O que não se pode negar é que os próprios textos se prestam a equívocos, neste como em outros pontos.

Também a separação do concreto e do abstrato não fica perfeitamente esclarecida. Já vimos que o indivíduo se distingue da pessoa, e esta é a unidade estrutural. Mas em outro passo se diz que os componentes da estrutura social são seres humanos[28]. Os conceitos de indivíduo, pessoa e ser humano atam e desatam ligações lógicas conforme a fase da obra que se ponha em tela. Possivelmente isso se deva à própria natureza da sociologia, a mais concreta das ciências, como asseverou Comte, mas, ao mesmo tempo, a que mais necessidade tem de abstrações quando erige sistemas. A noção de relações sociais de Radcliffe-Brown tem sido tachada de demasiado concreta; por outro lado, os seus princípios estruturais, segundo alguns, são generalizações abstratas, desprovidas de rigor científico. Para Evans-Pritchard, não passam de "meras tautologias e banalidades", que se situam "ao nível das deduções do senso comum"[29]. Lowie considera "o uso grandiloqüente do termo

27. M. Fortes e E. E. Evans-Pritchard (eds.), *African Political Systems.*

28. A. R. Radcliffe-Brown e C. D. Forde (eds.), *African Systems of Kinship and Marriage,* p. 82.

29. E. E. Evans-Pritchard, "Social Anthropology, Past and Present", *Essays in Social Anthropology,* p. 57.

ESTRUTURA SOCIAL E DINÂMICA PSICOLÓGICA

'lei' extremamente lamentável"; mas, em obra mais recente, aceita a validade dos princípios que regem o parentesco[30].

Talvez tenha sido pretensioso da parte do nosso autor alçar suas generalizações à dignidade de leis científicas. Mas as pesquisas levadas a cabo pela antropologia inglesa, sobretudo nas últimas décadas, têm confirmado seu valor heurístico. A atividade teórica de Radcliffe-Brown estava subordinada à sua atuação como pesquisador e professor. Dispensou pouca consideração aos escritos mais ou menos ocasionais que os discípulos reuniram em volume, não tendo nunca projetado refundi-los nem harmonizá-los. Assim se compreendem as dubiedades e contradições, as retificações e reformulações que neles se encontram. Cada problema foi tomado isoladamente e iluminado de um ângulo particular, de que resultou uma série de posições lúcidas, mas que nem sempre se entrosam. Há certa coerência subjacente ao seu pensamento expresso, malgrado a flutuação de conceitos e precaridade de esteios psicológicos.

Mas é na obra dos seus continuadores que as concepções básicas de Radcliffe-Brown atingem pleno desenvolvimento. As elaborações destes, no entanto, não seguem linhas rigidamente pré-traçadas, antes se ramificam em direções divergentes, o que está em consonância com a afirmação: "Não há lugar para 'escolas' na ciência natural, e eu considero a antropologia social como um ramo da ciência natural"[31]. Os estruturalistas ingleses de que trataremos a seguir despreocuparam-se em definir uma ortodoxia; encontra-se neles um espírito comum, resultante do fato de partilharem a mesma atitude metodológica, e de se filiarem à mesma tradição científica.

---

30. R. Lowie, *The History of Etnological Thought*, p. 224 e *Social Organization*, p. 70.
31. A. R. Radcliffe-Brown, *Structure and Function...*, p. 188.

V

DISCÍPULOS E CONTINUADORES DE RADCLIFFE-BROWN

Dentre os seguidores de Radcliffe-Brown, um dos mais ardorosos defensores de suas idéias tem sido Meyer Fortes; o que não quer dizer que as tenha preservado como um acervo intocável e inalterável. Ao contrário, embora se conserve fiel às diretrizes primordiais do mestre, retocou e ampliou vários pontos de suas teorias. Assim, considera inválida a distinção entre estrutura efetiva e forma estrutural, pois que não lhe parece que a estrutura seja imediatamente visível na realidade concreta. O termo estrutura tem um âmbito variável, podendo aplicar-se a instituições, grupos sociais, situações, processos, e assim por diante. Acentua-se o caráter instrumental da noção, que se elabora por meio da comparação, indução e análise de uma amostra de acontecimentos sociais. "O que é realmente importante, no entanto, não é meramente a determinação das 'partes' (do todo) e suas inter-relações, mas a elucidação dos princípios que governam o arranjo estrutural e das forças que estes representam"[1]. Só depois de estabelecida a estrutura por um processo de abstração é possível discerni-la na realidade concreta.

No sistema social, as partes e as relações são de natureza diversa e apresentam graus de variabilidade. Há duas maneiras de considerar os elementos constantes por oposição aos variáveis: "constante" pode conotar o enquadramento da continuidade e "variável" o processo de crescimento ou mudança; ou então, "constante" se refere ao que é tido por essencial ou intrínseco, e "variável" ao que se reputa incidental. Conforme o fenômeno analisado, é necessário usar um ou outro sentido.

O aspecto qualitativo dos fatos sociais é o que comumente se denomina cultura. O conceito de estrutura deve ser aplicado aos fenômenos e organiza-

---

1. M. Fortes, "Time and Social Structure: an Ashanti Case Study", em M. Fortes (ed.), *Social Structure: Studies Presented to A . R. Radcliffe-Brown*, p. 56.

ESTRUTURA SOCIAL E DINÂMICA PSICOLÓGICA

ções suscetíveis de descrição e análise quantitativas. Utilizando-se técnicas estatísticas, chega-se a uma descrição generalizada e abstrata, correspondente à forma estrutural de Radcliffe-Brown, que Mayer Fortes prefere chamar de estrutura. No estado atual da antropologia, toda análise é necessariamente híbrida, apresentando os dois aspectos[2].

No artigo "Structure of Unilineal Descent Groups", os quadros de referência para análise social são aumentados para três. Podem-se agrupar os fatos segundo a categoria do costume, entendido como modo padronizado de agir, conhecer, pensar e sentir, que é universalmente obrigatório e imbuído de valor numa determinada etnia, em dado momento. Mas os costumes expressam relações sociais, isto é, os laços e separações que se estabelecem entre pessoas e grupos em suas atividades sociais. "Neste sentido, a estrutura social não é um aspecto da cultura, mas a cultura inteira de um povo, submetida a um quadro teórico especial". Finalmente, é possível analisar os fenômenos sociais, em termos sociopsicológicos ou biopsicológicos. Neste caso, procura-se descobrir entre eles conexões na medida em que atuam sobre a vida do indivíduo, ou então como representações de aptidões e disposições humanas de ordem geral[3].

Na estrutura social deve-se distinguir diferentes níveis: o da organização local, o do parentesco, o dos grupos incorporados e do governo, o das instituições rituais. Todos esses níveis se relacionam com diferentes interesses coletivos, por vezes em conexão com alguma espécie de hierarquia, e intervêm simultaneamente em qualquer atividade ou relação social. É o nível do parentesco e dos grupos incorporados que detém principalmente a atenção de Meyer Fortes. Os grupos de descendência unilinear, fixando inequivocamente os direitos e deveres de cada qual, e perpetuando a forma de sucessão, promovem a estabilidade social. "A descendência e a filiação têm a função de selecionar indivíduos para os papéis e posições sociais, em outras palavras, para exercer direitos e obrigações particulares"[4].

O conceito de pessoa de Meyer Fortes é o mesmo de Radcliffe-Brown vazado em termos ligeiramente diferentes: é um entrosamento de *status*. Cada sociedade elabora princípios diversos para harmonizar os *status* de pai, filho, irmão, tio, sobrinho e outros mais que coexistem no mesmo indivíduo. O conjunto destes forma a personalidade social.

2. Idem, ibidem, pp. 58-59.
3. M. Fortes, "Structure of Unilineal Descent Groups", *American Anthropologist*, n. 53, p. 21.
4. Idem, ibidem, p. 37.

DISCÍPULOS E CONTINUADORES DE RADCLIFFE-BROWN

Em seus trabalhos sobre os Talensi surge em primeiro plano o problema dos valores. Todo sistema social pressupõe a existência de axiomas morais básicos. A essência de um sistema de parentesco complexo como o dos Talensi é a sua função de mecanismo primário por meio do qual os axiomas básicos da sociedade se expressam no trato corrente da vida social. "O campo focal do parentesco é também o campo focal da experiência moral; e os fatores sociais e psicológicos que o originam são simbolicamente projetados nas crenças religiosas"[5]. Assim, os princípios que regem o comportamento concreto são corporificação de valores, e neles se enraízam as instituições domésticas, jurídicas e religiosas. Os fatores psicológicos são vistos primordialmente em termos de sentimentos.

Em *"Pietas* in Ancestor Worship" analisa certas instituições dos Talensi, tomando como principal diretriz a idéia que "os costumes são expressões socialmente toleradas de motivos, sentimentos e disposições que nem sempre se reconhecem." Nessa sociedade, o culto dos antepassados, parte mais importante da religião, está inextricavelmente ligado ao parentesco, às relações domésticas e vicinais, às atividades econômicas e à rotina da vida social. A adoração dos ancestrais não se circunscreve à África. Fortes cita Robertson Smith sobre a religião dos semitas e *La cité antique* de Fustel de Coulanges para mostrar a importância histórica e as principais características desse culto.

Nele, o respeito temeroso por deuses distantes e envoltos em mistério não se faz notar. Os antepassados divinizados a que se rende homenagem estão unidos aos mortais pelos mesmos laços de sangue que mantêm o grupo de fiéis coeso. O sentimento em relação aos ancestrais é antes de reverência impregnada de afeto, semelhante ao que o filho experimenta para com o pai. Por seu turno, a figura paterna circunda-se de uma aura sobrenatural. A luz destas observações, pode-se compreender os interditos que pesam sobre as relações entre o primogênito e o pai, entre os Talensi.

Desde a primeira infância, é vedado ao filho mais velho servir-se do mesmo prato que o pai; se o fizesse, poderia inadvertidamente arranhar a mão paterna, o que resultaria em enfermidade grave ou morte deste. Tampouco lhe é permitido tocar as roupas do pai, usar o seu arco, ou olhar o celeiro da família. Os demais irmãos não devem observar nenhuma dessas restrições. Entretanto, o primogênito aceita sem ressentimento e de bom grado essa

---

5. M. Fortes, *The Web of Kinship amog the Tallensi,* p. 346.

ESTRUTURA SOCIAL E DINÂMICA PSICOLÓGICA

situação, freqüentemente com certo orgulho mesmo. O tabu é simplesmente uma regra de vida, que não lhe parece arbitrária ou irracional[6].

As relações entre o primogênito e o pai comportam um elemento de intensa rivalidade; é o que se torna evidente nas confissões de informantes Tale com que Fortes ilustra a argumentação. Mas o antagonismo deve permanecer latente, por força das imposições de ordem religiosa, e só pode se manifestar segundo formas socialmente sancionadas, isto é, como a oposição dos Destinos, forças personificadas que movem os indivíduos à revelia do arbítrio destes. O Destino do chefe da família entra em conflito com o do seu herdeiro, exatamente por causa da sucessão. Enquanto o pai estiver vivo, cabe a ele exclusivamente dispor das propriedades da família, e sacrificar no altar dos antepassados. O primogênito, à medida que cresce, adquire consciência de que estes direitos serão seus um dia. Os tabus que lhe cumpre observar com respeito ao pai são um meio culturalmente elaborado de dirimir causas possíveis de atritos. Definem de um lado um *status* estritamente paterno, e do outro, um *status* estritamente filial.

Como é fácil de imaginar, na sociedade Tale, como em qualquer outra sociedade, a regulação minuciosa das observâncias em relação ao *status* não basta para acabar com as disputas. A personificação do Destino "permite exteriorizar o conflito latente sob forma simbólica e assim reconhecê-lo sem destruir a relação em que surge... Mas não se elimina a desigualdade de poder e autoridade"[7]. Para aceitar essa desigualdade, é necessário mais do que o conhecimento simbólico de sua natureza. Aqui intervém o que Meyer Fortes houve por bem denominar *pietas*.

Desde *The Web of Kinship among the Tallensi*, Fortes ressaltara o papel da piedade filial. Mas, com adotar o vocábulo latino, dá-lhe conotações mais amplas. Fortes, demonstrando a sólida formação humanística dos universitários ingleses, aprofunda o sentido do termo com ajuda dos comentaristas da *Eneida*. A virtude do *pius Aeneas* é a submissão à vontade dos deuses, base da religião romana. O pai entre os latinos primitivos era o liame vivo entre a esfera do profano e a do sagrado. A *patria potestas* está estreitamente vinculada à *pietas*. O mesmo se encontra em vários povos da África Ocidental e de outras regiões africanas, na Oceania e na China.

---

6. M. Fortes, "*Pietas, in Ancestor Worship*", *The Journal of the Royal Anthrological Institute of Great Britain and Ireland*, vol. 91, p. 169.

7. Idem, ibidem, p. 183.

DISCÍPULOS E CONTINUADORES DE RADCLIFFE-BROWN

O culto dos antepassados é "a apoteose da autoridade paterna" que se imortaliza "pela incorporação ao domínio universal e eterno dos ancestrais da linhagem e do clã".

A *pietas* está enraizada nas relações entre pai e filhos [...] Ordena obediência e respeito em relação aos pais, submissão da vontade e desejos pessoais à sua disciplina, a prestação de serviços econômicos e a aquiescência em relação à minoridade jurídica. A recompensa tangível do acatamento às regras é a satisfação dos pais e parentes, e a aprovação difusa da sociedade.

Há também uma recompensa moral, já que a *pietas* que tem por objeto os membros vivos da família é a mesma que se devota aos antepassados, e se supõe que promove a benevolência destes. "*Pietas* é a ponte entre a presença interna e a santidade externa da autoridade e do poder paternos"[8].

O pensamento de Meyer Fortes afasta-se do de Radcliffe-Brown em vários pontos. Em primeiro lugar, põe em evidência a natureza abstrata e descritiva da estrutura social. Também se estabelecem com maior nitidez os níveis estruturais, e os planos do comportamento humano, ou seja, o cultural, o social e o psicológico, o que permite a conjugação efetiva de pontos de vista diversos. De passagem, notemos o relevo dado à função seletora dos mecanismos de descendência e filiação. Os direitos e deveres não são pois meramente inculcados no indivíduo; as posições sociais que os configuram são, por assim dizer, nichos vazios a serem ocupados pelos membros da sociedade que se revelarem aptos a preenchê-las.

O tratamento dado aos valores é muito mais adequado. Não aparecem meramente como a outra face dos interesses, mas como corpo de normas fundamentais da ordem social. Fortes usa, se bem que incidentalmente, a noção de projeção, que será discutida a propósito de Kardiner. A sua atenção se volta para a maneira pela qual os valores são vividos pelo grupo. É o que focaliza o artigo sobre o culto dos antepassados, cujo brilho e significação talvez não se tenha podido aquilatar pelo breve sumário apresentado.

Pietas define, pois, o sentimento que permite ligar os aspectos internos e externos da autoridade paterna, mas põe-se em relevo aqueles antes que estes. Parece que é o sentimento, fenômeno primordialmente psicológico, que tem parte privilegiada na explicação.

8. Idem, ibidem, pp. 182-183 e 187.

ESTRUTURA SOCIAL E DINÂMICA PSICOLÓGICA

É a religião dos ancestrais que é tida pela "apoteose" da autoridade paterna, o que se poderia tomar pela tentativa de reintroduzir, sob outras roupagens, a hipótese da extensão dos sentimentos. Indubitavelmente, a criança aprende primeiro a respeitar o pai, e depois, por seu intermédio, os mortos da família. Mas não menos exato é dizer-se que a figura paterna deriva prestígio sobrenatural do seu papel de oficiante no culto dos antepassados. E assim nos vemos na contingência de defender a posição durkheimiana concernente à precedência do social contra um de seus campeões. Se o indivíduo em formação estende ou projeta seus sentimentos do pai aos antepassados é porque a sociedade lhe dá os meios de assim fazê-lo. É o que prova abundantemente a própria análise de Meyer Fortes. Convém lembrar que ele mesmo absolve o mestre de ter incorrido numa explicação ontogenética com base no sentimento.

Como quer que seja, a sua psicologia é mais refinada e atual do que a de Radcliffe-Brown. *Pietas* é um complexo de sentimentos e condutas, compreendendo motivações e disposições orientadas por valores. Situa-se portanto, num outro nível de complexidade. Quer-nos parecer, no entanto, que uma análise de tipo psicanalítico, em termos de identificação, deslocamento e sublimação completaria o quadro, sem em nada contradizer os dados. Mas Meyer Fortes, usando de um seu direito, escolheu cingir-se ao plano dos mecanismos psíquicos socialmente sancionados. E assim fazendo, iluminou aspectos importantes da questão que nos ocupa.

Se quiséssemos analisar pormenorizadamente a influência de Radcliffe-Brown nos pesquisadores que o sucederam, seria necessário traçar um panorama geral da antropologia social inglesa na época contemporânea. Forçoso é limitar-se a certos conceitos ou pontos de vista novos introduzidos por alguns autores.

Godfrey e Monica Wilson retomam e ampliam as idéias do mestre sobre a consistência funcional e as falhas de integração como causa da mudança social. O casal Wilson vê o complexo sociocultural como um sistema de comunicação que liga os homens entre si, e estes ao passado. Do mesmo modo que Meyer Fortes, identificam forma estrutural e estrutura. Mas distinguem "cultura, as atividades sociais que são o conteúdo positivo das relações sociais, da estrutura, a forma negativa que torna as relações possíveis limitando-as. A estrutura é ao mesmo tempo seccional e geral, mantém a diversidade tanto quanto a uniformidade e permite o processo de separação

DISCÍPULOS E CONTINUADORES DE RADCLIFFE-BROWN

social"[9]. A cultura compreende um aspecto religioso e um aspecto material; a estrutura, formas legais, formas lógicas e formas convencionais.

Os contatos entre povos em situação colonial produziram relações sociais em maior parte incoerentes, que se chocam e se contradizem mutuamente[10]. O conceito central de análise é nestes casos o de "oposição". Há duas espécies de oposição, a ordinária e a radical. A primeira surge mesmo nas sociedades melhor integradas, em virtude da aplicação das regras, que são sempre de âmbito geral, a casos anômalos. Mesmo na vida corrente, as relações de dominação e subordinação, que implicam disputa de poder, e a regulamentação do casamento, levam comumente a atritos. A oposição ordinária soluciona-se pelas pressões sociais e pela separação. Um exemplo particularmente interessante do mecanismo de separação se observa entre os Niakusa de Tanganica, que ao atingirem a maioridade deixam a casa paterna e fundam uma nova aldeia. Dessa maneira se evitam as rivalidades entre gerações.

A oposição radical supõe quebra de unidade das formas legais, lógicas e convencionais. Assim, os mesmos indivíduos se vêem submetidos, num dado momento, a conjuntos de normas mutuamente inconciliáveis. Cria-se um estado de desequilíbrio, que subsiste temporariamente mediante compromissos precários. Um subgrupo dentro da sociedade pode lograr relativa coerência, mas à custa de ferir os preceitos por que se regem os demais, e a isto se chama desajustamento.

O desequilíbrio e o desajustamento se originam de modificações que afetam diferencialmente os diversos aspectos da cultura e estrutura social. As inovações são adotadas num setor, sem que os outros acompanhem a evolução. Muitas vezes, o ritmo intenso do processo impede a adaptação dos elementos novos à tradição cultural. "O desequilíbrio é inerentemente instável: implica em pressões para a mudança, e enquanto perdura deve haver mudança. O desequilíbrio é tanto um estado da sociedade quanto uma força de mudança. Como força de mudança, o desequilíbrio deve levar sempre à sua própria resolução, ao equilíbrio"[11].

Há nesta passagem resquícios das analogias físicas de Durkheim. A sociedade é concebida como um sistema de forças, que tende a restabelecer o

9. G. Wilson e M. H. Wilson, *The Analysis of Social Change, Based on Observations in Central Africa*, p. 81.

10. Idem, ibidem, p. 23.

11. Idem, ibidem, p. 134.

ESTRUTURA SOCIAL E DINÂMICA PSICOLÓGICA

estado de equilíbrio em resposta às perturbações introduzidas do exterior. A suposição implícita de que a correção de distúrbios se faça mais ou menos automaticamente é condição de funcionamento do próprio sistema. Não se cogita de nenhum mecanismo especial de reequilibração, já que o desequilíbrio é tido por essencialmente transitório e produtor do seu oposto.

A idéia do equilíbrio auto-suficiente está no cerne das teorias funcionalistas, estruturalistas e estruturo-funcionalistas, algumas já passadas em revista, e outras que examinaremos. Reservamos a sua crítica para as considerações finais sobre estrutura social. Mas a conceituação que dela fazem Godfrey e Monica Wilson revela-se, logo ao primeiro embate, um tanto simplista. No fundo, não é mais do que uma ampliação do esquema de Radcliffe-Brown, para incluir um conceito de mudança social, que o mestre deixou apenas esboçado.

A oposição, ou, segundo denominação mais usual, conflito, associada ao ritos, é o tema central para um grupo de discípulos de Radcliffe-Brown ligados à Universidade de Manchester e ao Rhodes-Livingstone Institute. Os principais representantes da chamada "escola de Manchester" são Max Gluckman, J. Clyde Mitchell e Victor W. Turner. Uma recente publicação de Gluckman sumariza as idéias básicas dos manchesterianos.

Começaremos pela noção de rito. A categoria mais ampla, que engloba todos os atos solenes, é denominada "cerimonial"; divide-se em duas outras, "cerimoniosa" e "ritual". O ritual difere da cerimônia por estar ligado a noções místicas. Todos os modos de comportamento convencionais e estilizados que expressam relações sociais são cerimoniais. Há quatro tipos de ritual: ação mágica, em que se faz uso de substâncias que atuam por virtudes místicas; ação religiosa, em que se inclui o culto dos antepassados; ritual substantivo ou constitutivo, que exprime ou altera relações sociais com referência a noções místicas, cujo tipo são os ritos de passagem; ritual operativo (factitive), que por vários modos incrementa o bem-estar social do grupo. Os dois últimos tipos são os mais importantes para caracterizar a ritualização.

Ritualização na linguagem de Max Gluckman é uma expressão abreviada, que está em lugar de "ritualização das relações sociais". A elaboração dos ritos propriamente religiosos, como por exemplo na Igreja Católica por oposição ao Protestantismo, é chamada "ritualismo". "Ritualização se refere ao cerimonial estilizado em que pessoas relacionadas por vários modos com os atores centrais, assim como estes, executam ações prescritas consoante seus papéis seculares." Os participantes de tais ações acreditam que estas "expri-

DISCÍPULOS E CONTINUADORES DE RADCLIFFE-BROWN

mem e emendam as relações sociais, de modo a assegurar para eles bênçãos, purificação, proteção e prosperidade por processo místico, fora do controle sensorial"[12].

Van Gennep, Durkheim e outros demonstraram que os grupos tribais diferem das sociedades modernas por maior grau de ritualização. Max Gluckman se propõe a esclarecer a razão de ser deste fenômeno. Van Gennep o tomou como um dado, e não como um problema. Em *Les rites de passage*, o fato de que entre os povos "semicivilizados" os momentos de transição se demarcam por meio de cerimônias ilustra a impregnação do sagrado em todos os atos da vida primitiva. A explicação é demasiado geral e insatisfatória. Durkheim relacionava a predominância do religioso com o fraco desenvolvimento da divisão do trabalho. Mas não percebeu claramente que as crenças religiosas e mágicas, por si mesmas muitas vezes determinam uma divisão do trabalho arbitrária, como por exemplo a que existe entre homens e mulheres.

Max Gluckman sugere que a ritualização intensa nas sociedades tribais se deve a que cada relação social, numa economia de subsistência, atende a finalidades várias (é o que discute sob a rubrica "papéis multíplices", correspondendo aos "papéis difusos" de Talcott Parsons). Uma pessoa desempenha a maior parte de seus papéis, tais como o de trabalhador em várias atividades produtivas, o de consumidor, o de mestre ou discípulo, o de fiel do culto, estreitamente associada a outras pessoas, a quem chama pai, filho ou irmão, esposa ou irmã. Também compartilha com estas as funções cívicas. Antes de considerar-se a ritualização, já os costumes e a etiqueta marcam os diferentes papéis que um homem ou uma mulher estão desempenhando a qualquer momento. Ademais, todas essas atividades se desenrolam no mesmo âmbito limitado, a aldeia e seus arredores.

Em virtude dessa associação, todo ato está carregado de significação moral. O juízo moral a respeito de um homem que negligencia o trabalho se aplica às relações com a esposa, com os filhos, com os irmãos, com o chefe, com o grupo de subsistência como um todo. Da mesma forma, se ele briga com a esposa ou o irmão, isto pode afetar suas possibilidades de cooperação nas tarefas agrícolas.

Penso que é esta avaliação moral compósita, e os efeitos contaminantes da quebra do papel, que explicam porque os diferentes papéis são ritualizados, e porque os

12. Max Gluckman, "Les rites de passage", *Essays on the Ritual of Social Relations*, pp. 24-25.

ESTRUTURA SOCIAL E DINÂMICA PSICOLÓGICA

ritos marcam tantas mudanças de atividade numa sociedade tribal. Quando um Tsonga (Bathonga), que normalmente é agricultor, vai à caça ou à pesca, muda de papel e isto afeta todo o meio social; seu novo papel é segregado dos outros papéis por meio de ritos de passagem e tabus, a serem observados por ele e por toda a família[13].

Na sociedade primitiva os juízos morais se ligam tão intimamente à ordem social que o não cumprimento de qualquer obrigação é suscetível de conturbá-la. A conturbação é transposta às relações entre o grupo e o mundo natural. Em sentido inverso, qualquer falha do mundo natural, por exemplo seca; doença ou acidente, é atribuída a conturbações de ordem moral e social, como sejam, a cólera dos deuses e antepassados, ou a ação da feitiçaria. Freqüentemente observa-se a crença de que a mudança nos esquemas sociais pode provocar tais distúrbios e que são necessários ritos especiais para reparar seus efeitos nocivos.

Gluckman resume a argumentação em duas proposições:

(a) quanto maior for a diferenciação secular dos papéis, tanto maior será o ritual; quanto maior for a diferenciação secular, o cerimonial de etiqueta será correspondentemente menos místico;

(b) quanto maior for a multiplicidade de papéis indiferenciados e parcialmente superpostos (*overlapping*), mais ritos haverá para separá-los[14].

Na nossa sociedade, o indivíduo em formação passa por vários estabelecimentos escolares antes de assumir seu papel de produtor. Como adulto, trabalha em escritórios e fábricas, que ocupam prédios diferentes daquele em que mora. O culto religioso, a participação na vida política e a recreação se dão também em locais diversos. Em cada uma de suas atividades, associa-se a um grupo diferente de pessoas, em que os sistemas de papéis e juízos morais são outros. Nas grandes cidades da nossa época, a base material da existência e a fragmentação dos papéis e atividades levam por si mesmos à segregação dos papéis sociais; em conseqüência, os ritos, e o próprio cerimonial, tendem a cair em desuso. Existem convenções e etiqueta, mas despidas de associações místicas. À transgressão não se seguem resultados funestos para o grupo, nem é necessário restabelecer o equilíbrio social por meios rituais.

13. Idem, ibidem, p. 29.
14. Idem, ibidem, p. 34.

114

Outra diferença entre a sociedade tribal e a de tipo moderno é que, nesta última, além dos papéis e juízos morais, segregam-se também os conflitos. O termo conflito contém a idéia de que os valores, costumes, alianças e filiações, em que os grupos se baseiam, são independentes uns dos outros, e muitas vezes mesmo discrepantes. Ao contrário do que dizem alguns, essa idéia já se encontrava em Radcliffe-Brown, mas só chegou a plena fruição nos trabalhos mais recentes da antropologia inglesa, entre os quais os do próprio Gluckman. "O ritual é considerado agora como se originando de situações em que os grupos cooperantes têm que enfrentar conflitos radicais na sua própria constituição"[15].

O fato que os indivíduos no grupo tribal estejam sempre agindo em comum em local idêntico pode dar uma impressão exagerada da coesão social. Em todas as sociedades as pessoas pertencem a séries de subgrupos diferentes, de tal sorte que os inimigos em um contexto são aliados em outro. Mas, como se viu de início, os membros da sociedade mantêm relações multíplices; as regras sociais e os valores obrigam-nos a certos atos no quadro do subgrupo, que colidem com os preceitos da sociedade geral, aos quais também devem obediência. Cabe ao ritual dissimular os conflitos fundamentais assim gerados. "Turner e eu pensamos que é nesta situação que se desenvolvem os procedimentos rituais, em contraste com os procedimentos empíricos e racionais, tais como a decisão judicial"[16]. Nas sociedades modernas, encontram-se conflitos semelhantes, mas dispersos por diferentes campos de ação. Assim, por exemplo, uma questão econômica como o aumento de salários provoca disputas que não se vinculam diretamente à vida familiar. A fragmentação das relações sociais isola uns dos outros os quadros dos conflitos.

Gluckman esclarece que nunca sustentou que os rituais nos grupos primitivos solucionam conflitos; estes são parte integrante da vida social por força das normas que a regem. Entre os Ndembu, estudados por Turner, há uma intensa competição pela liderança entre linhagens e aldeias, que dá margem a violentos antagonismos. Os ritos de conciliação criados para dirimi-los logram apenas estabelecer tréguas temporárias. As disputas eclodem periodicamente, e com maior freqüência do que em sociedades de outro tipo, pois que nesta os infortúnios de doenças são atribuídos a malefícios dos feiticeiros e a castigos sobrenaturais conseqüentes às transgressões de seus

15. Idem, ibidem, p. 39.
16. Idem, ibidem, p. 40.

ESTRUTURA SOCIAL E DINÂMICA PSICOLÓGICA

membros. A longo prazo, as cerimônias rituais não servem como meio efetivo de catarse para a hostilidade gerada pelo ódio e ambição.

Ao derivar a idéia de Deus do estado emotivo que as pressões sociais produziam nos australianos, no momento das celebrações religiosas, Durkheim não se dava conta de que os participantes delas, em outras ocasiões, se comportavam como inimigos. Mas Gluckman julga que dois princípios contidos em *De la division du travail social* foram comprovados: a perda de rituais quando as sociedades aumentam em volume e em complexidade e a passagem, que lhe é concomitante, da solidariedade mecânica à solidariedade orgânica. Este se traduz, em termos de sua análise, pela diferenciação e segregação de papéis e valores.

Max Gluckman preserva, pois, a tradição durkheimiana, tanto nos pontos que menciona, quanto na ênfase que põe na coerção social. Sobre a organização política, resumindo o pensamento de Meyer Fortes e Evans-Pritchard, com o qual concorre, escreve: "O sistema político representa a paz e a ordem moral dentro da qual é possível aos indivíduos lutar pelas 'coisas boas' que são valorizadas pela sociedade como um todo; por isto, o sistema político é imbuído de valor místico, o que o coloca acima das discussões e críticas"[17]. A referência no contexto é aos sistemas políticos africanos, mas Gluckman certamente tem a afirmação por válida para qualquer sociedade. Impõe-se sempre resguardar a ordem moral, o que compete à ritualização, nos grupos primitivos. A estabilidade não decorre diretamente da estrutura, mas da formalização e expressão social que adquirem os antagonismos, que assim se perpetuam.

Pela boca do seu representante mais autorizado, o grupo de Manchester parece renunciar ao título de escola que lhe é atribuído. Gluckman reconhece explicitamente a sua dívida para com Durkheim e Radcliffe-Brown na formulação de suas idéias principais. O tema central, a relação entre conflito e ritualização, ele o deriva não só dos trabalhos próprios, dos de Victor Turner e demais associados, mas também das pesquisas de E. E. Evans-Pritchard, Meyer Fortes, Monica Wilson e C. Darryl Forde, entre outros. Pretende apenas ter formulado com maior nitidez princípios infusos na obra desses autores, que remoera em seu espírito por vários anos. De fato, o artigo de Fortes sobre *pietas* no culto dos antepassados poderia ser analisado em termos de segregação de papéis por meio de tabus. Também há filiação direta entre as concepções dos Wilson e as que Gluckman expõe.

17. Idem, ibidem, p. 39.

DISCÍPULOS E CONTINUADORES DE RADCLIFFE-BROWN

Como quer que seja, as publicações da Universidade de Manchester, pondo em primeiro plano o conflito, se destacam do fundo comum da antropologia social inglesa. Ninguém poderá pretender, no entanto, que isto constitua uma inovação. Bastará lembrar o nome de Marx, que Gluckman apenas menciona de passagem[18]. Mas a noção de conflito não é explorada em toda a sua riqueza e fecundidade. Para tanto seria necessário mudar radicalmente de quadros teóricos.

Embora Radcliffe-Brown não tenha querido constituir uma ortodoxia, os discípulos demonstram apego ao legado intelectual que dele houveram. Meyer Fortes faz do princípio de descendência unilinear uma pedra angular de seu edifício teórico. O mestre escrevera no prefácio à *African Systems of Kinship and Marriage* que os sistemas de parentesco cognático são raros na África como no resto do mundo. "Somente os sistemas unilineares permitem a divisão da sociedade em grupos de parentesco organizados e separados"[19]. Nesse volume mesmo se apresentam dois dos pretensos casos raros: os Niakusa estudados por Monica Wilson, e os Lozi por Max Gluckman. Em ambas as etnias, não existe linhagem, nem sequer uma palavra nativa para designá-la; a unidade estrutural é a aldeia, entre os Niakusa formada por classes de idade, e entre os Lozi por grupos incorporados em que a posição social não é determinada pela genealogia.

Na verdade, as sociedades com sistemas de parentesco não-unilineares estão longe de constituir uma raridade. Já na década de 1920-1930, os trabalhos de Franz Boas sobre os Kwakiutl, de Raymond Firth sobre os Maori, de Edward Gifford sobre os habitantes das Ilhas Tonga, demonstraram a inaplicabilidade da distinção entre descendência unilinear e bilateral para esses povos[20]. George P. Murdock e Alexander Spoehr acentuaram a necessidade de estudar as estruturas bilaterais[21]. Nas pesquisas que se orientaram nessa direção tem-se usado como conceito fundamental a parentela (*kindred*)[22].

18. Idem, ibidem, p. 38.
19. A. Radcliffe-Brown e C. D. Fordes (eds.), *African Systems of Kinship and Marriage*, p. 82.
20. R. Firth, *Primitive Economics of the New Zealand Maori*; E. W. Gifford, "Tongan Society", *Berenice P. Bishop Museum,* bulletin 61.
21. M. P. Murdock, *Social Structure*; A. Spoehr, "Observations on the Study of Kinship", *American Anthropologist* n. 51, pp. 1-15.
22. J. Djamour, *Malay Kinship and Marriage in Singapore*; E. P. Dozier, "Land Use and Social Organization Among the Non-Christian Tribes of Northwestern Luzon", em V. E. Garfield (ed.), *Proceedings of the 1961 Meeting of the American Ethnological Society*;

ESTRUTURA SOCIAL E DINÂMICA PSICOLÓGICA

São termos equivalentes parentela bilateral[23], e parentela pessoal[24]. Das 565 sociedades que constituíam o "World Ethnographic Sample" de Murdock, 203 (pouco mais de trinta e seis por cento) são dadas como adotando a bilateralidade. Em certas regiões, como o México, o Grão Charco, Mato Grosso, Bornéu e as Filipinas, noventa por cento dos grupos compreendidos na amostra reconhecem o parentesco pelas duas linhas[25].

Como se depreende das obras citadas, o conceito de parentela tem sido utilizado principalmente pelos pesquisadores americanos. J. D. Freeman, da Universidade de Cambridge, tenta reintegrar essa noção na corrente de idéias dominante na antropologia inglesa. Para ele, a parentela não é um grupo sociológico, "mas uma categoria abstrata, "um conjunto de pessoas que têm em comum a característica de serem aparentadas cognaticamente, em vários graus, com a mesma pessoa". Excluem-se os parentes por afinidade. Deve-se distinguir da parentela assim definida "os grupos de ação baseados na parentela, que se formam temporariamente para objetivos específicos, e que ordinariamente contêm apenas uma proporção da parentela total", incluindo ocasionalmente amigos e parentes por aliança, que a ela não pertencem[26].

A existência simultânea de sistemas de descendência unilinear e parentelas bilaterais na mesma sociedade é tida por incompatível. Reafirma-se,

---

H. Geertz, *The Javanese Family*; W. H. Goodenough, "A Problem in Malayo-Polynesian Social Organization", *American Anthropologist*, n. 57, pp. 71-82; R. D. Peranio, "Descent, Descent Line and Descent Group in Cognatic Social Systems", em V. E. Garfield (ed.), op. cit.; N. L. Solien, "The Nonunilineal Descent Group in the Caribean and Central America", *American Anthropologist*, n. 61, pp. 578-583.

23. J. W. Bennett e L. A. Despres, "Kinship and Instrumental Activites: a Theoretical Inquiry", *American Anthropologist*, n. 62, pp. 254-267; R. Pehrson, *The Bilateral Network of Social in Konkama Lapp District*; R. Redfield, *The Little Community*; S. J. Tambiah e B. Ryan, "Secularization of Family Values in Ceylon", *American Sociological Review*, n. 22, pp. 292-299.

24. H. Conklin, *Hanunóo Agriculture*; W. Davenport, "Nonunilinear Descent and Descent Groups", *American Anthropologist*, n. 61, pp. 557-573; J. Goody, "The Mother's Brother and the Sister's Son in West Africa", *The Journal of Royal Anthropological Institute*, vol. 89, pp. 61-88; E. R. Leach, *Political System of Highland Burma*; Dozier e Murdock também o usam.

25. M. P. Murdock, "World Ethnographic Sample", em *American Anthropologist*, n. 57, pp. 664-688.

26. J. D. Freeeman, "On the Concept of Kindred", *Journal of the Royal Anthropological Institute of Great Britain and Ireland*, vol. 91, pp. 202-204.

DISCÍPULOS E CONTINUADORES DE RADCLIFFE-BROWN

assim, a distinção entre estruturas em que a linhagem é a espinha dorsal e aquelas em que os nexos fundamentais são as associações de parentes constituídas segundo princípios latos.

Quanto à regulamentação do casamento, Freeman não encontra apoio para a afirmação de Murdock que a parentela evidencia normalmente uma tendência à exogamia, do mesmo modo que a linhagem. Na Malásia, ao contrário, o casamento entre parentes por cognação é preferencial. Será necessário verificar se o mesmo não ocorre em sistemas bilaterais em outras regiões.

As relações de parentela não podem ser explicadas pela extensão dos sentimentos que se desenvolvem no seio da família nuclear, embora não se negue a importância da consangüinidade. O reconhecimento de um ascendente comum cria obrigações de ajuda e socorro mútuos, segundo modalidades culturalmente prescritas. Uma característica da parentela (na nossa opinião, senão na de Freeman) merece ser posta em primeiro plano: a ausência de normas imperativas decorrentes de princípios de descendência deixa ao indivíduo larga margem de escolha pessoal nas relações. Assim também, nos cursos de ação que se lhe propõem, há oportunidades de opções várias. As sociedades em que existe a parentela são mais flexíveis, permitindo aos seus membros a livre expressão das predileções e interesses especiais. O exemplo mais longamente apresentado é o dos Iban de Bornéu[27], objeto de suas próprias pesquisas.

Outra interpretação da parentela é dada por Nur Yalman, formado em Cambridge e atualmente na Universidade de Chicago, através da análise da estrutura social dos cingaleses, que estende a outras sociedades do Ceilão e do Sul da Índia. E como a terminologia dravidiana de parentesco, em vigor nelas, é quase idêntica a do tipo Kariera, seria aplicável também a certos sistemas australianos. Sua feição dominante é a prescrição de casamento entre primos cruzados bilaterais, antes classificatórios do que reais, no que diz respeito aos cingaleses. Tomando por base o próprio trabalho de campo e a perspectiva que dele derivou, Yalman rejeita tanto as teorias de âmbito geral formuladas por Lévi-Strauss e Radcliffe-Brown quanto as aplicações delas aos grupos de que se ocupa, feitas por Louis Dumont, M. B. Emeneau, K. Gough e M. N. Srinivas. A descendência unilinear, a troca

27. Idem, ibidem, pp. 211-214.

ESTRUTURA SOCIAL E DINÂMICA PSICOLÓGICA

de mulheres, a exogamia, a unidade das linhagens, e demais princípios que examinamos, são possivelmente válidos para determinados sistemas. Mas nos casos em apreço, é necessário fundamentar a explicação sociológica na estrutura da parentela.

Entre os cingaleses, a parentela não é mera categoria ou entidade amorfa, mas um grupo "quase-incorporado"; por meio dela se circunscrevem as principais relações de parentesco para cada indivíduo. A palavra que a designa, *pavula*, significa literalmente família, mas o grupo tem funções de "microcasta". Todos que a ele pertencem devem prestar-se ajuda, por causa dos laços de parentesco que os unem. Compete também aos membros preservar a "pureza do sangue", evitando casamento com pessoas de castas inferiores. A endogamia no seio da parentela é a união ideal, mas que nem sempre se observa na prática. A riqueza é um atributo eminentemente desejável num possível côn-juge, não só do ponto de vista do indivíduo, mas da *pavula* como um todo. Diz um provérbio cingalês: "O dinheiro é o irmão mais moço dos deuses"[28]. As famílias abastadas procuram casar-se entre si, de modo que os parentes pobres são paulatinamente empurrados para fora do grupo.

Assim, o propósito de manter o status ritual reforça as tendências endogâmicas da *pavula*, enquanto as diferenças de fortuna têm o efeito con-trário. O casamento é um modo de promover alianças proveitosas, mas o mecanismo em jogo é o oposto do que Lévi-Strauss descreve. Trata-se de atrair alguém para dentro do grupo, usando incentivos tais como o dote; em seguida, o novo membro passa a ser designado por uma categoria de paren-tesco, segundo justificativas mais ou menos arbitrárias. A ficção da ascendên-cia comum faz que em tais sistemas não exista propriamente o parentesco por afinidade.

A *pavula* está em constante processo de reestruturação. Não só o casa-mento modifica a sua composição. Certas festas rituais cujo fim é reafirmar a solidariedade do grupo resultam na secessão de uma parte dele, em meio a formas extremas de conflito, freqüentemente, de assassinatos[29].

Quando o casamento se realiza entre pessoas de parentesco próximo, os cingaleses dispensam qualquer forma de cerimônia. Ao contrário, quando as relações são distantes, inúmeras precauções, tais como a consulta de horós-

---

28. N. Yalman, "The Structure of the Sinhalese Kindred: a Re-Examination of the Dravidian Terminology", *American Anthropologist*, n. 62, p. 553.

29. Idem, ibidem, pp. 554 e 570.

DISCÍPULOS E CONTINUADORES DE RADCLIFFE-BROWN

copos, precedem o enlace, que é celebrado com pompa. A explicação desse fato é de particular interesse para a teoria sociológica.

"A razão de não haver formalidades na união de dois parentes próximos está em que, estruturalmente falando, nada acontece. A relação de casamento já tinha existência." Do ponto de vista do casal, não há, na maioria das vezes, mudança. Segundo um princípio expressamente reconhecido, todos os que se classificam como primos cruzados podem manter relações sexuais. "Eles estão em relação permanente de 'casamento' em virtude de suas posições no quadro do parentesco." Toda a "fascinante ideologia" respeitante aos primos cruzados é vista como "um método de exprimir a natureza permanente da associação sexual ou marital (ou ambas) dessas categorias". E assim chegamos à seguinte definição: "A parentela consiste num grupo de pessoas que se encontram, umas para com as outras, em várias categorias *permanentes* de parentesco"[30].

Por meio da análise da parentela entre os cingaleses, Nur Yalman firma uma posição em certos pontos antagônica à de Lévi-Strauss, Radcliffe-Brown e seus discípulos. Em lugar da exogamia, faz da endogamia o princípio estrutural básico. A distinção entre consangüinidade e aliança ou afinidade se revelou também inaplicável. Mas as conclusões que tira não são dadas como válidas unicamente para um caso particular; pretende estendê-las a outras comunidades do Ceilão e do Sul da Índia, compreendidas no quadro que apresenta. E mesmo certos tipos de parentesco australiano parece-lhe que devem ser revistos à luz dos seus achados. Independentemente da questão do mérito, que só os essencialistas podem decidir, acreditamos que o conceito de categorias permanentes de parentesco está destinado a um futuro brilhante. O seu uso generalizado levaria à eliminação de várias construções teóricas supérfluas, cortadas pela navalha de Occam.

Nem tudo em Yalman, porém, é inovação. Reconhece no sistema cingalês certos efeitos da filiação bilateral e o caráter repetitivo do casamento. Portanto, o aspecto normativo da vida social é ainda o foco da estrutura. As noções de equilíbrio e de integração sociais estão implícitas no funcionamento da *pavula*, que tende a preservar-se como entidade autônoma, apesar da ação desagregadora dos interesses monetários. Além do que, Nur Yalman admite que os princípios estabelecidos por Lévi-Strauss e Radcliffe-Brown podem ser legítimos para determinadas sociedades.

30. Idem, ibidem, pp. 555-556.

ESTRUTURA SOCIAL E DINÂMICA PSICOLÓGICA

Edmond R. Leach, "Reader" da Universidade de Cambridge, declara em suas últimas obras a ruptura definitiva com o estruturalismo. No início de sua carreira, dedicou-se à análise do parentesco segundo os métodos genealógicos clássicos. Em *Political Systems of Highland Burma,* que é de 1954, manifesta sua insatisfação com os princípios tradicionais, que procura reformular. Em *Pul Eliya – A Village in Ceylon,* sua última publicação, submete-os a uma crítica incisiva, vazada numa linguagem desenvolta pouco usual na literatura científica inglesa. Examinaremos a seguir esses dois trabalhos.

Para Leach, as tendências básicas das sociedades levam antes à mudança do que à busca de um estado de equilíbrio: Em grande número delas, os próprios membros são favoráveis a modificações da cultura e da estrutura social. Na verdade, haveria fortes razões para considerar-se uma sociedade "perfeitamente integrada" como patológica, ou mesmo aproximando-se da extinção. O realce dado à integração, à consciência funcional e ao equilíbrio estrutural é uma conseqüência das condições do trabalho de campo. O etnólogo, usualmente, reside por um ou dois anos na comunidade que estuda; na maioria dos casos, não tem possibilidade de explorar o passado do grupo nem de saber o que se passa depois de sua visita. Sua análise, portanto, opera num corte sincrônico desligado do contexto temporal, que necessariamente apela para a noção de equilíbrio. Mas esse artifício metodológico introduz a confusão entre equilíbrio e estabilidade.

> Quando o antropólogo tenta descrever um sistema social, forçosamente descreve apenas um modelo da realidade social. Este modelo representa efetivamente a hipótese do antropólogo sobre "o modo como o sistema social funciona". As diferentes partes do modelo do sistema formam necessariamente um todo coerente – é um sistema em equilíbrio. Mas isto não implica que a realidade social forme um todo coerente; ao contrário, o sistema real está cheio de inconsistências; são precisamente essas inconsistências que nos podem dar os meios de compreender a mudança social. [...] Todos os indivíduos numa sociedade, cada qual segundo seu interesse, procuram explorar a situação como a percebem, e assim fazendo a coletividade de indivíduos altera a estrutura da própria sociedade[31].

Feitas estas restrições, Leach julga que a noção de equilíbrio deve ser utilizada. "Na prática do trabalho de campo, o antropólogo deve sempre tratar o material de observação *como se* fosse parte de um sistema geral de

---

31. E. R. Leach, *Political Systems of Highland Burma: a Study of Kachin Social Structure*, p. 8.

DISCÍPULOS E CONTINUADORES DE RADCLIFFE-BROWN

equilíbrio, de outro modo a descrição se tornaria impossível. Tudo o que peço é que a natureza fictícia desse equilíbrio seja francamente reconhecida"[32]. O material de observação, no caso, foi colhido entre os Kachin do Norte da Birmânia.

Os Kachin se defrontam com duas formas de organização política: a aristocrática feudal dos Shan, um povo dominante, e outra, de feição igualitária, que lhes é nativa. Diferentes comunidades se norteiam predominantemente por um outro sistema, ou buscam uma solução de compromissos, que vem a constituir um terceiro. Esta solução tende a se generalizar, sendo descrita por muitos autores como a estrutura de equilíbrio dos Kachin, embora inerentemente instável. Dentro da mesma comunidade, cada qual procura enquadrar-se num sistema para auferir vantagens dele decorrentes, mas apela para o outro com o fito de evadir-se das obrigações constituídas. Abrem-se ao indivíduo diferentes cursos de ação, de que usa alternadamente para conquistar posições políticas.

À semelhança de Radcliffe-Brown, Leach supõe o indivíduo movido pelo interesse, que assume aqui a feição de vontade de poder. A disputa dos cargos políticos e as longas maquinações a que dá lugar são a parte mais importante da vida pública dos Kachin. Há outro elemento psicológico em jogo, o desejo de obter a consideração que advém da investidura nesses cargos. Sendo vários os esquemas de valores, assim como os meios de alcançá-los, o coeficiente de decisão pessoal tem importância primordial. Mas Leach trata a motivação individual de passagem; seu propósito básico é descrever os dois sistemas ideais, aristocrático e democrático, cuja interpenetração em graus diversos constitui a fisionomia mutável da organização política dos Kachin.

Em suma, há uma ordem ideal (em si mesma compósita) que tende a permanecer constante, mas que é reinterpretada para se adaptar às variáveis políticas e econômicas. Estas, embora parte da realidade empírica, se subordinam em cada variação às idéias concebidas pelos membros do grupo. A dicotomia entre estabilidade e equilíbrio esteia a concepção de um equilíbrio dinâmico.

Pul Eliya é um estudo sobre formas de ocupação da terra e sistema de parentesco em uma aldeia do Ceilão; ao mesmo tempo, pretende pôr a prova certos pressupostos da antropologia inglesa contemporânea. A crítica de Leach

32. Idem, ibidem, p. 285.

ESTRUTURA SOCIAL E DINÂMICA PSICOLÓGICA

visa as teorias de Radcliffe-Brown e Meyer Fortes, que resume na seguinte fórmula: esses antropólogos encaram o parentesco como um parâmetro que pode ser estudado isoladamente; por uma série de passos estritamente lógicos, são levados a conceber a sociedade humana como composta de sistemas em equilíbrio, estruturados de acordo com regras legais ideais. As atividades econômicas assumem significação restrita e a análise da adaptação social às circunstâncias em mudança torna-se impossível. A concepção oposta estabelece a prioridade das relações econômicas sobre as relações de parentesco. Neste caso, não é necessário ter-se por intrínseca a continuidade do sistema de parentesco, a qual se supõe adaptando-se em cada momento à situação econômica em transformação. "É minha tese que as regras jurídicas e as normas estatísticas devam ser tratadas como quadros de referência separados, mas que aquelas devem ser consideradas sempre como secundárias em relação a estas"[33].

O paradigma ideal não é negado, mas a estrutura empírica sotoposta a ele, descoberta por técnicas estatísticas, tem uma existência independente. A comunidade estudada não age cinicamente dentro do âmbito das regras legais, mas vive num meio ecológico particular, produto do esforço humano. É a topografia – a água, a terra, o clima – que, antes de mais nada, determina as ações de seus habitantes.

A aldeia de Pul Eliya está situada na Província Norte-Central do Ceilão, na chamada Zona Seca, cuja descrição é reminescente do Nordeste brasileiro. Terreno plano; camada de solo arável delgada; precipitação anual escassa, concentrando-se em dois períodos, outubro-dezembro e abril-maio; a chuva, quando vem, é torrencial, inflando desmedidamente os rios, que horas depois voltam a ser meros fios de água; vegetação natural de zona semi-árida, que uma vez abatida se refaz muito lentamente. Os habitantes, juntamente com os das aldeias circunvizinhas, se consideram membros de uma divisão endogâmica (*variga*) da casta dos agricultores (*Goyigama*). Mantêm relações comerciais com hindus e muçulmanos, e em certas ocasiões rituais se associam a membros de outras castas cingalesas. A *variga* é a unidade estrutural em que se processa o trabalho cooperativo, e em que se observa a dinâmica da chefia. A unidade de grau inferior é a *pavula*.

Dadas as condições ecológicas, a agricultura só é possível mediante irrigação, cujas técnicas são antiqüíssimas. Existem mais de mil represas na re-

---

33. E. R. Leach. *Pul Elya, a Village in Ceylon: a Study of Land Tenure and Kinship*, p. 9.

DISCÍPULOS E CONTINUADORES DE RADCLIFFE-BROWN

gião, das quais as maiores estão sob controle do governo federal. Pul Eliya não está ligada ao sistema central da irrigação. O grande açude da aldeia, assim como os menores, depende exclusivamente do trabalho local. As terras irrigadas que se situam as suas margens são as únicas verdadeiramente valiosas para o cultivo do arroz, base da alimentação, e de outros cereais e hortaliças. Os direitos sobre elas, assim como sobre os complexos de habitações (*compounds*) a que estão associados, têm portanto importância crucial. A distribuição desses direitos pelos membros da *variga* se faz por herança, compra-venda e doação. Existem também formas de arrendamento, geralmente sem compensação monetária.

À primeira vista, a vida econômica e a interação social parecem reguladas principalmente pelo sistema de parentesco. Mas a *pavula*, que aparece aqui como o grupo familiar ocupando habitações contíguas, é por essência flexível. Leach confirma os resultados das pesquisas de Yalman, seu colega em Cambridge na época em que escreveu. As regras que dela emanam são passíveis de interpretações de tal modo latas que não passam, na maioria dos casos, de ficções legais: a própria *variga* não tem a rigidez comumente associada à idéia de casta. A endogamia, seu princípio constitutivo, contorna-se freqüentemente na prática por um artifício jurídico. O forasteiro, membro de casta inferior, que é considerado partido desejável, casa-se com uma moça da aldeia, e a família da noiva, em entendimento com ele, o cita perante o tribunal da *variga*. É-lhe fácil arranjar testemunhos, cuja autenticidade não é investigada, de sua filiação à casta dos cultivadores na região de origem. A sentença invariavelmente confirma seu *status,* e as boas maneiras proíbem de pô-lo em dúvida daí por diante.

Para compreender a estrutura social efetiva de Pul Eliya é necessário levar em conta as exigências técnicas da orienicultura, as diferenças de habilidade agrícola e comercial dos indivíduos e a ação das facções políticas. A motivação aqui não é a vontade do poder, mas a aquisição de terras e direito ao uso da água. Os conflitos relativos à posse das glebas são o principal fator formativo dos grupos políticos. Leach comprova seus resultados com numerosos estudos de caso, e com a mais completa documentação estatística que conhecemos na literatura etnográfica: a genealogia de todas as famílias é retraçada e a propriedade de cada parcela de terreno minuciosamente investigada. Sua argumentação se funda na força dos dados, e não na sutileza e elegância do raciocínio.

ESTRUTURA SOCIAL E DINÂMICA PSICOLÓGICA

Nas conclusões, Leach retorna a Durkheim para encaminhar a discussão. A "coisa social" que exerce coerção sobre o indivíduo é um conjunto de idéias ou de fatos objetivos? Na *De la division du travail social* as normas são de natureza jurídica, regras de comportamento sustentadas por sanções; no *Le suicide*, são estatísticas. "Em todos os trabalhos posteriores do próprio Durkheim e de seus seguidores esta mesma ambigüidade entre normal e normativo reaparece constantemente"[34]. Na Inglaterra, corresponde, em certo sentido à oposição entre Radcliffe-Brown e Malinowski. Para Radcliffe-Brown, a sociedade tem o poder de impor sua vontade aos indivíduos por meio de regras sancionadas que constituem a estrutura dos grupos permanentes.

O costume, na concepção de Malinowski, à semelhança da "taxa de suicídio" de Durkheim, é um sintoma; não é algo imposto por regras, nem em si mesmo coercitivo, mas simplesmente corresponde a um estado de coisas. O costume faz sentido não em termos de um sistema moral externo, logicamente ordenado, mas em termos do interesse privado do homem médio numa situação cultural particular[35].

É este princípio que ressalta do estudo de Pul Eliya.

Procurei demonstrar que a noção de "relação estrutural" não é mera abstração que o antropólogo usa como um paradigma para simplificar seus problemas de descrição. A estrutura social de que falo neste livro é, em princípio, uma noção estatística; é um fato social no mesmo sentido em que a taxa de suicídio é um fato social. É um produto derivado da soma de várias ações humanas individuais, as quais não passam inteiramente inadvertidas aos participantes, mas de que não têm consciência plena[36].

Ao iniciar a pesquisa, o intuito de Leach era compreender os princípios da continuidade estrutural numa comunidade pequena, em que não havia grupos de descendência unilineares, sociedades secretas, seitas, ou outros agrupamentos semelhantes. O que fazia o sistema social persistir? Gradualmente deu-se conta que era necessário descartar-se de todas as noções estruturalistas. O grupo apareceu-lhe como uma coleção de indivíduos ganhando a vida numa faixa de território de configuração particular. A entidade que

---

34. E. R. Leach, *Political Systems of Highland Burma: a Study of Kachin Social Structure*, p. 297.
35. Idem, ibidem, p. 298.
36. Idem, ibidem, p. 300.

perdura não é a sociedade de Pul Eliya, mas a própria Pul Eliya – o açude comunal, e os campos, com sua complexa divisão de lotes. As técnicas consagradas da cultura do arroz tornam difícil alterar as disposições do terreno. É mais simples para as gerações sucessivas se adaptarem a elas.

Leach propõe, em lugar das noções clássicas de estrutura, a de estrutura de localidade, estabelecida pelas freqüências de eventos sociais reais. A demonstração foi feita numa pequena aldeia do Ceilão, submetida a um "tratamento microscópico". Pergunta o autor: quantas das brilhantes análises estruturais dos antropólogos ingleses resistiriam a tratamento idêntico? A insinuação não visa o meticuloso cuidado com que são feitos os trabalhos de campo, mas as premissas idealistas de que partem. Durklheim, pelo menos, foi lógico em conferir à estrutura social os atributos da divindade. Esta atitude está implícita nos estruturalismos atuais, que mantém a precedência da estrutura em relação ao comportamento efetivo, embora esta não possa ser objetivamente percebida.

Com o ardor de um Comte redivivo, Leach tacha de místicos, vagos e arbitrários, conceitos tais como estrutura de grupos de descendência unilinear ("uma ficção *total*"), solidariedade social, equilíbrio, sociedade (no sentido durkheimiano). "A sociedade não é uma 'coisa'; é um modo de ordenar a experiência"[37]. O estudo do parentesco é inegavelmente um dos instrumentos mais importantes para o conhecimento das sociedades primitivas. Mas "os sistemas de parentesco não têm nenhuma 'realidade', a não ser quando relacionados com a terra e a propriedade"[38]. É preciso evitar tratar a estrutura social como uma "coisa em si".

"*Pul Eliya* é um modelo de rigor científico na aplicação do método monográfico e de técnicas estatísticas." De fato, o autor consegue nos convencer de que, *nessa aldeia do Ceilão*, as regras jurídicas e éticas são de menor relevância como determinantes do comportamento do que os fatores ergológicos. Mas as generalizações derivadas desse achado devem ser acolhidas com prudência.

Tratar as regras jurídicas e as normas estatísticas como quadros de referência separados é um princípio metodológico salutar, que aliás Leach não é o primeiro a propor. Mas que aquelas devam sempre ser consideradas como secundárias em relação a estas nos parece excessivo. O *ethos* de um grupo

37. Idem, ibidem, pp. 304-305.
38. Idem, ibidem, p. 305.

ESTRUTURA SOCIAL E DINÂMICA PSICOLÓGICA

tem, dentro de limitações, relativa autonomia. Sem dúvida, os acontecimentos sociais concretos são historicamente anteriores às regras que os circunscrevem, e que nascem deles. Mas, uma vez constituídas, se impõem ao comportamento humano. Asseverar que a sua influência se subordina em todos os casos à de outros fatores constitui posição tão dogmática quanto a contrária. O problema das relações entre o normal e o normativo, se bem que iluminados por um exemplo significativo, continua em aberto. Seria ocioso dar exemplos de povos que, por migração espontânea ou forçada, se desvinculam do *habitat* de origem, mas preservaram o sistema de parentesco.

Leach deu-se conta da distorção formalista que inquina grande número dos trabalhos ingleses sobre estrutura social. Sua crítica ágil e aguda várias vezes fere o alvo. Mas a contribuição positiva que traz é pobre. O conceito de estrutura de localidade, porquanto útil, é de significado parcial, e não substitui inteiramente as noções que nos convida a alijar. Para contrapor à sociedade, que para efeitos polêmicos é caracterizada como coisa em si ou essência divina, não acha melhor do que uma coleção de indivíduos ligados por interesses. É fácil objetar que o interesse, por mais privado que seja é, parte do sistema social: entre os Kachin, se define na disputa dos cargos políticos, em Pul Eliya se orienta para a posse da terra. Conscientemente, Leach preconiza a volta ao método de *Le suicide*; mas a teoria subjacente se apóia numa concepção de motivos privados, que recorda as teses atomísticas da economia clássica.

Neste capítulo examinamos de como os conceitos de Radcliffe-Brown foram ampliados, corrigidos, criticados e refutados pelos seus seguidores em confronto com resultados do trabalho de campo. Selecionamos uma gama de exemplos ilustrativos, da fidelidade não isenta de restrições de Meyer ao repúdio final de Edmund Leach. Nos textos comentados, foi a pesquisa empírica que acumulando dados novos levou a refundir os esquemas teóricos. No próximo capítulo, analisaremos dois autores que se têm distinguido tanto por suas contribuições à pesquisa quanto à teoria: Raymond Firth e S. F. Nadel.

VI

DISCÍPULOS DE MALINOWSKI: FIRTH E NADEL

Há algumas décadas, os nomes Radcliffe-Brown e Malinowski apareciam sempre conjugados quando se falava em funcionalismo. Em certo momento, como vimos, Radcliffe-Brown explicitamente se dissocia do movimento funcionalista, que declara ser um mito. Seus continuadores aceitaram a denominação de estruturalistas. No presente, grande número dos antropólogos e sociólogos que se preocupam com a estrutura social são rotulados estruturofuncionalistas. O esquema tese-antítese-síntese parece impor-se; mas neste, como em tantos outros casos, a analogia é superficial.

Não há dúvida que a personalidade de Malinowski era, em muitos aspectos, oposta à de Radcliffe-Brown. Enquanto este tende a relacionar suas observações com uma forma abstrata, Malinowski mergulha na vida quotidiana do grupo, buscando as vinculações concretas entre os fatos. O método que propõe é o da documentação estatística. Compara a generalização a um esqueleto, ao qual faltam carne e sangue.

Ao elaborarmos as regras e regularidades dos costumes nativos; e ao obtermos para elas uma fórmula precisa extraída da coleção de dados e depoimentos, verificamos que a precisão mesma é estranha à vida real, que nunca adere rigidamente a quaisquer regras. [...] Essa precisão deve ser suprida pela observação do modo pelo qual um dado costume é levado a efeito, do comportamento do nativo ao obedecer às regras tão exatamente formuladas pelo etnógrafo, das exceções que quase sempre ocorrem nos fenômenos sociológicos[1].

Há eventos que não se enquadram nos questionários e documentos, e que constituem os imponderáveis da vida efetiva. O conceito polar de sua metodologia era cultura e não sociedade. Algumas de suas melhores contri-

---

1. B. Malinowski, *Argonauts of Western Pacific*, p. 19.

ESTRUTURA SOCIAL E DINÂMICA PSICOLÓGICA

buições dizem respeito à organização social, mas sempre vista como ordenação de atividades humanas.

Segundo testemunho de Meyer Fortes, não perdia ocasião de zombar do que chamava de "álgebra do parentesco"; este autor lhe atribui a incapacidade de pensar em termos estruturais[2]. A opinião é discutível. A análise da *kula* – tipo de comércio de troca altamente ritualizada, que se encontra entre as populações da Oceania, mostra agudo senso de forma, embora não se configure em esquemas abstratos. O mais que se pode dizer é que Malinowski não contribuiu expressamente para o avanço da teoria da estrutura. Em toda sua trajetória intelectual, contentou-se com o termo tradicional, organização.

Raymond Firth, um dos seus discípulos mais eminentes, usa simultaneamente os dois conceitos. A propósito do primeiro, deparamos com esta observação curiosa: "Toda ciência deve ter um acervo de termos de aplicação geral, definidos sem demasiada estreiteza, e "estrutura" pode ser um deles"[3]. Sem dúvida, mas precisão não é sinônimo de estreiteza, e a ambigüidade é empecilho no estabelecimento de qualquer comunicação, mormente na científica. Firth envida esforços nesse sentido, primeiramente criticando conceituações anteriores, entre outras a que reduz a estrutura a padrões de expectativas e ideais de comportamento. Julga estar implícito nesta que os padrões ideais são de importância primacial, e que a conduta efetiva dos indivíduos é mero reflexo deles. Ora, "as características gerais das relações sociais concretas devem também fazer parte do conceito de estrutura". Mais ainda, é necessário pôr em relevo que "os estalões sociais, os padrões ideais e os conjuntos de expectativas tendem a ser mudados, de modo reconhecido ou imperceptível, por atos de indivíduos em resposta a outras influências, inclusive o desenvolvimento tecnológico". Na sua compreensão, "a essência do conceito está nas relações sociais que parecem ser de importância crítica para o comportamento dos membros da sociedade, de tal sorte que se essas relações não estivessem em operação, não se poderia conceber a existência da sociedade daquela forma"[4].

Estrutura e organização têm sido empregadas como sinônimos, mas é preciso distigui-las. A idéia de organização traz à mente pessoas agindo de acordo com planos.

---

2. M. Fortes, "Time and Social Structure: an Ashanti Case Study", em M. Fortes (ed.), *Social Structure: Studies Presented to A. R. Radcliffe-Brown*, p. 20.

3. R. Firth, *Human Types: an Introduction to Social Anthropology*, p. 29.

4. Idem, ibidem, p. 31.

DISCÍPULOS DE MALINOWSKI: FIRTH E NADEL

Isto é um processo social, o arranjo da ação em seqüências, de conformidade com fins sociais selecionados. Estes fins devem ter alguns elementos de significação comum para o conjunto de pessoas a que a ação concerne. A significação não necessita ser idêntica, ou mesmo semelhante para todas as pessoas; pode ser oposta para algumas dentre elas. Os processos da organização social podem consistir, em parte, na resolução de tais oposições pela ação que permite que um ou outro elemento atinja expressão final.

A organização supõe, pois, certo grau de unificação, pelo relacionamento dos elementos comuns. O que a caracteriza é o exercício da escolha e a tomada de decisões, que pode se pautar pelos princípios estruturais, ou exigir a adoção de novos procedimentos. "Como tal, baseia-se em avaliações pessoais, que são a tradução dos fins gerais ou valores de âmbito grupal em termos significativos para o indivíduo"[5].

Uma vez analisados, os dois termos são trazidos a confronto. "A organização social é o ordenamento sistemático das relações sociais por atos de escolha e decisão." A situação antes da escolha era diferente da que lhe sucede. "Uma questão aberta, em que os elementos eram potenciais apontados para direções várias, tornou-se um assunto resolvido, em que se dá aos potenciais uma orientação específica." O tempo é, portanto, um fator importante na organização.

As formas estruturais criam precedentes e estabelecem limitações para o âmbito das alternativas possíveis – o arco dentro do qual a livre escolha pode aparentemente se exercer com freqüência muito pequena. Mas é a possibilidade da alternativa que favorece a variabilidade. Uma pessoa escolhe, consciente ou inconscientemente, que curso deve seguir. E a sua decisão afetará o futuro alinhamento estrutural. No aspecto da estrutura social se encontra o princípio de continuidade da sociedade; no aspecto da organização se encontra o princípio da variação ou mudança[6].

A estrutura e a organização se encontram em todos os níveis da vida social, e ressaltam mais claramente na análise de tipo etnológico, que toma por objeto uma comunidade pequena. Há quatro constituintes essenciais para a existência da comunidade: alinhamento social, controles sociais, meios sociais e estalões sociais. O alinhamento social, que inclui estrutura no sentido estrito, compreende os grupos incorporados de tipo permanente, baseados

5. Idem, ibidem, p. 36.
6. Idem, ibidem, pp. 39-40.

ESTRUTURA SOCIAL E DINÂMICA PSICOLÓGICA

em sexo, idade e parentesco, como também a associação de pessoas para fins comuns, como o trabalho ou a recreação. O conceito abarca a divisão das pessoas segundo a ocupação, sua disposição de acordo com a ordem e a hierarquia ritual, e também o arranjo dos papéis e *status* sociais. Nos controles sociais, estão compreendidos, em primeiro lugar, os conhecimentos técnicos e empíricos que servem para dominar o meio ambiente, conjuntamente com a regulação da magia e do comportamento religioso. Além do que, incluem os conjuntos de normas relativas à etiqueta, à moral, às leis, aos ritos, e às "constituições da mitologia" (*charters of mythology*), na denominação de Malinowski. Os bens materiais e a linguagem formam os meios sociais. Os estalões sociais representam sistemas de valores. Firth define o valor como "a qualidade preferencial atribuída a um objeto em virtude de uma relação entre fins e meios na ação social"[7]. Para os seus propósitos, parece-lhe conveniente classificar os valores em seis categorias: tecnológicos, econômicos, morais, rituais, estéticos e associacionais. A última se aplica à qualificação das relações sociais.

Os princípios da organização social se evidenciam na atividade concreta. O primeiro é o da coordenação. "Para a continuidade dos processos na vida social, elementos até então desconexos devem ser postos em relação, com referência a um fim comum"[8]. O segundo é o da previsão, que diz respeito às estimativas que o indivíduo faz sobre o modo como os outros provavelmente se comportarão. O terceiro, da responsabilidade, tem dois aspectos: a responsabilidade *assumida* por alguém, que toma a si o ônus da decisão; a responsabilidade *atribuída* a alguém por outros, que estão de acordo que esse ônus lhe deve competir. O quarto princípio é o da compensação básica, idêntico ao que Malinowski denominou de reciprocidade, e a que conferiu especial importância.

Raymond Firth apresenta outros princípios da organização em publicação posterior, cujas observações introdutórias merecem ser citadas.

O ar de encantamento que durante as últimas décadas tem circundado o ponto de vista "estruturalista" começou agora a se dissipar. Pois que é assim, o valor básico do conceito de estrutura social como instrumento heurístico, antes do que como entidade social substancial, tem-se tornado mais claramente reconhecido. Todos os antropólogos sociais britânicos são estruturalistas pelo uso que fazem dos princípios analíticos

7. Idem, ibidem, p. 42.
8. Idem, ibidem, p. 75.

DISCÍPULOS DE MALINOWSKI: FIRTH E NADEL

desenvolvidos dentro desse método. Mas a rigidez e as limitações de um estruturalismo simples, tomado isoladamente, têm sido mais amplamente discernidas[9].

O termo estrutura continua sendo básico, mas faz-se mister ampliar o conceito mais flexível e dinâmico de organização.

A caracterização das duas noções se amplia. "No conceito de estrutura social, as qualidades reconhecidas são fundamentalmente a persistência, a continuidade, a forma e a penetração em todo o campo social. Mas a continuidade é essencialmente repetição. Há expectativa de identidade, ou obrigação de identidade". "Se a estrutura implica ordem, a organização implica o encaminhamento para a ordem – embora não necessariamente a mesma ordem"[10].

A organização denota antes que tudo cooperação, ou seja a coordenação do comportamento individual para fins econômicos e sociais. Seus diferentes aspectos são:

"a. o ajustamento do comportamento de *indivíduos* em conseqüência da seleção entre alternativas de ação com referência às metas sociais;

b. seleção de *papéis* e ajustamentos conseqüentes em termos de responsabilidade e coordenação;

c. arranjo dos elementos da ação num sistema pela limitação das relações sociais com referência a dados fins concebidos pelos atores".

Aos enunciados anteriormente, Firth acrescenta três princípios: o da acomodação, que implica afastamento das exigências estritas contidas nos princípios estruturais em favor de um curso de ação mais viável; o desenvolvimento de *status* que postula que as pessoas de *status* mais elevado estão mais aptas a resistir às pressões estruturais; o de economia de esforço.

Os princípios da organização social não são tão automáticos ou homogêneos quanto os da estrutura. Mas permitem explicar operações sociais em certos setores de atividades, nos quais os princípios estruturais não ajudam a compreensão: Firth enumera quatro campos de ação suscetíveis de análise consoante princípios organizatórios.

Em primeiro lugar, a esfera da repartição de direitos e deveres entre as pessoas, levando-se em conta os princípios estruturais da sociedade, e o fato que estes devem ser aplicados a um número variável de pessoas. Em segun-

9. R. Firth, *Elements of Social Organization*, p. 1.
10. Idem, ibidem.

do lugar, a esfera da extensão do reconhecimento social e os graus de conformidade que operam dentro dela. Em terceiro lugar, a esfera da resolução de conflitos entre um ou mais princípios estruturais. Finalmente, a esfera do controle social, sobretudo quando a quebra de princípios estruturais leva a comunidade a mobilizar-se para aplicar sanções[11].

Vê-se pois que Firth, embora conserve lado a lado estrutura e organização, acaba por dar maior ênfase à última. Mais e mais, na vida efetiva da sociedade, a compreensão é dada pelos princípios organizatórios. A estrutura impõe limites e fixa normas; mas os limites são transpostos e as normas são quebradas, quer pela ação individual, quer pelos conflitos que decorrem de sua contradição. O apego ao termo estrutura justifica-se pelo reconhecimento da persistência de certas formas sociais, a qual, no entanto é vista como preservação de identidade. Como se afirmou contra vários autores, em especial contra Lévi-Strauss, as formas não permanecem intactas e imutáveis na vida social, que é por essência processo. Certamente, convém fazer a distinção entre o estável e o móvel, entre a continuidade e o crescimento, mas não por meio de polaridades opostas. Das formas definidas e que têm maior persistência às que são meros esboços, passa-se por uma série de gradações. Não há fronteiras nitidamente demarcadas entre estrutura e organização, se bem que os pontos extremos se diferenciem.

Caberia manter a dualidade de conceitos se Firth destacasse a estrutura do social concreto, o que, como vimos, se recusa a fazer. Debatem-se no seu pensamento as influências de Malinowski, sob a qual se formou, e de Radcliffe-Brown, que cita amiúde com aprovação. A tentativa de conciliação se faz às expensas da precisão no conceituar a estrutura. "Relações sociais de importância crítica" é uma expressão confessada e deliberadamente vaga. O que Firth entende por organização, outros autores, como Talcott Parsons e Marion Levy, incluem no conceito de estrutura social. Também nos parece de melhor alvitre usar um termo único. Mas cumpre salientar que é em Firth que se observa o esforço maior de adoção de um ponto de vista dinâmico conservando-se dentro da perspectiva estruturalista.

S. F. Nadel quando se inscreveu na London School of Economics já era doutor em psicologia pela Universidade de Viena, em que estudara sob a direção de Karl Bühler. À sua formação como antropólogo social presidiu

11. Idem, ibidem, p. 16.

DISCÍPULOS DE MALINOWSKI: FIRTH E NADEL

Malinowski, cuja influência se fez sentir menos intensamente nele do que em Firth. A linha mestra de sua concepção psicológica é dada pela Gestalttheorie, que lhe impõe utilizar-se da "categoria difícil, e hoje em dia fora de moda, de consciência". Do ponto de vista sociológico, os padrões de comportamento só têm sentido quando vistos como "ações" e "tarefas" ligadas a fins conscientes. Mas isso não quer dizer que cada ação ou tarefa seja guiada por uma finalidade explícita e inteiramente presente à consciência. A meta do ato pode ser simplesmente a conformidade com o modo de proceder social, sem motivo consciente. O conceito de tarefa ou ação implica, pois, em padrão, consciência e motivação de alguma sorte[12].

A realidade social, que se compõe dessas ações, tem duas dimensões, sociedade e cultura. "Sociedade, como eu entendo, significa a totalidade dos fatos sociais projetada na dimensão das relações e agrupamentos; cultura, a mesma totalidade, na dimensão da ação"[13]. A sociedade representa um grau de abstração mais alto do que a cultura. Em ambos os aspectos pode-se discernir a estrutura. Mas na sociedade, cujos elementos são relações, a feição estrutural é mais generalizada. *The Theory of Social Structure*, livro póstumo, visa a elucidar os problemas desse nível.

A definição de que parte é a seguinte: "Estrutura indica um arranjo ordenado de partes, suscetível de transposição, sendo relativamente invariante, enquanto as partes mesmas são variáveis". Este é o conceito geral; para aplicá-lo ao caso em discussão, é necessário saber o que é sociedade. Evitando as complexidades teóricas, Nadel se atém a uma caracterização simples. "As sociedades são compostas de pessoas; as sociedades têm limites, pois as pessoas pertencem ou não a elas; e as pessoas pertencem a uma sociedade em virtude das regras sob as quais vivem, que lhes impõem modos determinados e regulares de agir, umas para com, e em relação, às outras"[14]. Essas regras também especificam que indivíduos, isto é, aqueles que satisfazem certas condições ou se encontram em determinadas circunstâncias, podem ou devem entrar em relações. Os indivíduos em virtude dessas instruções específicas, desempenham papéis. Cada sociedade tem um número finito de papéis, que se dispõem segundo uma ordenação dada. "Atingimos a estrutura de uma sociedade abstraindo da população concreta e de seu comporta-

12. S. F. Nadel, *The Foundations of Social Anthropology*, pp. 32-33.
13. Idem, ibidem, pp. 79-80.
14. S. F. Nadel, *The Theory of Social Structure*, p. 8.

ESTRUTURA SOCIAL E DINÂMICA PSICOLÓGICA

mento, o padrão ou rede (ou 'sistema') que existe 'entre atores que em tanto que tais desempenham papéis relacionados uns com os outros'"[15].

Embora usados na mesma frase, padrão *(pattern)* e rede *(network)* não são sinônimos. Padrão se refere à distribuição ordenada das relações tomando-se por base semelhanças e diferenças. Define os subgrupos (clãs, linhagens, classes sociais, classes de idade) dentro da sociedade. Esta categoria não apresenta dificuldades ao analista e não é tratada por Nadel. Rede significa "o entrelaçamento de relações em que as interações implícitas em umas determinam as que ocorrem em outras"[16].

Papel é fundamentalmente um conceito de tipo ou classe lógica, pois que denota propriedades extraídas dos indivíduos. Certos atributos dependem de fatores tais como idade e sexo, que escapam ao arbítrio pessoal, e são chamados *propriedades contingentes*. Há outros que o indivíduo assume ou visa deliberadamente, constituindo *propriedades de consecução*. Há dois aspectos no papel, as normas que lhe são subjacentes e a aplicação efetiva dessas normas, que é a feição comportamental. Os métodos para estabelecer estas normas são três: o primeiro é um procedimento estatístico, a observação da freqüência e regularidade dos atributos para constituir uma série; mediante o segundo, se colecionam as opiniões e pronunciamentos das pessoas sobre o que constitui a conduta apropriada a certos papéis; terceiro, as normas se verificam pelos mecanismos de manutenção da sociedade, isto é, pelas sanções que impedem ou punem os desvios de comportamento. O primeiro e o terceiro são suplementares em relação ao segundo. Nadel considera a divisão costumeira entre papel e *status* infundada.

A estrutura interna do papel depende do modo de conexão de seus atributos. Conforme sua importância, os atributos são divididos em *periféricos,* que não afetam em essência o desempenho do papel, e reguladores, que são básicos para a sua configuração; entre uns e outros estão os intermediários. O celibato é atributo periférico para o médico ou comerciante, mas não para o sacerdote católico. Alguém que viva entre pintores e se vista como eles, sem nunca ter pintado um quadro, será um boêmio, mas não um artista; falta-lhe para tanto o atributo regulador. Sobre esse fundamento se constrói uma taxonomia de papéis, compreendendo duas categorias principais, *papéis*

---

15. Idem, ibidem, p. 12. A última parte da definição é uma citação de Talcott Parsons, *The Structure of Social Action,* p. 34.

16. Idem, ibidem, p. 16.

DISCÍPULOS DE MALINOWSKI: FIRTH E NADEL

de recrutamento e papéis de consecução. Nos do primeiro tipo, "a propriedade reguladora é um estado inevitável ou fortuito em que se acham os indivíduos"; nos do segundo, "a propriedade reguladora é um atributo
comportamental, ativo ou passivo, que os indivíduos podem escolher livremente como meta ou objetivo"[17]: Certo número de papéis se enquadram em
ambas as categorias, como por exemplo, o de marido; casar-se é decisão
pessoal, mas que na maioria das sociedades está sujeita a pressões coletivas.
Uma terceira categoria se compõe dos papéis em que não há uma propriedade reguladora que sirva de eixo aos atributos da série. As apelações que os
designam indicam suas características de modo geral e sumário ("amigo",
"inimigo", "amante", "patriota"); só se tornam perceptíveis à medida que são
desempenhados. Estes são os *papéis desenvolvíveis* ou *desenroláveis.* Finalmente, há que considerar conjuntos de ações, como as do rebelde ou desertor,
e mesmo ocupações, como o crime ou a prostituição, que se reputam inde-
sejáveis. Embora afetados de coeficiente negativo, não deixam de ser papéis,
e se denominam *aberrantes (deviancy roles).*

Ao critério dos atributos ou propriedades, Nadel junta o de conteúdo,
isto é, a conduta particular que está implicada no papel, e o de coerência,
que se refere ao maior ou menor grau de independência entre os papéis.
Combinando estes critérios, classifica os papéis em sete tipos: de recrutamento – independentemente definidos, relacionais; de consecução – de propriedades, expressivos, de serviços, simetricamente relacionados, assimetricamente
relacionados.

A conformidade entre o comportamento individual e o complexo de papéis é explicada à luz do esquema de interação de Talcott Farsons e do
mecanismo de *feed-back,* que a cibernética utiliza. Os atores ajustam mutuamente suas ações porque compartilham de um sistema de sanções e expectativas de comportamento. Esta noção é paralela à de *feed-back* positivo ou
negativo. O modelo diádico deve, porém, levar em conta o controle indireto;
"assim, A pode modificar o desempenho de seu papel em relação a B não
somente por causa das sanções de B mas porque uma terceira pessoa C
intervém de algum modo"[18].

A coerência dos sistemas de papéis se realiza de diferentes maneiras. Os
papéis dependentes, como pai-filho, que se incluem sempre no mesmo qua-

17. Idem, ibidem, p. 36.
18. Idem, ibidem, p. 51.

ESTRUTURA SOCIAL E DINÂMICA PSICOLÓGICA

dro de referência, estão implicitamente entrosados. Quando pertencem a quadros diferentes, a intercoesão se estabelece por meio da *adição* e da *dicotomização*. Adição significa que dois ou mais papéis se combinam na mesma pessoa. A dicotomização se refere aos aspectos internos e externos do papel; de um lado, temos as relações entre os atores, do outro, as entre o ator e o público. As relações exteriores não anulam as intrínsecas; ao contrário, as pressupõem. Mesmo as mais estritamente privadas têm uma feição pública, como o indica o provérbio inglês: *All the world loves a lover*. A dicotomização dos papéis é o mesmo que a *triadização* das relações, já que o aspecto externo implica sempre a presença, ainda que ideal, do *tertius*[19].

Para atingir o conceito final de estrutura, é necessário passar por três graus de abstração. De início, definem-se os vínculos constantes entre os indivíduos, ou seja, as relações socais; em seguida, extraem-se dessas relações as configurações de papéis; o terceiro nível demonstra as conexões de papel a papel, que constituem a rede estrutural. Esta nunca é inteiramente inclusiva, pois que subsistem hiatos nos sistemas de papéis. "É impossível falar de estrutura social no singular"[20]. Nadel passa em revista três métodos usados nos estudos estruturais, que lhe parecem insuficientes: o sociométrico; o de "freqüência de interação", de Chapple e Homans; o que Bales e seus associados aplicam na pesquisa dos pequenos grupos. Nadel sugere que o esquema de posições de uma sociedade deva ser construído usando-se dois critérios principais: o comando de alguém sobre as ações de outrem; o comando sobre os serviços e recursos existentes. Há dois outros aspectos que também necessitam ser levados em conta, a carga afetiva das relações, e as expectativas dos atores com respeito à retenção ou cessão dos papéis. Afinal, a estrutura social, em sua feição mais abstrata, se define pelas relações de autoridade e poder. Mas não se impõe aceitar, como quer Leach, a preeminência da vontade de poder como motivação generalizada dos atos humanos. As suposições acerca da natureza humana são independentes da adoção dos critérios, a qual se justifica pela conveniência metodológica.

A separação entre os aspectos estático e dinâmico na vida social parece infundada ao nosso autor. Os termos "invariância" e "continuidade" se referem na realidade a repetição. "A estrutura social é implicitamente uma estrutura de eventos; se a descrevemos em termos quase estáticos é porque de-

19. Idem, ibidem, p. 86.
20. Idem, ibidem, p. 97.

DISCÍPULOS DE MALINOWSKI: FIRTH E NADEL

sejamos demonstrar as uniformidades nos processos subjacentes"[21]. Mais ainda, há certos papéis que só se definem pelo desenrolar-se ou desenvolver-se. A estabilidade ou equilíbrio deve também incluir a noção de mobilidade; há um equilíbrio móvel, assim como uma estrutura móvel.

Tampouco julga válido desassociar o modelo da realidade concreta. "Considero a estrutura social, qualquer que seja o seu grau de refinamento, como sendo ainda a própria realidade social, ou um aspecto dela, e não como a lógica que lhe está por detrás"[22]. Modelo é tão-somente a imagem simplificada e consistente do real vário e complexo. A análise estrutural é um método descritivo, e não pode pretender à explicação (anteriormente, Nadel tinha definido a explicação como descrição completa)[23]. O seu valor é puramente heurístico, o que muitos estruturalistas admitem; mas comumente atribuem-lhe superioridade intrínseca sobre outros métodos, como por exemplo, o que se vale de conceitos tais como utilidade, finalidade ou função. Nadel não aceita este juízo, e realça a necessidade de se usar vários quadros de referências, e de conciliá-los, descobrindo as articulações que os ligam.

Os títulos que o autor julga convir melhor à natureza experimental do livro são *Towards a Theory of Social Structures* ou então *Thoughts on a Theory of Social Structure*. Com isso quer evidentemente indicar o seu caráter especulativo. De fato, dificilmente se pode perceber as ligações entre as idéias nele expostas e os trabalhos de campo anteriores, como *A Black Byzantium, Nupe Religion* ou *The Nuba*, aliás, do mais alto quilate. A obra presente aponta pois as direções que Nadel tomaria se a morte prematura não lhe tivesse posto termo à brilhante carreira. Mas em lugar de lançar mão do material rico e significativo que acumulou em anos de pesquisas, apresenta exemplos quase todos fictícios. De que resulta uma impressão de secura, de desvinculação de contextos vitais, consideravelmente acentuada pelo nível elevado de abstração em que se coloca. A notação algébrica, empregada do princípio a fim, tem intuito puramente descritivo, e visa declaradamente a facilitar a exposição. Para muitos, a redução a fórmulas de feição matemática, de proposições inteligíveis em si mesmas constitui, no entanto, obstáculo à compreensão total.

Este divórcio entre os dados empíricos e a cogitação teórica é tanto mais estranhável quando recordamos que a sociedade Nupe se caracteriza pela extrema complexidade dos sistemas de papéis, como Nadel demonstra com

21. Idem, ibidem, pp. 128-129.
22. Idem, ibidem, p. 150.
23. S. F. Nadel, *The Foundations of Social Anthropology*, p. 199.

admirável clareza. Possivelmente (e aqui aventuramos uma conjetura), foram os resquícios de sua primeira experiência de campo que lhe ficaram dormentes no espírito, e que serviram de principal fonte de inspiração a *The Theory of Social Structure*. É observação corrente, que se reveste de virulência nas polêmicas, que as teorias sociológicas, mais do que supõem os criadores, estão condicionadas pela matriz fatual em que se formaram.

A noção de papel que Nadel propõe flutua numa atmosfera rarefeita. Os refinamentos por que ela passa são engenhosos, mas, reportando-se às preocupações heurísticas do autor, cabe perguntar sobre a necessidade ou utilidade de todos eles. A distinção entre papéis de consecução e de recrutamento é inteligente, e introduz um ponto de vista novo. Em todo caso, parece-nos que em todo papel de recrutamento, excetuando-se alguns altamente formalizados ou rituais, há sempre um elemento de esforço pessoal, de realização de objetivos, ou seja, na terminologia usada, de consecução. Também o fator desenvolvimento intervém em todas as categorias, em maior ou menor grau, não se restringindo à classe dos papéis assim rotulados. Por exemplo, um rei deve casar-se com pessoa de família real; Eduardo VII, quebrando a regra, foi forçado a abdicar. E este é um papel de recrutamento por excelência.

O que é curioso notar, o tratamento formalista da noção de estrutura vai de par com a rejeição do estruturalismo dogmático. Nadel bate-se contra a visão unilateral da escola, e advoga a conjunção de várias perspectivas. Entretanto, embora tenha iniciado sua vida intelectual como psicólogo, apenas alude, para logo deixar de lado, à articulação entre papel e personalidade[24]. É legítimo isolar-se, para efeitos de análise, a feição social do conceito, mas cumpriria indicá-lo com maior nitidez. O que não padece dúvida é que o papel é mais do que uma posição na rede de relações de poder e autoridade; Nadel o reconhece com designar esse nível como terceiro grau de abstração. Naquilo que seu esquema exclui residem para nós os pontos de maior interesse.

Mas se por um lado Nadel restringe o significado psicológico do papel, por outro lhe dá demasiada amplitude no plano sociológico. Distinguindo embora "padrão" da rede de papéis, acaba por identificar implicitamente esta estrutura. Deixa de lado problemas tais como a hierarquia dos estratos sociais e a gênese e transformações dos sistemas de papéis. Em *The Theory of Social Structure* lançam-se novas luzes sobre a tessitura das relações dos homens em sociedade, mas não se tem visão completa da estrutura social.

24. S. F. Nadel, *The Theory Social Structure*, p. 65.

VII

O ESTRUTURO-FUNCIONALISMO AMERICANO

O interesse renovado pelas questões teóricas na sociologia dos Estados Unidos tomou considerável impulso com a aparição do estruturo-funcionalismo. Obras de Parsons e Merton, seus principais representantes, se têm difundido mesmo nos meios científicos europeus, em geral pouco receptivos a influências de ultramar. Os discípulos desses dois teóricos não são tão numerosos a ponto de constituírem grupo dominante, nem as idéias estruturofuncionalistas lograram aceitação inconteste. Mas os próprios adversários da corrente acusam o impacto dessas idéias, e o esforço de refutá-las lhes imprimiu novos rumos à reflexão.

Talcott Parsons é escritor abundante e prolixo. Consagrou-se quase como uso iniciar a discussão do seu sistema deplorando a obscuridade do estilo em que se vaza. A bem da justiça, deve-se acrescentar que os quadros e resumos que semeia ao longo dos volumes túrgidos que produz são claros e bem concatenados. O que dificulta resumir-lhe o pensamento, mais do que os períodos rebarbativos, é a proliferação das categorias analíticas, por vezes demasiado sutis.

Parsons parte de uma teoria geral da ação, que visa explicar o comportamento total do homem, como organismo, personalidade, sistema social e, cultura, interessando portanto, à psicologia, à sociologia e à antropologia cultural. A teoria trata de sistemas compostos de unidades; cada unidade pode, ao nível microscópico, ser considerada sistema, do mesmo modo que o sistema, ao nível macroscópico, pode ser tomado como unidade. "As unidades dos sistemas de ação são ao mesmo tempo 'atores' e 'objetos sociais', de acordo com o ponto de referência. Uma unidade é ator quando concebida como 'orientando-se para' outro ator ou atores e representando abertamente em termos de sua orientação; é objeto social quando concebida como ponto

ESTRUTURA SOCIAL E DINÂMICA PSICOLÓGICA

de orientação para o qual convergem as ações de um ou mais atores"[1]. Todos os objetos que têm sentido do ponto de vista do ator formam a "situação", e podem ser físicos, culturais ou sociais. O que distingue os objetos sociais das outras categorias é que estes são também atores, isto é, interagem com o ator que se toma como referência. Os atores são, naturalmente, indivíduos, mas somente enquanto desempenham papéis, o que não necessita envolver a personalidade total; subsistemas da personalidade, como o ego e super-ego, podem ser considerados como tais. Em certos casos, as coletividades poderão ser tratadas como atores[2].

Os atores estão orientados para os objetos quando estes adquirem um padrão de sentido (*pattern of meaning*). O sentido é decomponível em dois elementos:

a. sentido "catético", como objeto-meta (ou objeto a ser evitado) ou fonte da satisfação (ou privação);

b. sentido "cognitivo", como parte de uma "definição" da situação relativamente estável.

Os objetos instrumentais ou meios têm primacialmente (mas não exclusivamente) sentido cognitivo para o ator.

O sentido catético esclarece a questão de saber-se em que grau o ator deseja ou não deseja entrar em determinada relação com o objeto. Valor ou sentido avaliatório é um padrão organizado de ambos os componentes, "que pode ser usado para formular uma orientação geral relativamente estável de um ator ou classe de atores para um objeto ou classe de objetos, à luz da sua (do valor) relação com alternativas parcialmente equivalentes"[3]. Uma definição anterior, mais concisa, faz do valor um elemento do sistema simbólico que serve de critério ou estalão para escolha entre alternativas de orientação possíveis[4].

O sistema social consiste em uma pluralidade de atores interagindo uns com os outros numa situação dada; o que os motiva é a tendência a obter um *optimum* de satisfação (*optimization of gratification*); suas relações com a

1. T. Parsons, *The Structure of Social Action*, p. 628.
2. Idem, ibidem, p. 629
3. Idem, ibidem.
4. Idem, *The Social System,* p. 12.

142

O ESTRUTURO-FUNCIONALISMO AMERICANO

situação, incluindo as entre eles, são definidas e mediativas em termos de um sistema culturalmente estruturado de valores comuns. O aspecto estrutural é de crucial importância, pois dá o quadro que permite proceder-se à análise dinâmica. "À medida em que o conhecimento dinâmico se dilata o significado explicativo *independente* das categorias estruturais se evapora"[5]. Mas, de início, todo processo precisa ser localizado estruturalmente no sistema social.

O problema básico da estrutura social é o da integração da motivação dos atores com as normas culturais. Há toda uma gama de variações que se estende entre dois pólos: um é a "atitude de conveniência, em que conformidade ou não conformidade é função dos interesses instrumentais do ator"; o outro é a introjeção ou interiorização do estalão de conduta, de modo que agir de conformidade com este se torna uma disposição que é parte da estrutura da personalidade do ator. Nas ações de um ator em relação a outro, ademais, há sempre uma estimulação mútua que favorece as reações produtoras de satisfações, e leva a afastar as reações que acarretam privações. Na verdade, são duas feições do mesmo fato, já que é por agir em consonância com os valores comuns que se evitam as reações desfavoráveis de outrem. Um padrão de valor se institucionaliza sempre no contexto da interação. Há sempre um duplo aspecto no sistema de expectativas que assim se configura.

De um lado, estão as expectativas que dizem respeito ao ator, *ego*, tomado como ponto de referência, e que lhe fixam em parte os estalões de conduta; são as suas "expectativas-do-papel". Do outro, ainda do seu ponto de vista, está um conjunto de expectativas relativas às reações prováveis de outros (*alters*); estas serão chamadas sanções, e se subdividem em positivas e negativas, segundo sejam sentidas por ego como promovendo satisfações ou privações. A relação entre expectativas de papel e sanções é pois evidentemente recíproca. O que são sanções para ego são expectativas de papel para alter e vice-versa[6].

A fixação dos conjuntos de expectativas de papéis e das sanções correspondentes, ou seja, a institucionalização, comporta graus diversos. O mais alto grau supõe que os padrões de valores sejam inteiramente compartilhados por todos, e que as expectativas sejam plenamente realizadas. A antítese da institucionalização é a anomia, ausência de complementaridade estruturada no processo de interação. Como conceito limite, a anomia é a quebra total da

5. Idem, ibidem, p. 21.
6. Idem, ibidem, pp. 37-38.

ESTRUTURA SOCIAL E DINÂMICA PSICOLÓGICA

ordem normativa, e que, portanto não se encontra em nenhum sistema concreto. Assim como os papéis se compõem de expectativas, sanções e normas, as instituições são complexos de papéis.

Os papéis constituem as bases para compreensão do funcionamento da sociedade. O sistema social é, primeiro que tudo, um sistema de papéis diferenciados. "Os tipos de que se compõe, a maneira como estão distribuídos dentro do sistema social e como estão integrados uns com os outros devem ser analisados. É a isto que chamamos estrutura social no sentido estrito do termo." Num sentido mais lato, a estrutura compreende também a distribuição dos elementos móveis no sistema de papéis. Para designar este processo, Parsons toma de empréstimo à ciência econômica o termo *allocation*, que traduzimos por repartição. O problema da repartição deve ser considerado em três contextos:

1. a repartição do pessoal, isto é, dos atores, pelos papéis;
2. a repartição dos meios (*facilities*);
3. a repartição das recompensas. Os últimos dois podem, para certos fins, ser tratados em conjunto, constituindo a repartição das posses[7].

Como vimos, a própria definição de valor implica a seleção de alternativas parcialmente equivalentes. Isto significa que as orientações avaliatórias instrumentais e morais impõem que o ator renuncie a certas satisfações mais diretas, que se enquadram nas orientações expressivas. É a oposição entre as manifestações afetivas e a disciplina, ou, em termos parsonianos, entre *afetividade* e *neutralidade afetiva*. Passando ao ponto de vista do grupo como todo, temos um segundo par de alternativas, uma que delimita as possibilidades de busca do interesse privado, e outra que obriga agir segundo os interesses coletivos, ou seja, *orientação para si próprio e orientação para a coletividade*. Os dois primeiros casos dizem respeito à subordinação a, ou libertação de, determinados valores.

O terceiro põe em foco a primazia do cognitivo sobre o apreciativo, ou vice-versa. A orientação cognitiva é por essência generalizadora, ao passo que a catética ou afetiva distingue objetos que se revestem de interesse peculiar para o indivíduo. As alternativas aqui são *universalismo e particularismo*. As duas categorias restantes introduzem um outro nível, o dos objetos sociais em si mesmo considerados. Com respeito às características do objeto, há que

---

7. Idem, ibidem, pp. 114-115.

O ESTRUTURO-FUNCIONALISMO AMERICANO

distinguir entre qualidades ou atributos deste e realizações. O alter, que no sistema de papéis é um objeto social, assume valor por aquilo que é (pai, chefe, médico), ou ao contrário, por aquilo que faz. É a distinção que Linton estabelecera para *status* atribuído e *status* adquirido, que aqui se estende aos papéis. "Os papéis orientados para a realização são aqueles em que se acentua a execução por parte do seu titular; nos papéis atribuídos, tem relevo suas qualidades ou atributos, independentemente de expectativas de realizações específicas"[8]. Nesta quarta categoria, opõem-se *realização e atribuição*. Finalmente, resta tratar da latitude de interesses de ego em relação ao objeto. O contraste se estabelece entre os interesses específicos que orientam ego para o objeto, que permanecem segregados, e a atribuição de significado ao objeto numa pluralidade indefinida de contextos. O par contrastante é *especificidade e difusão*.

Com as precauções retóricas usuais, Parsons aventa a hipótese de que os cinco pares de alternativas esgotam as possibilidades lógicas nesse nível de generalização. Assim sendo, "as suas permutações e combinações devem fornecer um sistema de tipos dos padrões das possíveis expectativas de papéis, ao nível relacional"[9]. Este nível, como vimos, não é o único, mas é de importância crucial para definir a estrutura. O sistema compreende trinta e dois tipos que representam as combinações e permutações puramente lógicas dos componentes estruturais. A realidade observável, no entanto, não oferece tão grande riqueza. "As estruturas efetivas se concentram em 'conglomerados empíricos'"; quatro dentre estes apresentam especial relevância, que se discriminam a seguir:

1. parentesco, controle das relações sexuais e da socialização;
2. organização dos papéis instrumentais de realização e da estratificação;
3. relação entre força, poder e territorialidade;
4. relação da integração fundamental das orientações valorativas com as orientações cognitivas e certos problemas do ajustamento da personalidade na religião.

Este é o "ponto de partida para desenvolver uma classificação provisória dos tipos gerais de sistemas sociais em termos estruturais"[10]. Essa classificação

8. Idem, ibidem, p. 64.
9. Idem, ibidem, p. 66.
10. Idem, ibidem, pp. 152-153.

ESTRUTURA SOCIAL E DINÂMICA PSICOLÓGICA

não é indispensável à compreensão do conceito de estrutura de Talcott Parsons, e pode ser omitida.

O sistema parsoniano vem se construindo simultaneamente no plano sociocultural e no plano psicológico. A idéia que Parsons tem da personalidade foi elaborada tendo em vista a conciliação dos pontos de vista de Freud e de Durkheim, principalmente. Outras influências, como a de G.H. Mead e a de E. C. Tolman também se fizeram sentir, mas com menor intensidade. Parsons usa termos do vocabulário psicanalítico como introjeção, catexis, e outros mais. Para ele, a psicanálise dá destaque "ao laço relacional, que aparece principalmente sob forma de catexis do objeto; o compartilhar de valores comuns está proeminentemente envolvido no conceito de identificação de Freud"[11]. Mas a análise freudiana restringe as relações interpessoais significativas ao âmbito da família. Ora, a família é parte da sociedade total.

O ponto básico de referência para analisar a estrutura da sociedade é o sistema institucionalizado dos valores *societais*. Em termos do sistema social isto quer dizer que, dentro de certos limites, o tipo de família varia em função da espécie de estrutura social mais ampla, e, portanto, do sistema de valores em que está integrada[12].

Mais ainda, a interação não se processa entre seres humanos discretos e isolados. O desenvolvimento de ego se faz pela integração, e conseqüente afiliação, em um sistema social.

Os objetos significativos para ele incluem não somente os outros membros da coletividade como indivíduos, mas a própria coletividade. O conceito de identificação de Freud [...] deve ser compreendido como incluindo referência à coletividade. Por exemplo, a principal identificação que ocorre no período edipiano é primordialmente uma identificação com a família de orientação como coletividade, e não meramente com o pai ou a mãe como indivíduos[13].

A interpenetração dos sistemas psicológico e social depende pois dos mecanismos de interiorização, ou seja, no sentido mais lato, da aprendizagem. Para Talcott Parsons existem quatro condições básicas na aprendizagem. Primeira, estabilidade de identificação, ou *conjunto* de identifica-

11. Idem, *The Structure of Social Action*, p. 653.
12. Idem, "Family Structure and Socialization of the Child", em T. Parsons e R. F. Bales (eds.), *Family, Socialization and Interaction Process*, p. 158.
13. Idem, ibidem, p. 654.

O ESTRUTURO-FUNCIONALISMO AMERICANO

ções, com um ou mais objetos sociais, o que implica catexis, isto é, apego ao objeto social e expectativa de correspondência. Segunda, a frustração de expectativas anteriores, de modo a desorganizar padrões de comportamento previamente estabelecidos. Terceira, recompensa seletiva dos ensaios (*triais*) de acordo com as expectativas do comportamento adequado aos níveis superiores da socialização. Quarta, persistência de um padrão organizado de sanções por um período suficientemente longo para constituir reforços adequados que ocasionem a interiorização (neste passo, se evidencia a dívida de Parsons para com o neobehaviorismo de Tolman).

A socialização comporta, portanto, a interiorização, não do sistema social como um objeto dado uma vez por todas, mas como uma série de sistemas de complexidade crescente, que se sucedem uns aos outros. O que se interioriza é um conjunto complexo de expectativas; as quais supõem sempre a ação de ego referida à de alter e vice-versa. Portanto, o que se fixa no psiquismo é uma configuração de relações recíprocas de papéis:

> Em outras palavras, deve organizar-se no sistema psicológico de ego uma estrutura que corresponde ao sistema contínuo das relações complementares de papel apreendidas por ego nas coletividades sociais pela interação com uma pluralidade de alters [...] A estrutura *principal* da personalidade humana muito provavelmente se organiza em torno dos sistemas de objetos sociais interiorizados que são resíduos do processo de socialização[14].

É de estranhar que, nesta citação, os sistemas de objetos sociais, ao passar ao plano interno pela socialização, convertam-se em simples resíduos. Resíduo comumente resulta de um processo acabado; ora, quando termina a socialização, se é que termina? Por outro lado, os objetos sociais interiorizados têm maior força atuante na psique do que sugere o termo resíduo. Invoca-se a autoridade de Freud para esta última proposição, citando-se para confronto *O Ego e o Id.*

Mas é evidente que o que mais impressionou Parsons na psicanálise foi o ponto de vista tópico, que melhor se coadunava com a sua preocupação estruturalista. Na conciliação tentada entre Freud e Durkheim, prepondera a parte concedida a este último. Freud, no entender de Parsons, não leva suficientemente em conta o fato de que a interação entre os indivíduos, inclusive nas relações entre pais e filhos, é moldada pelo sistema social. Durkheim, por

14. Idem, *The Structure of Social Action*, p. 655.

ESTRUTURA SOCIAL E DINÂMICA PSICOLÓGICA

sua vez, tende a exagerar a importância da regra coercitiva, ignorando a ação do contato entre personalidades de que é feito o convívio social. A síntese parsoniana se funda no conceito de papel, que é ao mesmo tempo exterior ao indivíduo, como parte de uma instituição, e integrante da estrutura da personalidade, por meio da socialização. Mas as citações aqui transcritas deixam claro que Parsons concebe o mecanismo de interiorização (termo usado de preferência a introjeção nas obras mais recentes) diferentemente dos psicanalistas. O indivíduo não é para ele mero reflexo da coletividade, pois que possui uma personalidade relativamente autônoma; o esquema estrutural desta, no entanto, reproduz as grandes linhas da estrutura social.

O papel, na psicologia de Parsons, penetra no íntimo dos mecanismos psíquicos. As relações no casamento formam um sistema diferenciado, em que o "eixo instrumental-expressivo" tem precedência sobre as orientações que dizem respeito ao poder. Neste subsistema, o papel mais instrumental é assumido pelo marido, e o mais expressivo pela mulher. Ao marido cabe a responsabilidade básica de adaptação à situação exterior. Do ponto de vista interno, é ele, antes de tudo, o que dispensa cuidados e dá prazer, e secundariamente o que dá amor, enquanto que a mulher é primordialmente a fonte de amor, e secundariamente a que dispensa cuidados e dá prazer. O papel do marido, está, portanto, mais próximo do protótipo do papel da mãe, enquanto o da mulher se assemelha mais ao do filho. "Mas ambos são ao mesmo tempo "mãe" e "filho" um para o outro"[15]. O simbolismo do ato sexual refletiria essa dualidade; cabe ao homem a atividade, ao passo que a mulher é tipicamente mais passiva e receptiva.

Partindo do suposto que a família nuclear é um componente universal de todas as sociedades, afirma-se que a sua variabilidade estrutural é limitada pela distribuição desigual de poder entre pais e filhos, e pela diferenciação entre o papel masculino e o feminino de acordo com o esquema exposto. Morris Zelditch Junior, um discípulo de Parsons, propõe provar a validade destes princípios pela análise de cinqüenta e seis sociedades constituindo uma amostra escolhida ao acaso. A serem aceitas as suas conclusões, estaríamos em presença de um fenômeno estrutural básico, independente das variações culturais[16].

15. Idem, "Family Structure and Socialization of the Child", op. cit., p. 151.

16. M. Zelditch Junior, "Role Differentiation in the Nuclear Family: a Comparative Study", em T. Parsons e R. F. Bales (eds.), op. cit.

O ESTRUTURO-FUNCIONALISMO AMERICANO

Enropando-a numa linguagem complexa e valendo-se de métodos novos, Parsons e sua escola repõem em circulação uma idéia dos primórdios da sociologia contida nas leis da estática social referentes à família de Auguste Comte. Relembremos que a primeira destas leis é relativa à subordinação das idades, e a segunda à subordinação dos sexos, em que a mulher tem as funções afetivas e o homem as funções intelectuais e de mando. Como Comte, os parsonianos supõem uma correspondência entre o equilíbrio social externo e a estabilidade psíquica interna.

A teoria de Talcott Parsons representa um imenso esforço de construção lógica, cujo principal objetivo é a coerência sistemática. Vimos que o seu autor não se furta ao confronto com a realidade empírica, consentindo em podar algumas luxuriantes ramificações conceituais, quando os latos o exigem. É normal, em sociologia como em outras ciências, a revolta dos fatos contra o sistema; mas Parsons, com sua vontade excessiva de totalização, acentua a defasagem entre as duas esferas. Resta saber se a totalização que propõe se justifica. Limitemo-nos ao cerne de suas concepções, o sistema de alternativas de padrões de valores. É ele realmente exaustivo quanto às possibilidades lógicas? Consegue de fato caracterizar a essência da estrutura? As respostas decisivas só podem ser dadas pela continuidade das pesquisas.

Existem, no entanto, outros modos de classificar as orientações avaliatórias, tal por exemplo o de Florente Kluckhohn e Fred Strodtbeck, que compreende também cinco categorias, mas em que há três opções possíveis. Kluckhohn e Strodtbeck criticam em Parsons a noção de que cada sistema se rege por um único conjunto de valores, e que a variação de valores supõe a diferenciação do sistema. A sua análise leva em conta que em cada sistema social coexistem valores dominantes e valores variantes, e que estes últimos podem ser aceitos, ou pelo menos tolerados, pela sociedade. Aliás, o senso comum o demonstra, e em seu apoio foi coligido um rico material empírico. Nesta concepção, o sistema vem a ser "uma rede de valores dominantes" e não um conjunto unitário composto somente dos dominantes[17].

Um dos aspectos originais de Parsons é ter estendido a reflexão estruturalista ao campo da psicologia. De suas incursões na ciência limítrofe resultaram sugestões interessantes; algumas não são tão novas quanto as imagina o autor. Na análise a que submete Freud, não considera uma obra capital para

17. F. Kluckhohn e F. L. Strodtbeck, *Variations in Value Orientation*, pp. 34 e 364.

149

ESTRUTURA SOCIAL E DINÂMICA PSICOLÓGICA

o seu argumento, *O Mal-estar na Civilização*, em que se contêm idéias do mesmo teor que as suas. Tampouco discute os desenvolvimentos mais recentes da psicanálise, como a teoria do ego. A propósito desse termo, note-se uma imprecisão verbal capaz de provocar confusões. O ator como ponto de referência é denominado ego; em outros passos a palavra tem o sentido que lhe atribuiu Freud, ou seja, de um sistema psíquico parcial. O principal defeito de que se ressente a teoria da ação aplicada à personalidade é não dar importância suficiente aos dinamismos psíquicos internos. O conflito ocupa no sistema psicanalítico uma posição central que é impossível ignorar.

A força de Parsons deriva do aprofundamento teórico no tratar as questões básicas da sociologia. Assim, pôde elaborar um sistema de idéias inteiriço, que abrange o comportamento humano como um todo. Mas em conseqüência da sistematização excessiva sua teoria se torna vulnerável. No estado dos nossos conhecimentos, a explicação totalizadora do domínio do social parece ainda mais própria do filósofo do que do cientista. Quando tenta dar conta da realidade empírica em sua variedade e multiplicidade, revela-se o seu caráter factício. Mas, qualquer que seja seu valor intrínseco, a síntese parsoniana teve o mérito de polarizar os interesses dos sociólogos americanos para a teoria. As teses acadêmicas nos Estados Unidos podem ser datadas de antes ou depois de seu aparecimento.

Não se poderia imaginar alguém mais diferente de Talcott Parsons do que Robert K. Merton, não obstante a filiação comum ao estruturo-funcionalismo. Em lugar de copiosos tratados, Merton escreve artigos incisivos, vazados numa linguagem concisa e elegante. Se bem que "teórico puro", não intentou formulações grandiosas abarcando toda a realidade social. Com sólido bom senso, tem colocado em relevo a necessidade de construir teorias de âmbito médio, que enfeixem generalizações parciais. Sua atenção se tem antes voltado para estruturas delimitadas da sociedade do que para o conceito global. Separam-no portanto, de Parsons, diferenças de personalidade, de estilo, de objetivos e de concepção.

De início, pois, assinalaremos as divergências entre Merton e outros seguidores da corrente, que ele próprio apresenta. Os postulados da análise funcional, no seu entender, podem ser resumidos como se segue. Em primeiro lugar, "as atividades sociais padronizadas ou elementos culturais são funcionais para o sistema social ou cultural na sua totalidade; segundo, *todos* os elementos sociais ou culturais desempenham funções sociológicas; terceiro,

150

O ESTRUTURO-FUNCIONALISMO AMERICANO

esses elementos são, por conseqüência, indispensáveis"[18]. Esses princípios devem ser modificados substancialmente. Existem elementos sociais que só adquirem sentido em conjunção, com o sistema global; outros se vinculam a unidades estruturais mais limitadas, como os subgrupos e sistemas de *status*. As ações institucionalizadas podem ser funcionais num contexto e disfuncionais em outro, e isto ao mesmo tempo. Nenhum elemento pode ser considerado de per si indispensável, pois que cada qual tem funções múltiplas, e vários deles concorrem para a mesma função; assim, há sempre a possibilidade de substituição por um equivalente.

Vemos pois que Merton utiliza o conceito de disfunção, estreitamente associado ao de função. Outra distinção importante que introduz é a que separa a função manifesta da função latente. A primeira se define pelas conseqüências objetivas que contribuem para a adaptação e ajustamento de um sistema, que estão no intento de seus participantes e são reconhecidas por estes. A função latente não é nem intencionada nem reconhecida. Na teoria de Merton, atribui-se subida importância ao intuito, ao objetivo, à motivação. É o que se evidencia num escrito que lhe é central, *Social Structure and Anomie*.

Seu propósito principal é esclarecer os mecanismos que produzem os desvios das normas. É comum, em sociologia como em psicologia, aceitar-se que o comportamento aberrante deriva dos impulsos biológicos do homem que rompem as barreiras do controle social. Mas dessa maneira não se explica por que a freqüência do comportamento aberrante varia em diferentes estruturas sociais, nem as formas múltiplas que assume em estruturas diversas. Merton propõe descobrir como "as estruturas sociais exercem pressão definida sobre certas pessoas da sociedade para que adotem uma conduta inconformista antes do que conformista"[19].

Para tal, é necessário primeiramente destacar dois elementos da estrutura. Um consiste nas metas culturalmente definidas, que envolvem finalidades, interesses, e uma hierarquia de valores em que se integrem em grau vário. O outro elemento define, regula e controla os modos aceitáveis de atingir essas metas. O critério da aceitação não é a eficiência, mas se funda em sentimentos carregados de valores. Na prática, estabelecem-se gradações que se exprimem nos termos prescrição, preferência, permissão, proscrição.

---

18. R. K. Merton, "Social Structure and Anomie", *The Family. Its fuctions and Destiny*, p. 27.
19. Idem, *Social Theory and Social Structure*, p. 227.

ESTRUTURA SOCIAL E DINÂMICA PSICOLÓGICA

As metas culturais e as normas institucionalizadas não mantêm relações constantes. A ênfase posta em certas metas varia independentemente da que é atribuída aos meios socialmente sancionados. Os tipos extremos são, de um lado as sociedades dominadas pela idéia do êxito a todo custo, em que as normas de proceder são antes técnicas do que institucionais, e, do outro, aquelas que preconizam aderência estrita às regras, o que vem a constituir um fim em si mesmo. Entre um e outro se situam as sociedades integradas e relativamente estáveis, que se caracterizam pela equivalência, em alguma medida, dos fins e dos meios. O equilíbrio efetivo entre os dois aspectos da estrutura social só se mantém enquanto o indivíduo se conforma com ambas as modalidades de pressão social, e deriva satisfações tanto com a consecução de fins quanto com a obediência às regras. "O comportamento aberrante pode ser encarado sociologicamente como um sistema da dissociação entre as aspirações culturalmente prescritas e as vias socialmente estruturadas para realizar essas aspirações"[20]. O culto da eficiência na busca das metas econômicas, como ocorre nos Estados Unidos, leva ao abandono das normas institucionais, e a conseqüente instabilidade. É o que Durkheim chamou de anomia. Mas em outras sociedades outras condições prevalecem. Ao considerar o modo de adaptação dos indivíduos aos sistemas de valores, Merton estabelece uma tipologia que se resume no quadro a seguir.

Tipologia dos modos de adaptação individual[21]

Modos de adaptação	Metas Culturais	Meios institucionalizados
I. Conformismo	+	+
II. Inovação	+	−
III. Ritualismo	−	+
IV. Retração	−	−
V. Rebelião	±	±

O sinal + significa aceitação, o − significa rejeição, e o ± significa rejeição dos valores predominantes e sua substituição por novos valores.

I – *Conformismo*. Na medida em que a sociedade é estável, este é o tipo de adaptação mais comum. Se assim não fosse, a estabilidade e continuidade

20. Idem, ibidem, p. 230.
21. Idem, ibidem, p. 236.

O ESTRUTURO-FUNCIONALISMO AMERICANO

da sociedade não poderiam ser mantidas. "A rede de expectativas que constitui toda ordem social é sustentada pelo comportamento modal dos seus membros que representam a conformidade com os padrões culturais estabelecidos, os quais podem mudar com o correr dos séculos"[22]. É somente quando os indivíduos que fazem parte de um agregado humano partilham de valores comuns que este pode ser chamado sociedade.

II – *Inovação*. Merton concebe a inovação como a reação do indivíduo que assimilou a importância atribuída às metas, sem ter interiorizado os meios institucionais que governam os meios de atingi-las. Cita-se a opinião de Veblen no sentido de que somente os tribunais podem decidir, em muitos casos, se determinados métodos de promoção de vendas são dignos de encômios ou constituem contravenções penais. A história das grandes fortunas americanas está repleta de inovações suspeitas, que no entanto valeram de grande prestígio aos seus inventores.

Na sociedade americana, há a crença generalizada de que as oportunidades estão abertas a todos. Mas na verdade as possibilidades de ascensão social são restritas. Para as camadas inferiores da população, que dispõem apenas do trabalho manual, a corrupção política e o crime são os únicos meios de enriquecimento. Dessa maneira se prova a tese do autor de que a associação do êxito monetário como valor supremo e da mobilidade vertical limitada produz intensa pressão para os desvios de comportamento. O malogro é quase sempre atribuído aos caprichos da sorte. Esta opinião também pode ter efeitos disfuncionais, pois que anula os esforços que deveriam ser dirigidos para as mudanças estruturais.

III – *Ritualismo*. É um tipo de adaptação característico da pequena burguesia. Consiste no abandono ou rebaixamento drástico dos objetivos de vida ambiciosos e na rígida observância das normas sociais. Os indivíduos que o adotam freqüentemente apresentam componentes de temor e ansiedade em suas reações. Quando as atitudes assim formadas se cristalizam, temos a personalidade burocrática, que Merton analisa num interessante artigo[23].

IV – *Retração*. Assim como o tipo de adaptação I é o mais freqüente, este é o menos comumente encontrado. As pessoas que rejeitam tanto os valores quanto as normas de uma sociedade só nominalmente fazem parte dela. Conviria antes falar de desadaptação, portanto. Pertencem a esta categoria os

---

22. Idem, ibidem, p. 237.

23. Idem, "Bureacratic Structure and Personality", em R. K. Merton *et al.* (eds.), *Reader in Bureacracy,* pp. 361-372.

ESTRUTURA SOCIAL E DINÂMICA PSICOLÓGICA

psicóticos, os párias, os vagabundos, os alcoólicos habituais, os viciados em drogas. Os deserdados sociais não obtêm as recompensas que a sociedade oferece, mas evitam as frustrações que advêm da sua busca ardorosa. É um modo de adaptação antes privado do que coletivo.

V – *Rebelião*. A rebelião pressupõe que o sistema de normas e valores é puramente arbitrário, podendo ser substituído por outro. Os movimentos organizados de rebelião na nossa sociedade visam a introduzir uma nova estrutura social, em que haja maior correspondência entre mérito, esforço e recompensa. Para que se passe à ação política, é necessário não só que o apoio seja retirado da ordem reinante mas que se transfira a um novo grupo, detentor de um novo mito. "A dupla função do mito é localizar na estrutura social a fonte das frustrações em larga escala e delinear uma estrutura alternativa que, presumivelmente, não mais dê origem a frustrações"[24]. Contra ele se levanta o contramito dos conservadores: qualquer que seja a origem das frustrações, não deve ser procurada na estrutura; há falhas em todos os sistemas sociais, inerentes à natureza das coisas; o malogro resulta de causas individuais ou da ação da sorte.

O processo de socialização confere permanência aos tipos de adaptação, incorporando-os ao comportamento da geração ascendente. Este processo não compreende somente a instrução direta e a transmissão de disciplinas. Freqüentemente, a criança é capaz de discernir e assimilar uniformidades culturais implícitas, que não se reduzem a regras. Há protótipos sociais que são observados no comportamento diário e na conversa dos pais e adultos. Os valores implícitos, a categorização de pessoas e coisas, a formação de objetivos, podem se constituir por esta forma, tanto quanto pela exortação ou explicação direta. É da maior importância, neste contexto, a projeção das ambições dos pais sobre os filhos. Justamente no caso de malogros e frustrações mais agudas é que se verifica esta projeção compensatória.

Embora não se tenha formulado em exposição sistemática, o pensamento de Merton evidencia coerência interna. A sua divisão entre funções manifestas e funções latentes lhe propiciam uma apreciação mais flexível da estrutura social. Às manifestas, parecem corresponder os mecanismos diretos de socialização; às latentes, os indiretos. Em comum com a maioria dos estruturalistas e estruturo-funcionalistas, faz dos valores o centro de sua teoria. Sua principal contribuição está em ter separado analiticamente fins e meios, e

---

24. Idem, *Social Theory and Social Structure*, p. 253.

O ESTRUTURO-FUNCIONALISMO AMERICANO

constituído sobre esta base a tipologia das adaptações. A visão que apresenta da sociedade americana se beneficia de um ponto de vista diferencial, em que as classes sociais e grupos aberrantes se caracterizam por diversas configurações avaliatórias. Pode-se estabelecer assim as seguintes equivalências:

Classe alta	– Inovação (grandes fortunas)
Classe média	– Conformismo
Camada inferior	– Ritualismo
	Rebelião
Classe baixa	– Inovação (crime, corrupção política)
Grupos aberrantes	– A Retração

Os desvios de comportamento, constituindo um modo privado de adaptação, são presumivelmente encontrados em todas as classes. À classe média, que é a mais numerosa nos Estados Unidos, deve corresponder o tipo de adaptação mais freqüente (I). As tendências para a anomia se fazem sentir em grau variável segundo os estratos sociais, em que se deve considerar a ação de disfunções específicas.

Mas o conceito de disfunção em Merton suscita problemas. A inovação é disfuncional porque produz instabilidade e leva à anomia. Mas a ideologia do êxito, por impedir mudanças estruturais, e portanto preservar a estabilidade, é também tachada de disfuncional. Há um juízo de valor sotoposto ao uso deste termo, que não é explicitamente discutido. O critério para discernir entre função e disfunção parece um tanto arbitrário, tanto mais que se diz que o mesmo elemento pode ser funcional num contexto e disfuncional noutro. O autor indica que há estruturas sociais injustas, em que o mérito não recebe recompensa adequada, e que devem ser transformadas. Com esta posição só poderíamos convir. Mas não se afigura oportuno colocar a questão nestes termos quando se trata de fixar as bases de um método científico. Como em outros autores que discutimos, a chave das dificuldades se encontra na noção de equilíbrio social.

A principal contribuição de Merton ao nosso tema, é ter redefinido o problema das relações entre indivíduo e a ordem social. Neste particular, se avantaja de muito a outros teóricos da corrente, que nada mais fazem do que repetir, com maior ou menor discrepância, as linhas essenciais da lição de Durkheim.

ESTRUTURA SOCIAL E DINÂMICA PSICOLÓGICA

"A análise estruturo-funcional não é algo de novo nas ciências sociais ou naturais. Sua árvore genealógica remonta a um passado indefinidamente longínquo em ambos os terrenos. O único aspecto novo dela é esse nome rebarbativo 'análise estruturo-funcional'"[25]. Marion Levy Jr. faz essa declaração modesta sem ter recebido mandato de seus colegas. Como proposição de validez geral é discutível, mas serve para caracterizar a atitude mental do autor. Levy toma as teorias de Talcott Parsons e Merton como corpos constituídos, que lhe compete harmonizar, e fundir num todo. Pretende assim assentar a Sociologia em bases conceituais sólidas, vinculando-a ao passado e abrindo sendas para o futuro.

Levy define a estrutura como "um padrão, ou seja, uma uniformidade observável, de ação ou operação". Função é "a condição, ou estado de coisas, que resulta da operação (incluindo no termo operação a mera persistência) de uma estrutura no tempo"[26]. Levando avante uma idéia implícita na conceituação de Merton, introduz-se uma dicotomia nos dois termos, de que resultam, como subespécies, eufunção e disfunção, euestrutura e disestrutura. Eufunção é "a condição ou estado de coisas que resulta da operação (incluindo no termo operação a mera persistência) da estrutura de uma dada unidade no tempo, e que aumenta ou mantém a adaptação ou ajustamento dessa unidade ao contexto da unidade, ocasionando assim a persistência da unidade definida de que a estrutura em apreço é parte ou aspecto". Disfunção é "a condição ou estado de coisas que resulta da operação (incluindo no termo operação a mera persistência) da estrutura de uma dada unidade no tempo, e que diminui a adaptação ou ajustamento dessa unidade ao contexto da unidade, ocasionando assim falta de persistência (isto é, mudança ou dissolução) da unidade definida de que a estrutura em apreço é parte ou aspecto"[27]. Euestruturas são aquelas de cuja operação resultam eufunções. Disestruturas são aquelas de cuja operação resultam disfunções.

A construção enredada dos períodos com que se definem os termos visa a evitar que estes sejam usados como equivalentes de boa ou má adaptação. Com a reiteração das cláusulas subordinadas pensa-se ter afastado os pressupostos teleológicos e axiológicos. É o que também se evidencia na extensão dos conceitos de latente e manifesto a ambas as formas de função e

25. M. J. Levy Junior, *The Structure of Society*, p. 27.
26. Idem, ibidem, pp. 56-57.
27. Idem ibidem, p. 77.

O ESTRUTURO-FUNCIONALISMO AMERICANO

estrutura. Quando se fala em disfunção manifesta, é óbvio que não se quer dizer que alguém procure abertamente aquilo que é mau.

A estrutura social, como temos visto, é encarada ora como parte da realidade empírica, ora como *ens rationis,* de existência puramente metodológica. Levy acolhe as duas posições. Para ele, existem estruturas concretas e analíticas. Estruturas concretas são "os padrões que definem o caráter de unidades suscetíveis, pelo menos em teoria, de separação física, (no tempo, no espaço, ou em ambos) de outras unidades da mesma espécie". Estruturas analíticas são: aspectos padronizados da ação que nem mesmo teoricamente são suscetíveis de separação de outros aspectos padronizados da ação"[28]. A esta distinção se dá especial relevo, pois que a confusão entre os dois conceitos é a principal responsável pela reificação, falácia lógica em que incidem tantas teorias sociológicas.

No seu modo de conceber o sistema social, Levy segue de preferência Parsons; embora aproveite alguns elementos de Merton. Suas definições de sociedade, instituição e papel estão em consonância com as que se encontram em *The Social System.* À noção de institucionalização, junta a de conformidade, e inclui na estrutura o conjunto de metas e regulação dos meios.

Além de seu esforço em prol da síntese, a contribuição original de Marion Levy Jr. é o desdobramento dos termos de Merton. Essa inovação não nos parece feliz, nem proveitosa. O sufixo *eu* na linguagem científica comporta inerentemente a idéia de harmonia ou equilíbrio (por exemplo, eugenia, euforia). Mas Levy, na própria apresentação dos termos novos que cunhou, procura expungi-los das conotações implícitas. Cabe perguntar então por que se deu a esse trabalho. Apesar dos cuidados que toma o autor, persiste a impressão de que nos termos eufunção e euestrutura se contém adequação à finalidade e realização de valores. O que se conseguiu apenas foi restringir valores e finalidades ao âmbito da própria estrutura social. Mesmo assim restritos, tornam-se empecilhos ao progresso do saber. Função e estrutura, sem mais, são perfeitamente suficientes para a análise sociológica.

28. Idem, ibidem, pp. 88-89.

VIII

OS CONCEITOS CENTRAIS DO ESTRUTURALISMO EM CONFRONTO

A linha mestra da visão estruturalista é a concepção da sociedade como um todo, em que as partes se entrosam. Só a consideração global confere sentido aos elementos, os quais, desligados e encarados cada um por si, não são mais objetos da sociologia. Em outras palavras, a noção de estrutura funda a de sistema. Quando dizemos sistema, implicamos, em maior ou menor extensão, a autonomia causal e causalidade múltipla e reversível, dentro do âmbito definido pelo sistema. A especificidade do social, que Comte foi o primeiro a discernir claramente, é conquista inalienável da nossa ciência. Somente esses pressupostos permitem a constituição de uma teoria sociológica válida.

Mas o problema é saber efetivamente o que é o sistema social. Trata-se de um nível da atividade humana isolável pelo método ou de uma esfera do real ontologicamente independente? Várias respostas surgiram da análise dos diferentes autores empreendida neste trabalho, que convém agora sumariar.

O que a observação empírica descobre como estrutura na vida coletiva é o arranjo de partes que permanece. Mas Meyer Fortes chama a atenção para dois modos de compreender a permanência: um, em que *constante* indica a idéia de continuidade, e *variável* a de mudança; outro, em que *constante* designa o que se reputa intrínseco ou essencial, e *variável* o que se tem por incidental. Fortes julga que as duas acepções devam ser aceitas conjuntamente, e que, conforme o fenômeno considerado, ora uma ora outra tenham primazia. De fato, nas teorias que examinamos os dois sentidos aparecem mesclados. Ordem é o termo que se vincula a permanência como qualidade intrínseca. Equilíbrio denota com maior freqüência a continuidade.

A existência da ordem social é um postulado da teoria de Comte. Em Durkheim, o conceito assume dupla feição: ordem jurídica, garantida pelas sanções legais; ordem moral, informada pela religião. A primeira tem papel

ESTRUTURA SOCIAL E DINÂMICA PSICOLÓGICA

preponderante em *De la division du travail social*; a segunda, em *Determination du fait moral* e *Les formes élémentaires de la vie religieuse*. Diferentemente dos predecessores, Lévi-Strauss supõe que uma ordem objetivamente aferível só exista ao nível das estruturas parciais. Como não admite que haja estrutura total da sociedade, a ordem global (*ordem das ordens*) é do domínio da realidade subjetiva, pensada pelos membros do grupo. Confunde-se com ideologia, no sentido marxista da palavra.

Radcliffe-Brown deriva sua concepção de ordem não cinicamente das idéias de Comte e Durkheim, mas do *esprit général* de Montesquieu. Mas dá maior ênfase ao aspecto jurídico da ordem social. Para Meyer Fortes, a estrutura se esteia em axiomas morais básicos. Desenvolvendo uma idéia durkheimiana, Max Gluckman explicita que a ordem social e moral é assimilada pelos primitivos à ordem natural. Firth diz: "A estrutura implica em ordem, e a organização em encaminhamento para a ordem". Talcott Parsons usa a expressão "ordem normativa". Merton define a ordem social como a rede de expectativas sustentada pelo comportamento modal dos indivíduos.

Equilíbrio é, na teoria de Comte, o estádio final da evolução humana, em que se anulam os fatores de perturbação da ordem. Nos períodos orgânicos da história, realiza-se um equilíbrio instável. Para Durkheim também o equilíbrio se rompe incessantemente na sociedade, e se restabelece num plano superior de organização. É aqui que intervém a inteligência, que busca os meios de concretizar a nova ordem. Com eunomia Radcliffe-Brown quer significar o equilíbrio inerente ao sistema social, já que a anomia é causa de extinção deste. O mesmo sentido tem o termo euestrutura na obra de Levy. Godfrey e Monica Wilson entendem que o desequilíbrio é situação transitória que leva necessariamente ao equilíbrio.

Nadel discerne na estrutura social a capacidade de automanutenção, na linguagem da cibernética, *feed-back*. O mecanismo de ajuste mútuo de papéis, descrito por Talcott Parsons, é que está na base. Mas Parsons salienta que a complementaridade de sanções e expectativa de comportamento regem as relações entre ego e alter que se perpetuam quando sanções e expectativas são interiorizadas pelo indivíduo em formação.

Radcliffe-Brown, Levy e os Wilson, assim como Nadel e Talcott Parsons, ligam o equilíbrio ao funcionamento sadio do organismo social. Os processos patológicos são corrigidos pela homeostase do sistema. Para Max Gluckman e Merton, há particularidades da estrutura que levam ao desequilíbrio. Segundo Gluckman, estas são a superposição de papéis na mesma pessoa, e a

OS CONCEITOS CENTRAIS DO ESTRUTURALISMO EM CONFRONTO

conseqüente conjunção de conflitos. É a ritualização que segrega os papéis e conflitos nas sociedades primitivas, mantendo assim o equilíbrio. A congruência entre os objetivos da ação social e os meios sancionados de atingilos é para Merton a base do equilíbrio. A permanência de estruturas depende, no seu pensar, da atitude de conformismo, reforçada pelos contramitos dos conservadores.

O caso de Leach merece consideração especial. Este autor distingue estabilidade e equilíbrio, fazendo deste último conceito um artifício metodológico elaborado pelo observador. Trata-se pois de uma concepção nominalista de equilíbrio, que não tem relação imediata com a realidade empírica. Como tal, se revela um indispensável instrumento de análise. As hipóteses sobre a estabilidade lhe parecem mal fundamentadas, já que a mudança é a condição natural de toda sociedade. Mas *Pul Elyia,* visto à luz dessas idéias, assume feição paradoxal. Nesse livro estuda-se uma comunidade que se distingue por uma estrutura secularmente estável, embora apresentada como fruto de adaptação ao meio ecológico. Aqui parece, ao contrário, que a estabilidade seja posta em primeiro plano; o conceito de equilíbrio não figura. Leach simplesmente descarta as noções estruturalistas; porém os dados concretos que colheu não se coadunam com a sua posição teórica no que toca à mudança social.

Equilíbrio e estabilidade dependem, em parte, da concatenação da estrutura. A discussão quanto à natureza da ligação entre os elementos estruturais gira em torno dos termos *consensus* e *solidariedade social.* Para Comte, o funcionamento harmonioso das partes assegura-se pela anuência de vontades, convergência de afetos, e, sobretudo aceitação em comum das mesmas idéias. A consciência coletiva de Durkheim supõe a unidade de representações e se faz sentir em cada indivíduo como coerção. Nas suas últimas obras acentua-se a importância da adesão aos calores morais coletivos na constituição dos laços sociais. A coerção que impõe semelhança aos membros do grupo é solidariedade mecânica. A coerção que resulta da interdependência das partes é a solidariedade orgânica. A interdependência está na base da concepção de reciprocidade em Mauss, que Lévi-Strauss desenvolve.

Radcliffe-Brown aproveitou de Durkheim o conceito de solidariedade mecânica. As sanções legais tendem a afeiçoar os indivíduos pelo mesmo molde, como se vê nos dois princípios estruturais básicos, o da unidade de co-irmãos e o da unidade de linhagem. Mas o fator coercitivo não tem relevo igual ao que lhe dá Durkheim na primeira fase. A solidariedade, para Radcliffe-

161

ESTRUTURA SOCIAL E DINÂMICA PSICOLÓGICA

Brown, resulta antes da convergência de interesses-valores (duas faces do mesmo fenômeno) e dos sentimentos. Os discípulos o seguem neste particular. Para Meyer Fortes, o campo focal do parentesco é o da experiência moral, que explica a unidade de uma sociedade primitiva. O modo como os sentimentos se conjugam aos valores morais ressalta da sua lúcida análise da *pietas* no culto dos ancestrais. A colaboração entre indivíduos, no entender de Gluckman, é afetada por juízos morais. A ritualização reforça a coerção, conferindo às funções de governo um valor místico, que as coloca acima das críticas pessoais.

Para Firth a estrutura significa expectativa de identidade ou obrigação de identidade nas ações. A organização denota cooperação, ou seja, coordenação de esforços individuais para fins econômicos e sociais. Nadel põe em primeiro plano a natureza coercitiva do laço social. As pessoas agem umas para com as outras, e umas em relação às outras, segundo modos determinados e regulares que lhes são impostos pela sociedade. Aliás, a estrutura, no seu aspecto mais abstrato, se constitui de relações de autoridade e poder.

A noção mais complexa de solidariedade social é a de Talcott Parsons. Os liames interindividuais são vistos como complexos de expectativas de comportamento e sanções. Mas há reversibilidade de perspectivas: o que são sanções para ego são expectativas para alter e vice-versa. Verificam-se, portanto, coerção e estimulação mútuas que conduzem ao ajuste das relações sociais. Este mecanismo de ajuste é tido por fundamental na promoção da solidariedade. Merton reconhece vários graus de coerção nos sistemas de normas e valores.

Leach rejeita por mística a noção de solidariedade social. O que liga os homens em sociedade é a existência de técnicas comuns para obtenção dos meios de subsistência. Por detrás do trabalho em colaboração que a adaptação ecológica requer, há apenas o interesse privado e o consentimento livre, sem nenhuma forma de coerção. As pessoas que têm interesses comuns não são as que necessariamente estabelecem relações de cooperação; nem o fato de serem classificadas na mesma categoria por terceiros lhes impõe solidariedade de interesses ou fins comuns de ação.

Leach expressamente nega que o comportamento social seja por essência normativo. Diverge, portanto, de todos os autores aqui estudados, para os quais *normas* e *valores* são características intrínsecas dos atos do homem em sociedade. Mas o conceito de norma, elaborado por Comte e Durkheim,

OS CONCEITOS CENTRAIS DO ESTRUTURALISMO EM CONFRONTO

apresenta dois aspectos: um positivo, é a injunção de executar ações segundo formas prescritas; outro negativo, é o interdito ou proibição.

Lévi-Strauss não separa os dois aspectos. O tabu do incesto, que proíbe a endogamia, é também a obrigação de dar a mulher em casamento para um membro de outro grupo. A existência da regra como regra supõe, mais do que obediência cega, que a própria ação social se articula segundo pautas coletivas. A assimilação do social ao normativo é levada às conseqüências lógicas extremas: a estrutura se confunde com as regras do jogo.

As normas, em Radcliffe-Brown, assumem sobretudo a feição de preceitos legais. Embora tenham caráter obrigatório, sublinha-se o seu aspecto positivo. As leis são obedecidas porque há interesse dos membros da sociedade em cumpri-las. Do mesmo teor é a concepção de Meyer Fortes, que dá relevância ao conteúdo ético das obrigações. Godfrey e Monica Wilson fazem da estrutura social um conceito negativo; é um quadro de limitações imposto às atividades. No mesmo sentido, a ritualização para Max Gluckman é um mecanismo permanente de repressão de conflitos.

Ao distinguir estrutura de organização, Firth disassocia metodologicamente as duas feições da norma. As regras estruturais estabelecem limites intransponíveis para a ação. Os princípios organizatórios são preceitos que norteiam decisões. Freeman e Yalman demonstraram que, em certas sociedades, abrem-se para os indivíduos maiores possibilidades de opção. As proibições, neste caso, são de âmbito circunscrito, havendo mesmo meios de conciliá-las. Yalman restringe a significação do elemento normativo no comportamento social, aproximando-se da posição de Leach.

Nadel, Talcott Parsons e Merton são mais fiéis à tradição durkheimiana no que toca ao modo de apreciar as normas. Nadel vê no comportamento social tarefas cometidas ao indivíduo pela coletividade. Para Parsons, as normas culturais devem ser interiorizadas, para se tornarem parte da motivação dos atores. Merton concebe as normas primordialmente como meios de realizações dos valores.

Mas o problema dos valores é levantado por quase todos os autores de que tratamos; a exceção é Lévi-Strauss, que os julga inatingíveis à análise sociológica. Na medida em que a norma é concebida como paradigma a ser seguido antes do que ordem a obedecer-se, a parte atribuída aos valores ganha em importância. Radcliffe-Brown, Meyer Fortes e Gluckman põem em primeiro plano os valores morais e religiosos, em consonância com os ensinamentos de Durkheim. Para Firth os valores são um dos elementos da estrutura social; dividiu-os em seis categorias: tecnológicos, econômicos, morais, rituais, estéticos e associacionais. Na teoria de Parsons, o âmago da estrutura social é constituído pelos estalões de conduta, ou seja, sistemas de valores. A partir deles se configuram as expectativas de papéis, e sua outra face, as sanções, bem como as alternativas de orientação avaliatória: afetividade ou neutralidade afetiva; orientação para si próprio ou orientação para a coletividade; universalismo ou particularismo; realização ou atribuição; especificidade ou difusão. As possibilidades de escolha se restringem a tomar uma ou outra alternativa.

A distinção entre normas e valores é da maior importância para Merton. No seu entender, os quadros de valores polarizam somente as aspirações do grupo, mas não coordenam diretamente a ação. Normas e valores são sistemas em certa medida autônomos, que podem ou não estar concatenados. O fator crucial para manutenção da estrutura é a obediência à norma; se presente, mesmo quando os valores são relegados a plano inferior, que é o caso do ritualismo, a sociedade será estável. Por outro lado, o fato de partilhar de valores comuns não é suficiente para garantir estabilidade, se a regulação pelas normas é defectiva.

Outro ponto relevante a ser considerado nas diferentes teorias que vimos é o da *unidade* tomada para base da estrutura. Para Comte, a unidade básica da sociedade é a família; para Durkheim, na primeira fase, é o segmento social; mais tarde, quando a consciência coletiva assume papel dominante, é a representação coletiva. Mauss se refere a idéias-signos, por meio das quais os homens se comunicam e mantêm comunhão. Lévi-Strauss propõe como unidade primária do edifício social a estrutura elementar, que é uma *gestalt* coletiva.

Os componentes da estrutura social são, para Radcliffe-Brown, pessoas, que convém não confundir com indivíduos. O termo personalidade social de que usa às vezes precisa essa distinção. Mas em certos passos parece implicar que as relações diádicas são os fundamentos da estrutura. O sistema de papéis, arranjo de atividades, constitui a organização social.

Para os discípulos de Radcliffe-Brown, bem como para a maioria dos autores de que demos notícia, a unidade básica da estrutura social é o papel. O conceito de *status,* que aparece em alguns deles, lhe é subordinado. No papel se enfeixam normas, valores e prescrições de toda sorte, negativas e positivas. Mesmo na ausência de normatividade rígida, o entrelaçamento de relações sociais que configura o papel é tido por significativo. Leach, no entanto, toma como elemento básico da estrutura social a localidade.

OS CONCEITOS CENTRAIS DO ESTRUTURALISMO EM CONFRONTO

As diversas concepções que examinamos divergem também no modo de conceber as relações entre estrutura social e modelo teórico. Lévi-Strauss identifica os dois conceitos. A configuração de relações sociais que o observador armado, de método sociológico descobre na existência coletiva é um modelo lógico, suscetível de manipulações matemáticas. Não se confunde com a vivência social, mas é o núcleo de sentido apreensível nela. O modelo pode ser mecânico, em que há encadeamento estrito de fenônemos recorrentes, ou estatístico, para o qual é necessário estabelecer freqüências efetivas na manisfestação dos eventos.

Esta idéia de modelo mecânico é análoga à de forma estrutural em Radcliffe-Brown. Mas a sua noção de estrutura social mantém vínculos estreitos com a realidade coletiva vivida. Meyer Fortes e os Wilson não acolhem esta divisão entre forma estrutural e estrutura, ficando apenas com o último conceito. Para eles, a estrutura é generalização destrinçada da rede de relações sociais efetivas. Os outros discípulos acentuam ainda mais a feição empirista do pensamento de Radcliffe-Brown, progressivamente se distanciando do raciocínio que se apóia em modelos explícitos ou implícitos. Yalman abandona em definitivo os princípios estruturais que recebera de Meyer Fortes; a parentela é uma entidade social *sui generis*, que não pode ser apresentada em termos de modelo.

Para Firth, estrutura (assim como organização) é um conceito heurístico; a justificação do seu uso está na utilidade que tem para a pesquisa. A estrutura, diz Nadel, é uma imagem simplificada da realidade a que se chega ao término da análise. É um conceito descritivo e não explicativo, se bem que os limites entre descrição e explicação em sociologia não lhe pareçam nítidos.

Talcott Parsons elabora uma classificação de papéis compreendendo trinta e dois tipos, que se baseia nas combinações e permutações dos padrões de expectativas. Trata-se, porém, de uma construção puramente lógica. As estruturas efetivas são mais reduzidas em número, e constituem conglomerados empíricos, acessíveis à observação científica. Parsons parte pois do modelo concebido teoricamente para atingir o plano da realidade tangível. Para Levy, existem estruturas analíticas e estruturas concretas. Finalmente Leach considera o modelo uma ficção destituída de qualquer valor. O estudo de uma sociedade permite descobrir, mediante técnicas estatísticas, regularidades de caráter sintomático que fazem sentido somente para aquele grupo social.

A noção de modelo é relevante sobretudo para a discussão do problema da mudança social. A separação entre estática e dinâmica sociais, que Comte

ESTRUTURA SOCIAL E DINÂMICA PSICOLÓGICA

estabeleceu, firmou-se com Durkheim, e passou a constituir uma das bases de toda teoria estruturalista. O único autor dentre os que analisamos que usa os termos estática e dinâmica é Lévi-Strauss. Para ele, o objetivo precípuo da ciência social é desvendar as estruturas. Os processos sociais pertecem a um outro domínio, o da história cultural. Mas no seu entender, estático não é sinônimo de sincrônico; os ciclos de trocas matrimoniais, por exemplo, se desenrolam no tempo. A permanência da estrutura supõe repetição de atos, que só pode ser observada numa perspectiva diacrônica.

Radcliffe-Brown adverte que uma sociedade pode mudar de tipo estrutural sem quebra de continuidade. Mas essa observação é ocasional, e não se vincula às suas idéias principais. O que ele procurou pôr à mostra em toda sua obra foi a continuidade que advém da permanência da estrutura social. Os discípulos de Radcliffe-Brown, e, em geral, os seguidores da tradição durkheimiana, sustentam essa posição. Mas o equilíbrio que caracteriza um sistema social é dinâmico. Existem oposições, conflitos, desvios, disfunções, que produzem estados temporários de desequilíbrio ou anomia. A longo prazo, porém, atuam mecanismos corretivos, gerais ou específicos, que conduzem a uma nova fase de equilíbrio, freqüentemente diversa da que prevalecia anteriormente. A integração social nunca é perfeita, é antes um limite para o qual tende a sociedade.

Nesta concepção, as mudanças sociais se dão gradativamente, pelo reajuste à estrutura dos fenômenos discrepantes. As mudanças são ocasionadas por três causas principais: adaptação do sistema social a modificações externas; diferenciação funcional e estrutural de origem interna; inovações. A primeira aparece nas situações de contato entre sistemas sociais diferentes, e foi posta em evidência por Godfrey e Monica Wilson. Mas, segundo estes autores, a oposição surge mesmo nas sociedades melhor integradas, como decorrência da aplicação de normas gerais a casos específicos. E, nos contatos entre povos, o que leva a situações críticas é a transformação de uma parte do sistema, enquanto outras permanecem inalteradas. Merton atribui relevância ao processo de inovação, vinculando-o, no entanto, a determinantes estruturais. Assim, é lícito afirmar que quase todos os sociólogos aqui tratados colocam em primeiro plano como causa da mudança social os fatores endógenos. Este resultado a que chegamos é paradoxal. É da essência da estrutura preservar-se a si própria; entretanto, o seu funcionamento efetivo não se mostra capaz de manter a estabilidade, aceita de início como um postulado. Por que razão surgem fatores de desequilíbrio no sistema social?

166

OS CONCEITOS CENTRAIS DO ESTRUTURALISMO EM CONFRONTO

Os estruturalistas de vários matizes não parecem ter aprofundado essa questão. A estrutura tende a perfazer-se, mas encontra resistências, as quais, quando oriundas do indivíduo, são quase sempre rotuladas de desvios e incluídas no patológico. Mas mesmo as sociedades em que o comportamento aberrante é infreqüente estão constantemente ameaçadas de ruptura de equilíbrio, pelo seu próprio desenvolvimento. A Escola de Manchester reconhece o conflito como inerente à vida social. Mas a constatação desses fatos é o máximo a que se chega. A mudança aparece afetada de signo negativo, e quase sempre como intrusão nos quadros teóricos. Mais ou menos implicitamente se admite o jogo dos fatores dinâmicos, que no entanto permanecem na obscuridade; a estrutura é focalizada com exclusividade.

Esta ênfase posta nos elementos estáveis leva a supor que subjacente à posição estruturalista esteja a defesa da ordem social constituída. A acusação não é nova; já fora imputada a Comte, que tentou eximir-se dela alegando que não se deve confundir a salvaguarda da ordem com a adesão a um regime político vigente. Em Durkheim, todavia, a obrigação moral da submissão do indivíduo à sociedade é nitidamente afirmada. Lévi-Strauss nega que a sua concepção de "ordem das ordens" implique em conservantismo. Da mesma forma, Merton recusa que o estruturo-funcionalismo possa ser tachado de ideologia; para ele, trata-se simplesmente de um método de análise sociológica.

Não obstante, os ataques nesse sentido se renovam. Um dos mais vigorosos se contém em *The Organization Man*, de William H. Whyte, livro que desfruta no momento uma popularidade inusitada para obras de sociologia. Diz Whyte que no pensamento contemporâneo elaborou-se uma ética social, que visa legitimar as pressões que a sociedade exerce sobre o indivíduo. Três são as suas proposições principais: "a crença de que o grupo é a fonte da capacidade criadora; a crença de que 'pertencer' (*belongingness*) é a necessidade primordial do indivíduo; a crença de que a aplicação da ciência logra estabelecer este 'pertencer'".

Um resumo da tese em teia é dado nos seguintes termos:

O homem existe como unidade da sociedade. Em si próprio, é um ser isolado, desprovido de sentido; somente na medida em que colabora com outros se torna portador de valores, pois, ao sublimar-se no grupo, contribui para produzir um todo maior do que a soma das partes. Não deve haver, portanto, conflito entre o homem e a sociedade. O que julgamos ser conflitos são desentendimentos, hiatos na comunica-

ESTRUTURA SOCIAL E DINÂMICA PSICOLÓGICA

ção. Pela aplicação dos métodos da ciência às relações humanas, podemos eliminar esses obstáculos ao *consensus* e criar um equilíbrio em que as necessidades da sociedade e as necessidades do indivíduo são idênticas[1].

Para Whyte este conjunto de crenças forma o que chama de "fé utópica" (*utopian faith*); por sua natureza, é antes ideologia do que hipótese científica atinente à realidade dos fatos. Esta "espécie de mitologia" tende a substituir, em nossos dias, a ética protestante que estava na origem do capitalismo; na prática, leva o indivíduo a curvar-se ante a Organização, ou seja, a grande empresa que cada vez mais centraliza as funções de produção, o serviço público, as forças armadas, em suma, todos os vastos complexos burocráticos da sociedade americana. O mesmo seria observável em toda sociedade moderna.

É o estruturalismo uma expressão intelectual da "ética social" de Whyte? Não cabe responder secamente sim ou não. Na medida em que os seus proponentes reificam a estrutura e lhe atribuem, como diz Leach, o valor de "coisa em si", a resposta tenderá a ser afirmativa. Mas a estrutura é também entendida como conceito heurístico, preservando-se assim a isenção de valores ou *Wertfreiheit*, que Max Weber coloca como premissa essencial do método sociológico. Não é fácil destrinçar nos diferentes autores a parte de ideologia e a parte de atitude científica. C. Wright Mills tenta fazê-lo, tomando como objeto *The Social System*, de Talcott Parsons; nesse livro conteria 50 por cento de verborréia; 40 por cento de teoria surrada dos manuais; 10 por cento de ideologia, além do mais, vaga[2]. Trata-se de um juízo apaixonado, que se elaborou no calor da polêmica. Existe em Parsons certa proporção de conteúdo ideológico, derivado não tanto de Durkheim quanto do economista Marshall. Mas o seu detrator se limita a "traduzir para o inglês" algumas passagens enredadas. No prefácio de *The Social System*, anuncia-se o propósito honesto de firmar o conceito de sistema em sociologia, e à luz dele deve ser aferida a obra.

As conotações de mistificação mais ou menos consciente que a palavra ideologia tem no vocabulário marxista não convém, em definitivo, a nenhuma das teorias que examinamos. Não se pode lhes imputar o intuito deliberado de falsear os fatos em benefício de uma doutrina política. Determinar com exatidão o conservantismo implícito que está no âmago de algumas delas

1. W. H. Withe, *The Organization Man*, p. 7.
2. C. Wright Mills, *The Sociological Imagination*, p. 49.

OS CONCEITOS CENTRAIS DO ESTRUTURALISMO EM CONFRONTO

demandaria uma longa análise, que não será empreendida aqui. Bastem as indicações que fizemos nesse sentido.

Pondo de parte a crítica ideológica, resta estabelecer os limites da análise estruturo-funcional na sua pretensão de dar conta da realidade social como um todo. Certas objeções foram levantadas por autores que até recentemente se denominavam estruturalistas ou funcionalistas, ou mesmo que ainda não renunciaram a essa prerrogativa. Estas dizem respeito ao conflito e à mudança, que não devem ser encarados como epifenômenos, mas que antes se reputam essenciais à compreensão do social.

O modelo do equilíbrio dinâmico se justifica pela analogia entre sistema social e sistema biológico ou cibernético. Ao fim e ao cabo, a analogia se torna uma verdadeira identificação. Cumpre, pois, em primeiro lugar sublinhar em que o sistema social difere de outros tipos de sistema. Aliás, os sociólogos têm uma idéia antiquada dos sistemas orgânicos, que não corresponde mais às concepções da biologia moderna. Kurt Goldstein demonstrou a estrita dependência entre organismo e meio. Diz ele: "A possibilidade de se afirmar no mundo, conservando ao mesmo tempo a sua singularidade, está ligada a certo debate (*Auseinandersetzung*) entre o organismo e o meio ambiente, a um modo determinado de compor-se entre eles"[3]. Este debate e esta composição são mais acentuados nas relações entre sistema social e fatores extra-sistêmicos, mas os estruturalistas não se dão suficientemente conta disto.

O que os trabalhos norte-americanos sobre a culturação têm colocado em evidencia, é que um sistema social em contato com outros apresenta muitas vezes reações não-adaptativas. É uma verificação banal. Mas tampouco se pode dizer que as situações aculturativas sejam conducentes, de imediato, à ruptura dos quadros estruturais. As sociedades podem passar por longos períodos de desajustamento sem se desintegrarem totalmente. A tolerância ao desequilíbrio é freqüentemente maior do que a visão estruturalista admite. Além do que, os contatos culturais têm resultados imprevisíveis, ocasionando mudanças súbitas e revolucionárias, como sejam os movimentos messiâni-cos[4]. Mesmo na ausência de interpenetração de culturas, há na vida coletiva os "fenômenos efervescentes" de que fala Gurvitch, e que a teoria estrutura-lista não tem como enquadrar.

3. K. Goldenstein, *La structure de l'organisme*, p. 95.
4. Sobre os movimentos messiânicos, ver M. I. Pereira de Queiroz, *O Messianismo no Brasil e no Mundo*.

ESTRUTURA SOCIAL E DINÂMICA PSICOLÓGICA

Outro ponto que se faz mister ponderar é o das relações entre mudança social e desajuste. Gluckman demonstrou que sociedades em que os conflitos são numerosos podem no entanto ser estáveis, embora esses conflitos nunca se resolvam perfeitamente. É legítimo ir mais adiante, e supor que os organismos sociais sujeitos a pressões internas consideráveis, que impulsionam as partes em diferentes sentidos, estão menos aptos a se transformarem do que as coletividades melhor integradas. Valha-nos aqui o conceito de foco cultural, de Herskovits[5]. As sociedades em que as atividades focais são mais nitidamente definidas e unificadas evoluem com maior rapidez. Por outro lado, como assinala Merton, a persistência da estabilidade social em face de circunstâncias exteriores que se alteram resulta necessariamente em desajuste.

Portanto, não se pode estabelecer relações unívocas entre mudança social e desajuste. As ligações causais entre os dois fenômenos podem ser diretas ou inversas, conforme as circunstâncias várias que os acompanham. As diferentes partes do sistema social não apresentam o mesmo grau de estruturação, e o desenvolvimento de cada uma delas se dá segundo um ritmo que lhe é peculiar. Estabilidade e mudança, equilíbrio e desequilíbrio coexistem no seio da mesma sociedade.

Da mesma forma, para todos os conceitos aqui registrados podem-se encontrar expressões antitéticas. Segundo Dahrendorf, paralelamente ao consensus os grupos sociais manifestam *dissensus*[6]. Ao lado da solidariedade social que une os membros da coletividade, há a repulsão que os afasta uns dos outros. Toda norma impõe obediência aos seus preceitos, mas ao mesmo tempo suscita infrações. A aceitação do mesmo quadro de valores não é condição *sine qua non* para funcionamento de uma sociedade.

O raciocínio estruturalista se funda na análise de grupos relativamente homogêneos; há dificuldades insuperáveis em estendê-lo às sociedades compósitas. Os Kachin da Birmânia, como o demonstra Leach, movem-se entre dois conjuntos de crenças e valores, a nenhum dos quais, de per si, é tributada obediência exclusiva. Mais significativo ainda nesse sentido é o caso das coletividades que compreendem indivíduos de diversas proveniências étnicas e culturais. Em Trinidad, por exemplo, Crowley identificou treze grupos conscientes de sua existência distinta, mercê dos costumes e atitudes que os separam uns dos outros. Neles se encontram ingleses, portugueses, vene-

5. J. M. Herskovits, *Man and His Works*, p. 554 e ss.
6. R. Dahrendorf, *Class and Class Conflict in Industrial Society*, p. 196.

OS CONCEITOS CENTRAIS DO ESTRUTURALISMO EM CONFRONTO

zuelanos, negros, mulatos, chineses, sírios, libaneses, franceses, indianos e seus descendentes, professando o catolicismo, o protestantismo, o hinduísmo, o maometanismo, as religiões africanas e outras mais. Entre eles se estabelece um processo de "aculturação plural", sem que pareça, no entanto, o fenômeno do "homem marginal". Cada membro de um grupo pode adotar o traço cultural que lhe convém numa situação dada, e tem à sua disposição uma "coleção de máscaras" ou personalidades. "Um trinidadense não sente inconsistência em ser cidadão britânico, negro na aparência, espanhol quanto ao nome, católico romano, praticante de *obeah* (magia africana), em almoçar como chinês, jantar como hindu, trabalhar como português, e votar como *colored*". Um anglicano chinês não vê incongruência em obter do *pandit* hindu ou do *obeahman* africano um amuleto amoroso para conquistar uma presbiteriana portuguesa[7]. Assim, a sociedade plural de Trinidad, preserva seu mosaico cultural, sem fragmentação do sistema social. Ao habitante de Trinidad abre-se ampla possibilidade de escolhas, que rompe os pares de alternativas propostos por Parsons. A ausência de um único sistema de valores em nada afeta a continuidade social.

Mesmo em sociedades culturalmente homogêneas, como as do mundo ocidental no presente, há classes portadoras de valores políticos e econômicos antagônicos. Não obstante, essas sociedades mantêm certa unidade funcional.

Estes fatos não passaram despercebidos aos estruturalistas, mas não foram apreciados por eles em termos justos. A instabilidade e o desequilíbrio são tidos por fenômenos transitórios, a serem superados a longo termo. Mesmo Max Gluckman, que é o que foi mais longe em atribuir importância ao conflito, supõe que a segregação de papéis e conflitos é suficiente para preservar uma dada configuração social. Esta concepção deve ser corrigida, por meio de uma visão dinâmica da sociologia, como a que propõe Ralf Dahrendorf.

Este autor se inspira sobretudo no marxismo, que submete a uma crítica minuciosa e acurada. Mas vale-se também dos achados de Talcott Parsons, Merton e outros. Formula a posição estruturo-funcionalista e a que lhe é oposta em dois conjuntos de quatro proposições, que se repelem mutuamente, ao modo das antinomias da razão pura de Kant. As do primeiro grupo são as seguintes:

---

7. D. J. Crowley, "Plural and Differential Acculturation in Trinidad", *American Anthropologist*, n. 59, p. 823.

ESTRUTURA SOCIAL E DINÂMICA PSICOLÓGICA

1. Toda sociedade é uma estrutura estável de elementos, relativamente persistente.

2. Toda sociedade é uma estrutura bem integrada de elementos.

3. Todo elemento de uma sociedade tem função, isto é, contribui para sua manutenção como sistema.

4. Toda estrutura social em funcionamento está baseada num *consensus* de valores entre seus membros.

Estas são as que contrariam as precedentes:

1. Toda sociedade está sujeita em todos os pontos aos processos de mudanças; a mudança social é onipresente.

2. Toda sociedade demonstra em todos os pontos *dissensus* e conflito; o conflito social é onipresente.

3. Todo o elemento de uma sociedade contribui para sua desintegração e mudança.

4. Toda sociedade está baseada na coerção de alguns de seus membros por outros[8].

Dahrendorf considera os dois modelos apresentados úteis e necessários à análise sociológica, mas nega validade universal a cada um em isolado. Trata-se de aspectos complementares, antes do que alternativos da realidade social. A relação entre estabilidade e mudança, integração e conflito, *consensus* e coerção, é dialética.

O esquema de Dahrendorf, pelos propósitos que o levaram a concebê-lo, disjunge conceitos que andam unidos em diferentes teorias estruturalistas. *Consensus* e coerção, por exemplo, encontram-se lado a lado na maioria daquelas que examinamos. Mas nenhuma delas apresenta o caráter dialético da ligação entre conceitos. Mas na palavra dialética está implícito o movimento, o "debate" entre o sistema e o meio e entre as partes do sistema. A vida social é por essência o processo vital dos indivíduos em grupo, do qual e por meio do qual emergem, se consolidam e se desfazem estruturas. No plano existencial, pois, cabe primazia ao modelo do segundo tipo. Vejamos agora no plano lógico.

8. R. Dahrendorf, op. cit., pp. 161-162.

OS CONCEITOS CENTRAIS DO ESTRUTURALISMO EM CONFRONTO

Os dois modelos postos em confronto são, para Dahrendorf, entidades similares que se situam no mesmo nível. Alguma razão lhe assiste ao assim caracterizá-los. Por outro lado, uma análise mais aprofundada revela diferenças de natureza entre ambos. No segundo, as variáveis se entrelaçam como um sistema de forças em oposição.

O modelo do primeiro tipo se constrói pela articulação de mecanismos de comunicação. Num caso a imagem esquemática contém equivalentes das energias que atuam na realidade concreta. No outro, as relações se sutilizam; os equivalentes se distanciam mais da realidade, elaboram-se num nível mais alto de abstração. Em lugar de forças, regula-se o fluxo das informações. Os dois tipos de sistemas freqüentes se conjugam, como por exemplo numa usina hidrelétrica, em que as massas de água acionam turbinas, produzindo energia elétrica, mas são governadas pelos sinais que se registram em painéis eletrônicos de comando.

As duas modalidades, segundo Granger, dever-se-iam chamar "modelos energéticos" e "modelos cibernéticos". Mas a utilidade de emprego dos modelos complexos e elaborados parece-lhe ter-se provado em economia. As outras ciências sociais, que não atingiram o mesmo grau de refinamento conceitual, devem contentar-se por ora com figurações mais grosseiras. Granger passa em revista as tentativas feitas nessas ciências de construção de modelos que se aproximem do paradigma cibernético[9]. Pará nós, mas não para o autor, somente na lingüística lograram-se resultados plenamente convincentes. Em sociologia e em antropologia, evidenciou-se a possibilidade de formalização matemática e cibernética para certos fenômenos que constituem, no entanto, domínios de significado restrito.

Granger perfilha o princípio de Kant, de que uma ciência é tanto mais pura quanto mais contém matemática. Para discutir essa tese teríamos de enfrentar problemas espinhosos, como o da própria definição de ciência. Por outro lado, reconhece que a "matemática nos afasta cada vez mais do que é percebido"[10]. Podemos aceitar que o modelo cibernético, pelo seu rigor lógico, se mostra superior ao modelo energético. Mas o que nos preocupa é esse afastamento da realidade efetiva. Só é possível deixar de lado os dados empíricos para empreender uma análise mais fina quando se tem certeza de possuir deles uma imagem adequada. É necessário, em primeiro lugar, ter idéias claras acerca das forças em jogo e do seu modo de compor-se.

9. G. G. Granger, *Pensée formelle et sciences de l'homme*, p. 11.
10. Idem, ibidem, p. 14.

ESTRUTURA SOCIAL E DINÂMICA PSICOLÓGICA

Ora, a sociedade, como a cultura, é *"cosa mentale"*. Os teóricos mais ciosos de preservar a autonomia do social se vêem forçados a admitir que as energias que vivificam as estruturas sociais são manifestações do espírito humano. Mas, como os estadistas das nações imperialistas, ao mesmo tempo em que exigem respeito incondicional às próprias fronteiras, procuram anexar os territórios limítrofes. Certos estruturalistas professam proscrever parcial ou totalmente, a explicação psicológica. Outros tomam teorias psicológicas em curso e as afeiçoam às exigências dos sistemas de idéias que defendem. Em alguns, ambas as atitudes se combinam. O que se tentará demonstrar a seguir é que o tratamento dado aos fatores psicológicos pelos estruturalistas e estruturo-funcionalistas comporta distorções e se patenteia insuficiente para dar conta mesmo dos fenômenos sociais.

IX

FUNDAMENTOS PSICOLÓGICOS DAS TEORIAS ESTRUTURALISTAS

Como é sabido, Comte propôs eliminar a Psicologia como campo autônomo do conhecimento, subordinando os fenômenos estudados por essa ciência à sociologia ou à fisiologia nervosa. Durkheim perfilha essa posição que passa de forma declarada ou encoberta e com maiores ou menores atenuações a todos os que sofreram a sua influência. De acordo com a orientação durkheimiana, o substrato psíquico da vida social deve ser analisado em termos sociopsicológicos ou biopsicológicos. Há duas ordens de problemas a se considerar: as aptidões e disposições gerais do espírito, ligadas à noção que atuam sobre o indivíduo. Os estruturalistas utilizam mais freqüentemente a perspectiva generalizadora, que põe em foco a interiorização da coerção social e os interesses. Da perspectiva individual, encaram-se os papéis sociais e a personalidade.

O que quer dizer exatamente "interiorização da coerção social"? O termo, no seu uso corrente, envolve uma variedade de processos nem todos congruentes. Se aplicado como sinônimo do processo de socialização, não é de todo impróprio. A educação da criança não é meramente a contenção de impulsos e a inculcação de regras de conduta. O modo pelo qual o indivíduo imaturo absorve a cultura da sociedade em que vive é uma forma de aprendizagem, passível, portanto, de ser estruturada pela psicologia da aprendizagem. Aprender é mais do que introjetar preceitos restritivos; o indivíduo necessita passar por exercícios, adestrar-se para, ao final, estar apto a levar a cabo satisfatoriamente as tarefas que se impõe. Em outras palavras, há montagem de comportamento, ampliação e enriquecimento das possibilidades de ação humana. A analogia que Durkheim estabelece entre o processo educativo e a sugestão hipnótica é falsa.

Os resultados da aprendizagem se fixam por vezes ao nível do reflexo. Assim, o automobilista que vê passar-lhe frente aos olhos um sinal indicativo

ESTRUTURA SOCIAL E DINÂMICA PSICOLÓGICA

de curva, modera a marcha sem deliberação consciente. Supondo-se um caso ideal, a obediência ao regulamento de trânsito é automática. Em outras situações, as coisas se passam de modo diverso. No curso da existência, freqüentemente entramos em contato com organizações estranhas ao âmbito usual de nossa ação. Por exemplo, a passagem pela alfândega de um país estrangeiro. Nessas circunstâncias, é necessário seguir instruções verbais ou escritas. Vemos, pois, que a coersão social pode tornar-se parte integrante da conduta, como também permanecer exterior, sem deixar por isso de manifestar seus efeitos. Ademais, há graus vários de adesão a pautas de comportamento, da resposta automática à defesa apaixonada de princípios éticos ou políticos.

Conceber a pressão coletiva como ação de uma parcela das crenças e sentimentos sociais que se exerce sobre nós preservando a identidade é contrariar os fatos. A consciência coletiva, *ethos, espirit général*, ou qualquer outro nome que se lhe queira dar, só pode ser entendida como abstração. Concretamente, a análise deve sempre referir, via de regra, à parte que esta desempenha na economia psíquica total do indivíduo. A explicação que tem como fundamento primeiro a obrigatoriedade da norma é uma tautologia de tipo semelhante às teorias do instinto social. É evidente que a sociologia não pode prescindir da noção de coersão social, mas no momento pretendemos encará-la como problema a ser elucidado, e não como ponto de partida.

Tampouco o interesse é base psicológica suficiente para compreensão do comportamento social. Entretanto, de Radcliffe-Brown a Talcott Parsons, e mesmo um herético como Leach, o interesse aparece como um tema dominante. A suposição fundamental é que existem na criatura humana impulsos que levam a evitar a dor e a buscar satisfações, ou, na expressão mais requintada de Parsons, *optmimization of gratification*. Toda atividade visa satisfazer uma necessidade básica, cuja expressão social é o interesse. O equilíbrio da estrutura social é mantido, segundo Merton, na medida em que os indivíduos logram obter satisfações.

Tal suposição recorda do hedonismo da economia política clássica. Talcott Parsons reconhece sua dívida para com Marshall, cuja obra analisa no capítulo quatro de *The Structure of Social Action*. Outros autores de que temos nos ocupado não sofreram, provavelmente, a influência direta dos economistas. Mas, o hedonismo, no século XVIII, tingia as concepções dos psicólogos, historiadores, teóricos da política e juristas. É Radcliffe-Brown, sobretudo, quem aproveita as idéias setecentistas, e depois de reelaborá-las em seus

176

FUNDAMENTOS PSICOLÓGICOS DAS TEORIAS ESTRUTURALISTAS

sistemas as transmite aos discípulos. Não pretendemos, evidentemente, que os estruturalistas sigam a teoria do *Homo economicus* completamente. Mas há ressaibos dela nos conceitos de interesse, necessidade e satisfação de que eles se utilizam.

A crítica do hedonismo foi reiteradamente empreendida do ponto de vista de disciplinas diferentes. Embora as idéias combatidas renasçam com a tenacidade das ervas daninhas, em sua forma pura têm poucos adeptos no presente. É desnecessário, pois, repisar os argumentos que as desacreditaram. Basta assinalar algumas posições que têm obtido assentimento geral:

1. As necessidades humanas não podem ser consideradas como dados primários. Não constituem mecanismos fisiológicos inatos, tampouco atributos invariáveis do espírito humano, que a análise possa isolar.
2. As necessidades humanas estão ligadas ao estilo de vida de uma comunidade, o qual define a feição particular que tomam. Na sua gênese, portanto, intervêm mecanismos sociais, e, como parte integrante de uma cultura, estão sujeitas aos processos de mudança sociocultural.

Não sendo possível derivar as necessidades de fatores puramente biológicos, não há como fundar sobre elas a noção psicológica de interesse. Mas o interesse tem outro aspecto, que Radcliffe-Brown sobretudo pôs em evidência, ao vincular estreitamente esse conceito ao valor, quase identificando um ao outro. Nesse caso, os componentes sociais do valor são óbvios e caímos de novo na tautologia. Uma lei é obedecida porque a sociedade tem interesse no seu cumprimento. Por que tem interesse? Porque a lei defende um valor. O que faz um valor? O interesse dos membros da sociedade.

Em suma, toda teoria que postula a existência de uma natureza humana invariável toma por base um raciocínio circular. Só nos é dado conhecer essa natureza através das manifestações concretas da vida social, de cuja análise se deduzem princípios gerais. Mas o homem é para si mesmo uma constante surpresa; a idéia de que estamos de posse de um esquema totalizador na explicação do humano é temerária. Os que tentam tal empresa se vêem forçados a fazer reverter as generalidades por que concluem às premissas de que partem. Mais uma vez nos parece útil reafirmar o ponto de vista diacrônico e histórico.

A vida social em determinado período pode ser encarada como um processo contínuo de formação de sanções, que no momento mesmo de nascerem são postas a prova e contestadas. Esse processo é em grande parte implí-

ESTRUTURA SOCIAL E DINÂMICA PSICOLÓGICA

cito; mas convém não exagerar a parte do inconsciente. Cada ato, cada opinião expressada ou emoção manifestada por um indivíduo exerce influência, por ligeira que seja, nos demais membros do grupo. Por essa maneira confirmaram-se e reforçaram-se modalidades consagradas de comportamento e sentimento, ou ao contrário, elas são questionadas. Melhor dito, a face negativa e a positiva do processo ocorrem simultaneamente, variando os efeitos de indivíduo para indivíduo. Nesta perspectiva, tem-se por assente que há um sistema comum de valores a ser defendido; o que importa é fixar até que ponto as contestações do sistema pelos membros da sociedade são toleradas ou mesmo encorajadas. O fato inelutável, que alguns estruturalistas omitem, é que as violações do código podem ser mesmo fonte de prestígio.

Os limites que balizam o comportamento real variam de um período a outro. A extensão da permissibilidade no que toca à opinião, ao interesse, ao sentimento é uma das características mais importantes de uma sociedade numa época histórica dada. De como os limites são definidos, e o que produz as contrações ou expansões do permissível, são problemas recém-formados, que receberam soluções aleatórias, quando muito. Como quer que seja, a distinção entre os impulsos humanos "inatos" ou "básicos" e os que se adquirem pela vida social muito dificilmente pode ser mantida, e na prática se revela infrutífera. Os impulsos que geralmente se consideram como adquiridos são tão naturais ao homem quanto as tendências às quais se atribui origem essencialmente biológica. Jung caracterizou a capacidade de simbolização do espírito humano como máquina de transformar instintos. A atividade simbólica, que continuamente refunde as bases da conduta, é precisamente o que confere à espécie humana a sua singularidade.

A noção de papel desenvolvida por Nadel se mantém dentro do plano sociológico. O aspecto psicológico subjacente, enquadrado no termo tarefa, é apenas aflorado. A morte prematura de Nadel pôs termo à elaboração desse aspecto, o que constitui irreparável perda para a ciência. Ninguém depois dele preocupou-se tanto com o problema da consciência na vida social, que curiosamente, permanece um dos mais obscuros.

O papel, para Talcott Parsons, é o conceito chave da explicação sociológica e psicológica. A sua teoria psicológica se funda na preeminência das imposições exteriores na formação da conduta. Segundo a formulação dessa teoria, mais sutil do que a da pura tradição durkheimiana, não é o papel propriamente que se interioriza, mas o complexo de expectativas que o circulam. O que se torna guia da ação individual é o esquema de relações de

FUNDAMENTOS PSICOLÓGICOS DAS TEORIAS ESTRUTURALISTAS

papéis introjetado. O processo de introjeção não é dado uma vez por todas, mas desenrola-se continuamente.

Nem Nadel, nem Parsons, ou qualquer outro estruturalista fazem do papel uma noção adequada, pois afastam, deliberadamente ou inadvertidamente, os componentes endógenos que lhe são intrínsecos. O papel, como parte de uma instituição, é conjunto relativamente autônomo de normas, valores, diretrizes gerais da ação. Assim concebidos tem existência formal e abstrata. Ao nível do comportamento concreto, o papel é vivido por cada qual de acordo com as feições peculiares de sua personalidade. É preciso evitar aqui a sugestão que emana da acepção teatral do termo. A parte que o indivíduo desempenha no drama social não está de antemão traçada minuciosamente e por inteiro. Cada ator, no sentido parsoniano, é também, em certa medida, autor; seus gestos e palavras não são ditados por outrem, mas lhe nascem do íntimo. O "complexo de expectativas" fornece o quadro de que o comportamento, em princípio, não pode desdobrar. Para se compreender verdadeiramente a noção de papel deve-se levar em conta a parte do espontâneo, da criação no comportamento humano. Sem ela, não se pode falar de papel propriamente dito, mas de conjunto de ordens ou instruções a serem seguidas. As críticas nesse sentido que Moreno faz a Parsons são justas. Apesar de suas extravagâncias doutrinárias, Moreno contribuiu substancialmente para a melhor compreensão do conceito.

Os sociólogos que temos estudado apelam para a Psicologia, essa ciência por alguns deles encarada com desconfiança e mesmo denegrida, com o fito de obter bases para suas construções teóricas. O apelo demonstra que tais bases são indispensáveis. Reconhecendo-se ou não esse ponto, procura-se reduzir a parte da explicação psicológica, confinando-a a um pré-social demarcado quase sempre arbitrariamente. Ademais, selecionam-se nas teorias psicológicas os pontos que melhor convêm aos propósitos teóricos preconcebidos, arrancando-os ao contexto primitivo. Outra tentativa de desvencilhar-se do psicológico é endossar qualquer concepção de uma natureza humana imutável, que permita despreocupar-se dos fundamentos e passar-se logo à consideração do coletivo. Vimos que tais concepções não são sustentáveis, constituindo, na maior parte, relíquias de fases ultrapassadas da psicologia, que o sociólogo ainda venera.

Qualquer que seja a noção que se tenha dos fatores psicológicos, um fato se impõe à observação: eles não agem destacadamente, cada um de per si. Ao contrário, têm estrutura e formam sistema, a que comumente se chama

ESTRUTURA SOCIAL E DINÂMICA PSICOLÓGICA

personalidade. No tratamento dado à personalidade por certos sociólogos, insinuaram-se *idola theatri* respeitosamente transmitidos de mestre a discípulo. Comte, em primeiro lugar, estigmatizou o termo e o conceito. Desde então a valoração negativa que se lhe empresta tem-se diluído, mas persiste a atitude de recusa, ou pelo menos a deliberação de não conhecer. Julga-se, nesta perspectiva, que os princípios organizatórios da conduta são sociais por excelência, e que outros fatores estruturais importam menos, se é que existem. Ilustração perfeita do velho dito que as meias verdades, por enredarem o pensamento, são mais funestas do que os erros clamorosos, que logo suscitam correção.

De Radcliffe-Brown a Talcott Parsons, algum uso se faz de personalidade, nas acepções que houverem por bem adotar. Radcliffe-Brown distingue pessoa de indivíduo, embora as duas entidades formem uma única, do mesmo modo que Deus é simultaneamente uno e trino. Destarte, separa a personalidade social da individualidade; as relações que as unem são relegadas ao plano do mistério. Os estruturalistas de diversos matizes não têm muito que fazer com o conceito de personalidade, o mais das vezes abordado de passagem nos capítulos introdutórios. Mesmo Parsons, para quem a personalidade é um sistema autônomo, supõe que a sua estrutura principal se constitua em torno dos resíduos do processo de socialização. A teoria da ação parsoniana quando se erige em explicação psicológica pouco além vai da posição behaviorista, isto é, a abordagem do comportamento humano em suas manifestações exteriores. Esta posição em psicologia é a que melhor se coaduna com o estruturalismo sociológico, exatamente por causa do intento comum de compreender o homem a partir do exterior.

Conquanto o behaviorismo tenha tido importância capital no desenvolvimento da psicologia, reconhece-se que não é o ponto de vista mais adequado para o estudo da personalidade. A psicologia moderna tem recursos mais amplos para esse estudo, como veremos no próximo capítulo. Os resultados a que tem chegado não se chocam com os da sociologia (como é óbvio, uma ciência não pode invalidar outras), mas permitem retificar certos erros sistemáticos oriundos de parcialismo.

A conjunção do social e do individual cessa de ser um mistério se admitirmos que *social* e *individual* não passam de termos classificatórios. A ação humana é essencialmente uma, mas pode submeter-se a diferentes cortes analíticos. O que aparece como coerção social, do ponto de vista de Durkheim, é o mesmo que consciência moral do ponto de vista psicológico. Suas raízes

FUNDAMENTOS PSICOLÓGICOS DAS TEORIAS ESTRUTURALISTAS

devem ser procuradas numa evolução afetiva elementar, em que o indivíduo aprende pouco a pouco a governar-se a si mesmo, a exercer escolhas, a adquirir autonomia cada vez maior. Certamente, essa evolução depende do meio em que ele vive, mas não se subordina a causas exclusivamente sociais. A pressão exterior é insuficiente para dar conta do processo; o indivíduo adquire disciplinas e técnicas, mais do que pela simples adesão às normas, que pode ser transitória e superficial, mediante o esforço de assenhorar-se delas, que é ativo e mobiliza cargas afetivas profundas. A aceitação passiva e maquinal de uma tarefa que não desperta interesse é a base da alienação ou anomia; não se pode por meio dela explicar o normal.

O social aparece para o indivíduo em formação como o conjunto vago e mal articulado de tudo aquilo que o atrai ou o repele, o estimula ou o desencoraja, o incita a avançar por certas linhas, ao mesmo tempo que interdiz outras. Em lugar do social como coisa, há que concebê-lo como processo; em lugar da consciência coletiva, a intersubjetividade, isto é, as relações vivas e reais que se atam e desatam, as tensões que surgem e se desfazem entre os indivíduos. Se o indivíduo isolado é uma abstração, a sociedade também é outra abstração. Esta verdade de La Palisse, que ninguém contradiz formalmente, tende a ser esquecida por aqueles sociólogos propensos à reificação. Por outro lado, a especificidade do social é ciosamente defendida usando-se do argumento que a sociedade só se torna ineligível como sistema. Ora, a personalidade também constitui sistema, cuja realidade sensível, aliás, é mais diretamente verificável.

A compreensão da personalidade como sistema cremos ser indispensável à compreensão do comportamento humano como um todo, mesmo quando se pretenda atingir em especial os componentes sociais. Este terreno está ordinariamente sob jurisdição da psicologia; particularmente devem ser ouvidas a psicologia genética, que estuda o desenvolvimento da criança, e a etnopsicologia que procura demonstrar como a pessoa humana se forma de maneira variável segundo as sociedades.

X

PERSONALIDADE: O EGO E OS MECANISMOS DE INTEGRAÇÃO

A questão fundamental do entrosamento entre os aspectos individuais e sociais do comportamento necessita, antes que mais nada, ser colocada em termos inequívocos. Já aí começam as dificuldades, dado que a diversidade terminológica em psicologia é mais acentuada que em sociologia. Ultimamente, porém, tem-se evidenciado que diferenças de vocabulário recobrem referências às mesmas realidades básicas. Pelo menos isso é verdadeiro em relação aos desenvolvimentos recentes da psicanálise, da *Gestalttheorie*, e das teorias americanas da aprendizagem. As divergências mais profundas de conceituação, muitas vezes se originam de considerar aspectos diferentes da mesma realidade.

Os vocabulários adaptação, ajustamento, e o mais raramente encontrado, integração, têm sido usados uns pelos outros, e com vários matizes de sentido. Seguimos Mowrer e Kluckhohn que os empregam conjuntamente, mas estabelecendo distinções entre eles. Adaptação designa os processos por meio dos quais os organismos se modificam de geração para geração, de modo tal a assegurar melhores oportunidades de sobrevivência. Ajustamento é o processo em que o organismo modifica o próprio comportamento ou funções, de maneira a reduzir o desconforto e aumentar o prazer. O conceito de integração é o que será mais amplamente desenvolvido; põe em foco a resolução de conflitos, a harmonização de ajustamentos antagônicos, a consecução de segurança e satisfações a longo prazo, tanto para o indivíduo quanto para a sociedade de que é parte[1].

Adaptação, ajustamento e integração podem ser tratados como níveis independentes de análise, o primeiro de conotações primordialmente bioló-

---

1. O. H. Mowrer e C. Kluckhohn, "Dynamic Theory of Personality", em J.M. Hunt, (ed.), *Personality and the Behavior Disorders*.

ESTRUTURA SOCIAL E DINÂMICA PSICOLÓGICA

gicas, o segundo fundado em pressupostos hedonistas, o terceiro levando mais em conta fatores sociais. Haverá talvez vantagens em tomar-se cada nível de per si em casos especiais, mas é também evidente que eles se apresentam combinados num todo. Os processos de ajustamento derivam da adaptação orgânica que a espécie atingiu, assim como a integração configura princípios éticos que se elaboram por meio da aprendizagem inicialmente norteada pelo hedonismo. A integração, pois, incorpora os outros dois níveis sem os anular.

As três grandes correntes psicológicas que nomeamos têm contribuído para a compreensão dos mecanismos integrativos. A teoria da Gestalt tem por fulcro a concepção do comportamento como resultante da situação psicológica total. A psicanálise, desde os primórdios, se preocupou com a superação dos conflitos; mais recentemente, tem voltado a atenção para as funções sintéticas do ego, que têm a seu cargo a conciliação das exigências muitas vezes opostas do id, superego e realidade social. No seio da psicologia que se tem por única "objetiva", a que se baseia na dualidade estímulo-resposta, estende-se o interesse pelos processos complexos de aprendizagem.

Os que se filiam a esta última corrente se defrontam com problemas dificultosos quando se aventuram a tratar da personalidade. A trave mestra do edifício teórico é no caso a suposição de que as condutas que obtêm recompensa tendem a fixar-se; ao contrário, as que sofrem punição estão fadadas a desaparecer. Ora, constitui fato patente e inelutável que muitos organismos (não só humanos) reagem cronicamente de maneira não integrativa, segundo os cânones da escola; isto é, comportam-se como se visassem antes a punição do que a recompensa, É o que Mowrer chama o paradoxo da neurose. Da mesma forma, os gestaltistas põem em primeiro plano a organização e a configuração, mas silenciam sobre as falhas de integração. Esta omissão vem de que consideram a capacidade integrativa como necessariamente ligada ao desenvolvimento orgânico, e situando-se no cerne da atividade mental. Destarte a integração, para os autores da escola, é antes fonte de explicações do que algo a ser explicado, um evento originário irredutível à análise, *Urphänomem.*

Assim é que Köhler e Koffka apenas mencionam de passagem a existência de conflitos psíquicos; unicamente ocupados com a organização, ignoram a desorganização. Mas a *Gestalttheorie* expandiu-se e ramificou-se, e alguns dos ramos que se formaram deu-se maior atenção ao fenômeno do conflito. Kurt Goldstein contrasta o comportamento "ordenado" com o "desordenado", iluminando poderosamente o funcionamento do organismo total. Mas as de-

PERSONALIDADE: O EGO E OS MECANISMOS DE INTEGRAÇÃO

sordens que focaliza se originam de lesões cerebrais, e não permitem por si mesmas fundar a compreensão das falhas integrativas nos organismos fisiologicamente íntegros[2]. Lewin reconhece a importância do conflito, ao qual consagra algumas páginas interessantes no início da sua "carreira americana"[3]. Mais tarde, dedicou todo um livro à tentativa de solução dos conflitos sociais; mas a sua tendência a espacializar o tempo, reduzindo a história de vida à presença ou ausência de certas estruturas, limita o alcance do sistema que propõe[4]. Na teoria desenvolvimentista de Heinz Werner, a flexibilidade que promove a integração se opõe a rigidez, que impede a ação desse processo[5]. A formulação teórica, nascida da Psicologia da Forma, mais rica de sugestões com respeito ao tema que nos ocupa é, talvez, a de Andras Angyal. Este autor ao analisar os distúrbios de integração introduz o conceito de "bionegatividade", definido como sendo "uma constelação da personalidade em que um ou mais processos parciais perturbam a função total do organismo". A bionegatividade "é um estado integracional, uma relação específica entre a parte e o todo"[6]. Mas não se explica claramente por que esse distúrbio da integração se perpetua como estado, nem Angyal se preocupa especialmente em descobrir o sentido não aparente dos fenômenos bionegativos.

Freud, ao contrário, sempre se empenhou em buscar o significado simbólico dos sintomas dos sistemas neuróticos, como também sua função dinâmica enquanto realização de desejos. É desnecessário insistir sobre esse ponto, que é a lição fundamental da psicanálise, e se tem imposto mesmo aos adversários da escola. O comportamento anormal é algo mais do que a impossibilidade de funcionamento de uma estrutura; é a interferência de estruturas parciais frustras que são reativadas por determinadas circunstanciais biográficas do paciente. No curso do desenvolvimento, abafam-se emoções que no entanto persistem como fantasias inconscientes ou mesmo conscientes, cujo conteúdo é chocante para alguma tendência predominante. Subitamente um dia, por ter-se juntado a uma dessas fantasias uma carga afetiva mais intensa, eclode um conflito entre ela e o ego. Conforme a gravidade do conflito, pode resolver-se pela substituição do objeto alvo do afeto por outro

2. K. Goldstein, *La structure de l'organisme*.
3. K. Lewin, *A Dinamic Theory of Personality*, p. 88 e ss.
4. Idem, *Field Theory in Social Science*.
5. H. Werner, *Comparative Psychology of Mental Development*.
6. A. Angyal, *Foundations for a Science of Personality*, p. 329.

ESTRUTURA SOCIAL E DINÂMICA PSICOLÓGICA

que o simbolize, e que seja capaz de absorver um dos aspectos dos sentimentos ambivalentes. A repressão não é pois um ato de repúdio, mas processo que demanda tempo para completar-se. A passagem da infância à idade madura marca-se "pela integração cada vez mais extensa da personalidade, e coordenação dos desejos e sentimentos instintivos separados que cresceram independentes uns dos outros". Supõe-se que seja processo análogo ao que se passa na esfera sexual, que culminam na "organização genital definitiva"[7].

O caráter repetitivo do ato neurótico vem pois do seu isolamento em relação ao desenvolvimento central do individuo. É, por assim dizer, um processo em curto-circuito. O conflito gerado parece pôr em perigo a integridade do ego; a força repressora se autonomiza e se automativa, imobilizando no inconsciente uma parcela não digerida da experiência. Assim se instala no sistema psíquico uma conduta que não obedece ao princípio do prazer, já que tem por efeito inibir a satisfação de um impulso. E não estando submetida à racionalidade do ego, parece escapar também ao princípio de realidade. Qual a causa de sua persistência?

Uma das respostas de Freud é o apelo a mecanismos biológicos fixos. Na passagem das *Três Contribuições à Teoria do Sexo* que Lévi-Strauss tanto admira, supõe-se a repressão oriunda de forças orgânicas que podem atuar sem a ajuda da educação[8]. Generalizando essa posição, na sua obra mais especulativa, Freud postula a existência de uma compulsão a repetir, que se situa "além do princípio do prazer", que é mais instintiva e mais primitiva do que o princípio do prazer, que o substitui nas manifestações neuróticas[9]. A compulsão de repetição, juntamente com o instinto de vida (Eros) e o instinto de morte (Thanatos) são conceitos característicos de uma parte da obra freudiana.

Segundo Brofenbrenner, quando se fala da teoria de Freud, ou da arte de Van Gogh, deve-se sempre especificar o período de que se trata, ou mesmo o ano[10]. O dito é antes espirituoso do que verídico, pois implica em que o criador da psicanálise mudasse radicalmente de "maneira" com o correr do tempo. As suas concepções parecem destoantes de um trabalho para o outro porque se situam em planos de exposição que não são homogêneos. "Além

---

7. S. Freud, *Group Psychology and the Analysis of the Ego*, p. 18.
8. Idem, *The Basic Writings of S. Freud*, p. 583.
9. Idem, *Collected Papers of S. Freud*, pp. 24-25.
10. U. Brofenbrenner, *Toward an Integrated View of Personality in Blake e Ramsey*, p. 216.

PERSONALIDADE: O EGO E OS MECANISMOS DE INTEGRAÇÃO

do princípio do prazer" é confessadamente, uma incursão ousada no campo da metafísica. Os conceitos que nela se contêm não mantêm um nexo vital com a psicanálise como teoria científica. Muitos psicanalistas prescindem deles, embora o termo "compulsão de repetição", que também se encontra em outros escritos, tenha-se divulgado bastante. Outros repudiam explicitamente a validade do termo e das interpretações que se fundam nele. Para Kubie, por exemplo, a existência da "compulsão de repetição" não está provada, nem é necessária; "a própria frase se tornou mero epíteto descritivo, uma versão psicanalítica da palavra "hábito", incapaz de explicar qualquer sintoma neurótico[11].

Mowrer amplia a sugestão de Kubie, e traz ao confronto da psicanálise certas teorias que estão na base do behaviorismo, tomado em sentido lato[12]. William James ligava o hábito à plasticidade funcional dos tecidos corticais; fazia depender o mecanismo de sua formação do estabelecimento de vias entre os centros nervosos, mediante repetição de experiências similares e exercício contínuo da mesma atividade. Não importam os efeitos nocivos ou benéficos (na linguagem que adotamos, o aspecto integrativo ou não integrativo) do hábito; basta a repetição para fixá-lo[13].

A "lei do exercício" é também responsável pela concatenação dos hábitos, e de alguma sorte pela configuração da personalidade, conceito escassamente desenvolvido por William James. Que o homem seja "a criatura dos hábitos" já os clássicos tinham afirmado; James dá alcance muito maior a essa sentença por meio de dois princípios: 1.da inibição dos instintos pelos hábitos; 2.da transitoriedade dos instintos.

Os instintos têm a sua ação restringida, especificada ou modificada pelos hábitos. Os instintos existem para que os hábitos possam se formar; uma vez cumprida esta finalidade, não têm mais razão de ser e desaparecem[14].

Não se pode dizer, no entanto, como querem alguns (Durkheim entre outros), que William James tenha proposto uma psicologia puramente mecanicista. Os hábitos se desvantajosos podem ter o seu curso suspenso por

11. L. S. Kubie, "A Critical Analysis of the Concept of Repetition Compulsion", *International Journal of Psychoanalysis*, vol. 20, p. 402.

12. Nas passagens que se seguem, em que se compara a Psicanálise à Psicologia da reação, valemo-nos do esquema de O. H. Mowrer, *Learning Theory and Personality Dynamics*, p. 423 e ss.

13. William James, *Principles of Psychology*, vol. I, pp. 105-107.

14. Idem, ibidem, vol. II, pp. 349-402.

ESTRUTURA SOCIAL E DINÂMICA PSICOLÓGICA

ação da vontade, de tal sorte que caiam em desuso, obliterando-se assim as vias nervosas estabelecidas pela repetição. Sendo a teoria de James em grande parte voluntarista, vontade, como acontece freqüentemente com os conceitos básicos de um sistema, é obscuramente formulada. Reconhecem-se os atos voluntários por serem precedidos por "uma imagem antecipada das conseqüências sensoriais de um movimento, mais (em certas ocasiões) o *fiat* que essas conseqüências devam se tornar reais"[15]. O *fiat* é o elemento de consentimento, ou resolução que o ato deva seguir-se, em alguns passos sinônimos de decisão. O recurso à tautologia é evidente. Mas o fator *antecipação* merece ser retido.

Uma década depois da publicação de *The Principles of Psychology*, em 1890, Thorndike elaborou a sua "lei do efeito", que visava completar a teoria de William James. Esta lei compreende dois princípios, o da recompensa, segundo o qual as reações que provocam conseqüências agradáveis tendem a fixar-se; e o do castigo, que prevê a desaparição das reações que se acompanham de conseqüências dolorosas. Na verdade, trata-se de algo mais do que a simples complementação do pensamento de James, que supunha que a repetição do ato, qualquer que fossem as conseqüências, era suficiente para assegurar a continuidade de uma conduta. Mas como explicar, de acordo com a lei do efeito, a persistência de uma forma de comportamento que acarreta sempre desprazer, que é constante punição para o indivíduo? A solução dada por alguns autores dentro da tradição acadêmica americana foi associar a lição de James à de Thorndike, como este o propusera. Assim, a lei do efeito explicaria o comportamento integrativo, e a lei do exercício seria responsável pelo aparecimento dos hábitos nocivos. Da mesma forma, para certos psicanalistas o principio do prazer norteia o desenvolvimento normal, enquanto que o sintoma patológico evidenciaria a existência da compulsão de repetição.

Mas se aceitássemos essa solução como satisfatória estaríamos pondo de lado a parte essencial dos ensinamentos de William James e de Freud, ou seja, o papel atribuído à ação da vontade no primeiro e do princípio da realidade no segundo. As tendências sexuais têm por objetivo único a consecução do prazer. Tal prazer, a princípio, é também a meta das tendências do ego, de natureza não sexual. Mas desde cedo, devido à pressão da "grande educadora que é a necessidade", a criança se vê forçada a renunciar a certas

---

15. Idem, ibidem, vol. II. p. 501.

PERSONALIDADE: O EGO E OS MECANISMOS DE INTEGRAÇÃO

fontes de prazer, a suportar dores, a diferir a obtenção de certas satisfações. "O ego assim educado se tornou "razoável", não se deixa mais dominar pelo princípio do prazer, mas se conforma ao princípio da realidade"[16]. Esta é uma das etapas mais importantes para o desenvolvimento do ego; as tendências sexuais passam por ela tardiamente, e como que impelidas pela violência. O desenvolvimento infantil se subordina, pois, à necessidade exterior, ou seja, às exigências sociais. Mas Freud logo acrescenta que não quer diminuir com isso a importância dos fatores evolutivos internos, possivelmente aqueles que mais tarde ele suporá independentes da educação. Quaisquer que sejam suas raízes primeiras, as forças de repressão estão a serviço do ego.

O ego evoluído, que se educou na escola da necessidade, não precisa usar sempre de métodos brutais como o recalcamento. Pode discriminar entre indicações que prenunciam a recompensa ou punição. Sobre esta base, Freud esboça uma interessante teoria do pensamento humano.

O pensamento é um modo experimental de lidar com pequenas quantidades de energia, assim como o general desloca figuras em miniatura sobre um mapa antes de ordenar movimentos de tropas. Dessa forma, o ego antecipa a satisfação de um impulso duvidoso e permite (que esse impulso) reproduza os sentimentos dolorosos que estão ligados ao início de uma situação de perigo temida[17].

Aí então se desencadeiam mecanismos automáticos movidos pelo princípio do prazer que impedem a manifestação do impulso perigoso. Esta inibição consciente, faz-se mister insistir, é coisa diversa do recalcamento, que varre do espírito o impulso ameaçador mal pressentido, o qual não reconhecemos como pertencendo a nós. A discriminação, fundada no cálculo de conseqüências, é evidentemente da mesma natureza que a ação da vontade ou decisão de William James.

Mas a originalidade de Freud, que faz dele um gigante entre os contemporâneos, está em ter concebido a psique humana em termos estruturais. Nele a razão não se opõe ao sentimento, nem a emoção se divorcia do intelecto, mas são todas funções organicamente conjugadas. Deve-se a Rapaport um inteligente paralelo, traçado entre o ponto de vista econômico em psicanálise e o modelo cibernético. As tendências primárias representam as grandes reservas energéticas represadas por diques, mas que estão sob controle

16. S. Freud, *Introduction à la psychanalyse*, p. 381.
17. Idem, *New Introctory Lectures on Psychoanalysis*, p. 124.

dos processos secundários. Estendendo a analogia, o ego seria o painel eletrônico central, coordenando as diversas sinalizações e alarmes[18]. Mas essa analogia, como todas as analogias, é perigosa, pois pode dar idéia de uma rigidez excessiva da estrutura psíquica, em prejuízo de sua compreensão como sistema de forças em equilíbrio.

Os gestaltistas, no entanto, formulam críticas no sentido oposto; a psicanálise não faria justiça ao papel dos processos de estruturação na vida mental. Kurt Goldstein, que não é hostil ao freudismo, diverge dessa corrente ao conceituar o recalcamento, que para ele consiste na "evicção das antigas estruturas". O recalcamento "só se torna eficaz no momento em que o organismo em maturação adquire uma nova estruturação da qual não mais faz parte o fenômeno recalcado. Nesta adaptação nova ao mundo exterior, o 'recalcado' não tem mais lugar". O desenvolvimento é postulado como estruturação continuamente renovada. "O que se chama de instância recalcadora não provem nem das defesas exteriores, nem de uma censura, nem de um ego ou de um superego, mas do desenvolvimento progressivo da estruturação do organismo durante a maturação, estruturação que corresponde ao tipo homem e à forma particular que ele toma no meio em que cresce a criança. Pode-se naturalmente denominar essa estruturação de "formação do eu"[19]. A objeção não é nova. Já antes da psicanálise se tornar conhecida, Bergson, defendia o ponto de vista de que os esquemas mentais da vida adulta diferem radicalmente dos da infância, não constituindo pois receptáculos capazes de preservar as lembranças da primeira idade (admitia no entanto, a existência de "lembranças puras", recuperáveis em circunstancias excepcionais)[20]. Rivers, em 1920, sugeriu que o aparecimento da censura só é verificável nos casos patológicos. No indivíduo normal, o desenvolvimento do sistema nervoso se encarrega de inibir as reações próprias de fases infantis. Os níveis superiores das atividades de relação, ao se articularem, são suficientes para manter sob controle os níveis inferiores, sem necessidade de imaginar-se um guarda especial, incumbido da vigilância[21].

Goldstein, da mesma forma que Rivers, toma como ponto de partida a teoria do arranjo hierárquico das funções do sistema nervoso devida a

---

18. D. Rappaport "The Structure of Psychoanalytic Theory: A Systematizing Attempt", em S. Koch (ed.), *Psychology: A Study of a Science*, p. 91.

19. K. Goldstein, *La structure de l'organisme*, pp. 276-277.

20. H. Bérgson, *Matière et mémoire*.

21. W.H. R. Rivers, *Psychology and Ethnology*, pp. 21-35.

PERSONALIDADE: O EGO E OS MECANISMOS DE INTEGRAÇÃO

Hughlings Jackson, cujos primórdios se encontram em Cabanis. O próprio Freud sofreu a influência do grande neurologista inglês, mas interpretou os dados da fisiologia nervosa ao nível de uma teoria psicológica. A maturação do organismo, e a conseqüente organização dos processos mentais mais elevados, são fenômenos sobejamente comprovados. Mas o desenvolvimento psíquico tem sua causalidade específica, não redutível a termos de fisiologia. A teoria organísmica tende a fazer da maturação um princípio explicativo suficiente por si mesmo, caindo assim no verbalismo. A suposição de Goldstein é que a estruturação psíquica sempre se perfaz na busca da adequação ao meio externo. A ênfase é posta nos ditames da realidade circundante e no entrosamento acabado das estruturas. É nesse ponto que incide em exagero.

Do ponto de vista da psicanálise, nem mesmo o desenvolvimento mais normal resulta da mobilização total das energias psíquicas para seu emprego nas tarefas humanas. As exigências sociais, em escala variável segundo diferentes sociais, impedem a manifestação da parte dos impulsos instintivos. Os impulsos insatisfeitos não são eliminados; tampouco se inibem os efeitos que exercem, subterraneamente, sobre o conjunto da personalidade. Os progressos da estruturação são marcados por conflitos entre o ego e o id, e os compromissos que deles resultam permitem o acesso à "normalidade". A ênfase é posta, neste caso, na realidade interna da psique, cujas exigências são tão imperiosas quanto as do meio ambiente. Goldstein, numa fórmula famosa, define o organismo como um sistema em debate com o meio; mas esse debate tem duas faces, a luta pela adaptação e o esforço de organizar e reorganizar o próprio sistema em resposta às pressões que nele se originam.

Não é licito, pois, conceber a vida mental como mera efetivação das estruturas. Existe em cada ato do individuo normal, em maior ou menor proporção, discernimento de conseqüências, que implica o elemento de avaliação ética e a decisão racional. As respostas automáticas surgem nas situações familiares em que é desnecessário que intervenha a reflexão. Os organismos animais têm capacidade extremamente limitada de previsão. Só no homem, animal simbólico no dizer de Cassirer, o sistema nervoso é suficientemente complexo para lhe permitir formular sua posição frente ao mundo, em termos que lhe transcendem as circunstâncias concretas imediatas. Excusamo-nos de reiterar verdades banais, o que não é de todo inútil, visto que serve para corrigir os exageros de todas as escolas em acentuar os aspectos mecânicos do comportamento humano. O desenvolvimento da razão,

ESTRUTURA SOCIAL E DINÂMICA PSICOLÓGICA

para usar o termo tradicional, está ligado ao amadurecimento do sistema nervoso, mas depende essencialmente do processo de educação.

Os defeitos do aparelhamento fisiológico do raciocínio foram particularmente notados por Goldstein, ao estudar os resultados das lesões cerebrais sofridas por soldados alemães da primeira Grande Guerra. A conseqüência característica da destruição de tecido cortical é a redução da capacidade de abstrair. Sempre que se trata de ação concreta, executada sobre material presente de maneira tangível, o enfermo age de forma adequada. "Tudo o que o força a passar da esfera do 'real atual' à do simplesmente 'possível', do 'pensado', resulta em malogro". Segundo se tenha voltado a atenção particularmente para certas manifestações determinadas por esta modificação fundamental, tem-lhe sido dados nomes diferentes; perturbação da *expressão simbólica* (Head), da *função de representação* (Woerkom), do *comportamento categorial* (Gelb e Goldstein)[22].

O desenvolvimento da razão por efeito da educação tem sido posto em foco por certos psicanalistas contemporâneos. Para Margolin, o primeiro passo na diferenciação ontogenética é a distinção entre o eu e o mundo físico, e comporta já um elemento representativo. Ao vencer a etapa que Freud denominou de "eu egocósmico", a criança dá-se conta da separação entre seu próprio ser e as e as pessoas que cuidam dela. Também aprende a distinguir os objetos exteriores de si mesma.

Este é um processo primordialmente mental. A criança busca restaurar o equilíbrio psicofisiológico por meio do ambiente. Ao passar por fases alternadas de equilíbrio e desequilíbrio, e à medida que cada elemento torna-se diferenciado e distinto, um termo, ou representação psíquica de alguma sorte, é criado.

A seguir, e em parte paralelamente, surge o discernimento dos limites entre órgãos internos e partes do corpo. O domínio das funções corporais e a capacidade de agir sobre o ambiente requerem a interpretação exata de percepções sensoriais, tanto internas quanto externas. Desenvolve-se o controle dos esfíncteres anal e urinário, do sistema muscular e dos órgãos dos sentidos. Deve haver acordo entre o desenvolvimento psicossocial e a maturação biológica. Exigências prematuras, excessivas ou inapropriadas da realidade podem ocasionar no ser que se forma distorções das diferenciações. "Como conseqüência o símbolo significativo da diferenciação passa a

22. K. Goldstein, op.cit., p. 27.

PERSONALIDADE: O EGO E OS MECANISMOS DE INTEGRAÇÃO

conter um componente psicopatológico, que varia com o grau e a natureza da distorção". O símbolo torna-se rígido, estereotipado, conduzindo sempre a reiteração compulsiva da situação traumática, sem que se levem em conta os dados da realidade[23].

A concepção "epigenética" de Erikson, em que se expõem minuciosamente as fases do desenvolvimento infantil, concorre substancialmente com o esquema de Margolin[24]. Kubie vê nas perturbações do processo simbólico o núcleo da moléstia psíquica. O símbolo é caracterizado por ele como a ponte entre o "eu" e o "não-eu". O desenvolvimento normal implica em expansão e estruturação do eu; toda experiência nova tem feição repetitiva, mas é uma repetição flexível, incorporado as variantes da situação. A repetição rígida da neurose se deve ao bloqueio da formação dos símbolos em determinados setores do comportamento[25]. A lesão cerebral, segundo Goldstein, produz efeitos semelhantes. O doente, neste caso, arranja os objetos que o circundam e as ações que deve executar de acordo com uma ordem que lhe é própria, "que parece a nós, seres normais, como uma ordem anormalmente primitiva, anormalmente rígida e forçada". O "sentido da ordem" do enfermo é pois uma expressão da deficiência, manifesta o empobrecimento de uma faculdade essencial do homem, a que lhe permite mudar de comportamento de maneira "adequada"[26].

O ponto comum a todos esses autores é a concepção da integração como algo mais do que simples ajustamento. O comportamento normal, como resultado dessas análises, tem por base a capacidade de usar símbolos apropriadamente, como meio de figurar as conseqüências tanto remotas quanto imediatas da ação. Por essa forma se podem exercer, sobre as circunstâncias, influências proporcionais à sua importância objetiva. O neurótico, de certa forma, está ajustado, pois que conseguiu atingir um compromisso entre suas forças instintivas e as regras sancionadas de conduta. Mas o ajustamento logrado a custa de estereótipos se situa num nível baixo, impedindo melhor aproveitamento das energias psíquicas. Além do que, é precário, já que deixa o indivíduo inerme frente às situações novas, que têm por efeito lhe desenca-

23. S. G. Margolin, "Psychoanalysis and Symbol", em L. Bryson *et al.* (eds.), *Symbol and Values: an Initial Study*, p. 514.

24. E. H. Erikson, *Childhood and Society*.

25. L. S. Kubie, "The Repetitive Core of Neurosis", em *Psychanalitic Quarterly*, vol. 10, pp. 23-42.

26. K. Goldstein, op. cit., pp. 40-41.

ESTRUTURA SOCIAL E DINÂMICA PSICOLÓGICA

dear "reações catastróficas". A integração, ao contrário, supõe continua assimilação da experiência, contínua expansão do ego.

Na maior parte das teorias sociológicas que examinamos, não é a oposição da sociologia à psicologia, que aparece como causa de insatisfação. Na verdade, nenhuma prescinde de alguma explicação psicológica. Mas esta explicação, é, em geral, inadequada. O seu princípio básico, sob quaisquer roupagens estilísticas de que se revista, é a interiorização das normas sociais, e o conseqüente ajustamento do individuo à sociedade. Alguns querem com isso significar a transferência dos preceitos vigentes ao plano interno, no qual passam, sem alteração, a regular a conduta. Ora, a socialização é um processo longo e penoso, assinalado por conflitos ao longo de toda a sua trajetória. Talvez os psicanalistas tenham exagerado ao apresentar as resistências que o indivíduo opõe às injunções do grupo, possivelmente em conseqüência da observação exclusiva dos casos patológicos. Mas é indubitável que o ser humano em formação não é dócil e passivo, massa de metal fundente a que a sociedade imprime o seu molde.

A introdução das crianças na vida social se faz a princípio sem seu consentimento, como é evidente. Esta fase é denominada pela "existência da Regra como Regra", nas palavras de Lévi-Strauss. Assim se formam as pautas inconscientes de ação. Mas para seu funcionamento eficiente a regra necessita ser entendida e incorporada ao sistema psíquico total. A estrutura principal da personalidade não resulta, pois, da interiorização dos sistemas de objetos sociais, que são resíduos do processo de socialização, como quer Talcott Parsons. No núcleo da personalidade encontra-se o ego (no sentido da psicanálise do ego e não parsoniano), agente sintetizador capaz de refundir esses resíduos e assimilá-los à própria essência. O adulto que acede à "idade da razão" tem que colocar o problema da sua posição frente à sociedade e ao mundo. Neste momento, segundo a análise de Merton, surgem as opções entre os meios e os fins de que resultam os modos de adaptação individual, que se escalonam do conformismo à rebelião. Somente no ritualismo há adesão total e sem exame à ordem social.

Para resumir, é conveniente utilizar a formulação de Angyal. O processo vital de todo organismo é a resultante de duas forças, a determinação autonômica do próprio organismo e a que é constituída pelas influências "heteronômicas" do ambiente. Da razão matemática a : h, chega-se à seguinte fórmula:

$$\frac{a}{h1} \qquad \frac{a}{h2}$$

PERSONALIDADE: O EGO E OS MECANISMOS DE INTEGRAÇÃO

Esta fórmula significa que o organismo tende a progredir de um estado de menor autonomia a um estado de maior autonomia. A personalidade é inerente ao processo vital humano, em que o ambiente aparece como meio sociocultural. A personalidade busca conseguir maior autodeterminação (tendência à maior autonomia) e ao mesmo tempo conformar-se com "todos superindividuais" como sociedade e cultura (tendência à "homonomia"). Por meio da tendência a aumentar a autonomia, os componentes biológicos caóticos se entrosam na estrutura de vida do indivíduo. "A tendência à homonomia expressa a propensão dos seres humanos de compartilhar ou participar de, assim como entrosar-se e conformar-se com, categorias superindividuais tais como família, grupo social, ordem cósmica significativa etc"[27].

Nesta concepção, personalidade e sistema sociocultural não se constituem em compartimentos estanques. A personalidade é um *continuum*, que se estende dos processos mais diretamente ligados às funções biológicas, às condutas padronizadas da vida social. Mas é possível distinguir-se nela aspectos mais próximos do pólo individual ou do pólo coletivo. Este capítulo versou sobre a integração autonômica da psique, em si mesma considerada; veremos a seguir a sua feição social.

27. A. Angyal, op. cit., p. 375.

XI

ESTRUTURA SOCIAL E PERSONALIDADE

Os tratados de psicologia social costumam incluir um ou mais capítulos sobre etnopsicologia, a qual parece assim ser reivindicada como um dos seus ramos. Mas o instrumento analítico fundamental da etnopsicologia, a personalidade básica, foi elaborado por um psicanalista, Abram Kardiner e um antropólogo cultural, Ralph Linton. As principais pesquisas empíricas nesse setor tem sido realizadas por antropólogos. Dufrenne puxa a brasa para a sua sardinha: a personalidade básica é um conceito sociológico. Importa pouco traçar nítida linha de limite entre as três ciências; trata-se de uma zona fronteiriça em que se observa o crescimento exuberante e desordenado próprio das regiões pioneiras. Uma visão, ainda que sumária, do que tem sido feito neste terreno, transcende do âmbito que nos impusemos. Basta para os nossos propósitos analisar o conceito-chave.

Na definição de Kardiner e Linton, a estrutura da personalidade básica é a constelação de características de personalidade que parecem ser congruentes com o compasso total de instituições de determinado grupo social. Representa, pois, os aspectos da personalidade que distinguem, em seu conjunto, os membros de diferentes comunidades. Caráter, por outro lado, é a variação da norma cultural peculiar a cada indivíduo. As instituições são divididas em primárias e secundárias. Instituições primárias são as que moldam as atitudes básicas em relação ao país, configurando assim a estrutura da personalidade básica. Esta, por seu turno, é o foco de origem das instituições secundárias, que se constroem a partir de sistemas projetivos[1]. Mais tarde foram admitidas como fatores formativos de personalidade básica, práticas relacionadas com as instituições primárias, quer institucionalizadas quer não. Constatou-se também a existência de instituições e práticas independentes dos sistemas

---

1. A. Kardiner (ed.), *The Psychological Frontiers of Society*, p. 111.

ESTRUTURA SOCIAL E DINÂMICA PSICOLÓGICA

projetivos, que não podem ser classificadas como primárias ou secundárias. O papel das instituições baseadas em sistemas racionais, reconhecido desde cedo por Kardiner, ampliou-se nas obras mais recentes.

A estrutura da personalidade básica, compreende uma série de sistemas dispostos como se segue.

1. Sistemas projetivos que se baseiam na experiência, com auxílio de racionalizações, generalizações, sistematizações e elaboração. A esta categoria pertencem os sistemas de segurança do indivíduo e os sistemas do superego, isto é, aqueles que tem que ver com a consciência e os ideais.
2. Sistemas aprendidos ligados aos impulsos.
3. Sistemas aprendidos que não envolva impulsos, mas idéias associadas com atividades.
4. Sistemas de tabus, aprendidos como parte de realidade.
5. Sistemas de realidade puramente empíricos, sujeitos à demonstração.
6. Sistemas de valores e ideologias (os quais penetram em todos os sistemas anteriores)[2].

Os sistemas do Grupo 1 são os menos suscetíveis de modificação; sendo completamente inconscientes, só podem ser percebidos através de suas manifestações projetivas. Somente quando as instituições que se originaram se transformam é que eles também se alteram. A predominância de sistemas deste tipo numa cultura prejudica grandemente a adaptabilidade do grupo social. Ao contrário, o desenvolvimento dos sistemas de realidade é poderoso incentivo para modificar as maneiras de agir sobre o mundo exterior, como também para alterar a ordem social que se deve acomodar a novos objetivos da ação.

No quadro de sistemas psíquicos, os valores ocupam posição especial; os extremos da série são o pensamento racional e o pensamento projetivo, que assim se definem.

O pensamento racional é impelido pela curiosidade, e tem metas tais como a dominação e a utilidade. O componente emotivo do pensamento projetivo é constituído de todos os afetos que acompanham as relações humanas. Nos sistemas construídos sobre base projetiva, as conclusões tiradas não dependem de qualquer regularidade

2. Idem, ibidem, p. 34.

ESTRUTURA SOCIAL E PERSONALIDADE

da natureza, mas de seqüências que são contingentes às práticas institucionalizadas transmitidas pelos pais, ou por outras pessoas do meio em que a criança cresce[3].

Em nenhuma sociedade prepondera totalmente um tipo de sistema, com exclusão do outro; o que se observa é a relativa predominância de um deles. Na cultura de Alor, o pensamento moldado por projeções inconscientes se situa em primeiro plano. Em Plainville, cuja cultura se pauta por padrões ocidentais, faz-se maior uso de sistemas de realidade. A evolução dos Comanche, no que se refere à adoção do cavalo e da armas de fogo, exemplifica um tipo de mudança guiada por noções realistas[4].

Nas palavras de Kardiner,

Um sistema de valores pode ser definido como a apreciação geralmente aceitada de relações pessoais (p. ex. honestidade); de realização (p. ex. heroísmo), de metas (p. ex. salvação, êxito); de tipos aprovados de satisfação (p. ex. estética, os que se relacionam com ordem, sistematização, eficiência); e a que se relaciona com idéias sociais (respeitabilidade, *status*, força, habilidade). A lista não é completa.

A lista é confusa, pois que inclui elementos díspares. Mais adiante, diz o texto: "Embora todos os sistemas de valores sejam conscientes, são o resultado final de um complexo de constelações profundamente enraizado em fatores inconscientes"[5].

A unidade fundamental do comportamento é, para Kardiner, o sistema de ação, que apresenta multiplicidade de aspectos; nele se encontram funções receptivas, coordenadoras, efetuadoras e ressonâncias afetivas. Os sistemas de ação imprimem ao ego feição distintiva e lhe dão os meios de agir sobre a realidade. Kardiner atribui a Freud a concepção de um ego dominado pela afetividade, que procura corrigir com sua noção de "ego efetivo". Como decorrência, sistema de ação se substitui a complexo, e o papel do conflito endógeno, na vida psíquica passa a ter importância secundária. A constituição do sistema depende, antes do que da fixação traumática, de fatores externos como êxito e malogro. É o que demonstram as fórmulas seguintes:

3. Idem, ibidem, p. 39.
4. Idem, ibidem, pp. 43, 45, 54, 81, 170 e 348.
5. Idem, ibidem, pp. 234-253.

ESTRUTURA SOCIAL E DINÂMICA PSICOLÓGICA

Ação+satisfação = exaltação do ego = habilidade = interesse aumentado = aprovação social = auto estima.

Ação+malogro = empobrecimento do ego = malogro da dominação = interesse diminuído = auto-estima e aprovação social menores[6].

Do ponto de vista da psicanálise ortodoxa, essas fórmulas estão eivadas de behaviorismo. Na verdade, Kardiner parece retomar simplesmente os dois princípios subordinados à lei do efeito de Thorndike, juntando-lhes as noções de ego, dominação, interesse, auto-estima e aprovação social. O princípio explicativo de sua doutrina psicológica é a formação de hábitos sociais. O ego afetivo parece ter funções predominantemente adaptativas: Kardiner não faz uso eficiente do conceito de integração. A neurose resulta da experiência desastrosa que diminui o ego, assim como o sucesso o amplia. O aparelho psíquico, pois, se contrai como a *peau de chagrin* de Balzac, mas em sentido inverso, a cada desejo insatisfeito.O que isso significa em termos de estrutura?

Nesse particular, falta clareza a Kardiner. Os sistemas de ação formam constelações, e essas se agrupam em complexos (em acepção não freudiana), é o que se deduz de certas passagens, como a que se refere a valores, reproduzidas acima. Mas esses termos não são analisados em profundidade, nem se ataca de frente o problema da subordinação das categorias psíquicas no plano individual. O ego é caracterizado como "a soma total dos processos adaptativos", "o órgão da continuidade e da organização da experiência"[7]. Mas põe-se ênfase antes em *soma* do que em *organização*; esse termo tem conotações semelhantes às que lhe dá Goldstein, mas com sentido menos nítido de hierarquia de funções.

Ao conceituar projeção, Kardiner também se afasta da psicanálise tradicional; o termo tem na sua teoria acepção mais ampla. Eis a representação esquemática do sistema que ele dá:

Experiências nucleares que definem apercepções e interesse dirigidos:

1. Pela emoção, p. ex. castigo para a delinqüência.
2. Abstração e generalização, p. ex. "Se eu for obediente, não sofrerei".
3. Projeção e sistematização, p. ex. "Estou doente, portanto, cometi transgressão".

6. Idem, *The Individual and His Society*, p. 315.
7. Idem, ibidem, p. 19.

ESTRUTURA SOCIAL E PERSONALIDADE

4. Racionalização = ideologia = sistema para compensar tensões. "Há um ser supremo que observa meu comportamento. Ele tem os atributos da onipotência, onisciência etc. Se eu transgredir, serei castigado. Se sofrer, obterei remissão da culpa".

Em contraposição, o sistema racional tem a seguinte representação esquemática:

1. Percepção derivada de combinações de impressões sensíveis e coordenações motoras = significação = utilidade. Objetivo = explorar, evitar, manipular, destruir.
2. Atitude em relação ao objeto = interesse, curiosidade, sistematização = conhecimento = ciência[8].

Projeção é entendida, pois, como processo cognitivo, do qual se derivam regras de ação, por meio de generalizações e abstrações, mas processo cognitivo *sui generis*, governado pela emoção. Nas experiências nucleares, os dados exteriores são sentidos obscuramente, e interpretados sem ajuda da razão. Essas interpretações são, a seguir, "projetadas" sobre a realidade, moldando-a ao seu feitio. Os sistemas racionais, ao contrário, estão sujeitos à revisão contínua imposta pelos fatos.

Para Kardiner, por conseguinte, projeção conota inflexibilidade e invariabilidade, assemelhando-se aos mecanismos responsáveis pelo círculo vicioso da neurose. Ao mesmo tempo, é por meio da projeção que se formam as instituições secundárias. Há, portanto, contradição interna na sua formulação do conceito, que engloba aspectos estabilizadores e criadores do processo social. Sem dúvida, a própria realidade que o termo circunscreve é ambígua. O espírito humano é constituído de tal sorte que, mesmo quando há empenho cerrado em preservar a herança cultural, ocorrem sempre pequenas alterações. Precisamente, o mérito de Kardiner está em reconhecer que as instituições nunca são aprendidas de cor, por assim dizer. Entre a imposição social e a sua assimilação pelo indivíduo, medeiam mecanismos psíquicos, dos quais a projeção é um dos principais. Para pleno aproveitamento desta lição, porém, faz-se mister escoimar o conceito da excessiva rigidez que lhe foi atribuída. E assim projeção será entendida como um dos processos criadores, que está na base da função mitopoética, e da renovação do arcabouço social.

8. A. Kardiner (ed.), op. cit., p. 40.

ESTRUTURA SOCIAL E DINÂMICA PSICOLÓGICA

Os sistemas projetivos, por outro lado, não são mero produto da fantasia. Apesar das restrições que fizemos a Lévi-Strauss, aceitamos por convincente sua demonstração de que os modos de pensar do primitivo se vinculam a aspectos da realidade exterior. Portanto, a distinção entre sistemas projetivos e sistemas racionais deverá ter caráter gradativo e não de oposição radical.

A diferenciação entre instituições primárias e instituições secundárias, que Kardiner estabelece, tem sido objeto de críticas, Mikel Dufrenne é quem as formula com maior nitidez[9]. Supor que certas instituições estão na origem de personalidade básica, enquanto outras dela derivam, é uma hipótese interessante, se colocada no plano genético. Aliás, como todas as conjeturas relativas a origens, não é passível de verificação empírica. Mas na circunstâncias atuais, que são aquelas com que a ciência tem que se haver, o indivíduo em formação se defronta com regras de conduta que lhe cabe assimilar, como já vimos. Evidentemente, estas regras não emanam, por projeção, de sua experiência infantil, mas existem objetivamente no comportamento dos adultos. Para o ser imaturo, todas as instituições se apresentam como primárias, pois que lhe são exteriores e lhe afetam a formação da personalidade em maior ou menor grau. Para o adulto, todas as instituições são secundárias, tendo sido vividas como experiência social e integradas às suas pautas de ação (ainda que, em determinados casos, à custa de desajustes psíquicos). Indubitavelmente, certas instituições se revelam mais estáveis e comportam exigências mais rígidas de conformidade do que outras, em cuja formação intervém mormente o arbítrio individual. Dufrenne propõe que se interpretem, neste sentido, as categorias de Kardiner; vale dizer que primário e secundário se tornariam sinônimos de social cristalizado e não cristalizado.

Finalmente, o próprio conceito de personalidade básica é ambíguo. Kardiner atribui-lhe estrutura, enquanto Linton escreve o mais das vezes "tipo de personalidade básica". Na verdade, os sistemas, que são tidos por componentes da personalidade básica, mantêm ligação frouxa e mal definida; por outro lado, servem para caracterizar psicologicamente uma coletividade. Assim sendo, talvez tipo conviesse melhor. O uso constante do termo estrutura pode resultar, como parece ter acontecido algumas vezes com o próprio Kardiner, em que se tome a personalidade básica por uma entidade reificada. A tentação a que se deve resistir é conceber-se um ego coletivo tão organizado quanto o ego individual.

9. M. Dufrenne, *La personalité de base: un concept sociologique*, livro III, cap. VI.

ESTRUTURA SOCIAL E PERSONALIDADE

Para conjurar esse perigo, certos autores preferem utilizar-se de outros termos: "aspectos comunais da personalidade"[10], "personalidade modal"[11]. Com essas expressões, se estabelece claramente que as feições psíquicas coletivas carecem de unidade orgânica e realidade existencial. Ultimamente, entre os norte-americanos, que constituem a grande maioria dos pesquisadores no campo da personalidade e cultura, personalidade modal tende a impor-se. É o termo que se coaduna com o emprego de testes projetivos e as manipulações estatísticas de seus resultados, por meio das quais se obtém as características psicológicas comuns de um grupo social. Mas aspectos comunais da personalidade parece-nos a locução que menos se presta a equívocos. Personalidades, a rigor, só se aplicam à estrutura de comportamento do indivíduo. O que a pesquisa põe em evidência é o fundo estrutural comum na conduta dos diferentes membros do grupo estudado.

Dufrenne, no entanto, é contrário a esse modo de compreender a personalidade básica, que para ele deve também conter o elemento normativo. Por essa forma, pretende salvar o que há de legítimo na herança durkheimiana. A personalidade básica, nesta acepção, é a versão individual das prescrições da estrutura social. Mas a exterioridade da estrutura social, como já foi estabelecido, é uma questão de ponto de vista metodológico. O que é dado à observação é o comportamento de homens concretos, em determinado grupo social. Este comportamento apresenta formas cristalizadas, relativamente estáveis, repetitivas e, em alguma medida, semelhantes para todos. O conjunto das normas assim configurado chamar-se-á simplesmente estrutura social. A personalidade básica, em sentido normativo como quer Dufrenne, designa a mesma realidade e se torna conceito supérfluo, a não ser que se suscite o fantasma de um superego coletivo.

Kardiner, da mesma forma que Durkheim, parece por vezes hipostasiar uma abstração, o que se nota sobretudo quando atribui implicitamente capacidade criadora à personalidade básica. Ora, o processo criador, se bem que freqüentemente ponha em jogo a herança acumulada dos séculos, é eminentemente individual. "Os progressos morais, sociais ou intelectuais têm sido primeiramente o efeito de uma revolta do indivíduo contra o grupo"[12]. Sur-

10. C. Kluckhohn e O. H. Mowrer, "Culture and Personality: A Conceptual Scheme", *American Anthropologist,* n. 46.

11. C. Du Bois, *The People of Alor.*

12. C. Lévi-Strauss, "La sociologie française", em G. Gurvitch (ed.), *La sociologie au XXème siècle,* p. 538.

ESTRUTURA SOCIAL E DINÂMICA PSICOLÓGICA

preendentemente, quem assim escreve é Lévi-Strauss, excusa dizer, numa fase anterior à elaboração de suas grandes obras. As inúmeras páginas posteriores, em sentido contrário, não invalidam essa sentença.

Mas seria errôneo imaginar que a inovação é sempre o produto excepcional das atitudes de rebeldia. A elaboração de idéias novas é ocorrência cotidiana, inerente ao processo de socialização. Como nos esforçamos por demonstrar, o indivíduo em formação acede à condição de adulto com fazer suas as regras de vida prescritas pela sociedade que o circunda. A síntese a que chega, nos casos normais, traz o selo de sua individualidade única, embora deva obedecer, consoante as necessidades do convívio, à "gramática de relações" vigente. Talvez, as singularidades de que é portador nunca logrem expressão concreta, e se veja mesmo forçado a reprimi-las; o que não impede que existam. As pequenas modificações das normas, mesmo quando admitidas ao nível consciente e passando a fazer parte da personalidade, na maioria das vezes não deixam marca nas instituições. Discrepâncias flagrantes podem também ser tomadas como excentricidades e repelidas pelo grupo.

Mas, a não ser que se fixe um critério, externo, não há como distinguir as inovações aclamadas pelo público de outras idéias novas.

O fato de uma novidade constituir desvio maior ou menor de padrões preexistentes, nada tem que ver com os processos mentais que deram nascimento à idéia. O ato inovador é o mesmo; "radical" ou "menor" são expressões que traduzem atitudes em relação a algumas de suas conseqüências. Quando esta atitude avaliatória é descontada, verifica-se que inovações, quer maiores ou menores, quer de significação privada ou pública, quer de utilidade efêmera ou duradoura, estão se dando constantemente[13].

O estruturalista parte da noção de estrutura como dado básico, à luz do qual pretende explicar toda a realidade social. Mas esbarra com o problema da mudança, que se lhe afigura de solução difícil. Aqui, ao contrário, a mudança é tomada por constante, e a estrutura se apresenta como problema.

Em outras palavras, chama-se a atenção para a necessidade de estudar os mecanismos de fixação das variações individuais, que, como sabemos, se situam no plano coletivo. O que advogamos é que o sociólogo conserve a capacidade de surpreender-se frente a fenômenos tais como a persistência das estruturas sociais, que não cesse de interrogar-se sobre as causas e o sentido desses fenômenos. Supor o sistema social dotado de estabilidade

13. G. Homer Barnett, *Innovation-The Basis of Cultural Change*, p. 9.

ESTRUTURA SOCIAL E PERSONALIDADE

imanente é atitude que tem razões no dogmatismo ou na inércia do espírito. Raros são os que, hoje em dia, negam as dimensões coletivas do comportamento humano. Não é mais necessário erigir complexas linhas de fortificações para defender a especificidade do social. O que se impõe reconhecer com maior nitidez é que o único modo de perpetuar-se para um sistema sociocultural é incorporar-se à estruturação de características psicológicas de indivíduos ligados por relações significativas.

A formação da personalidade e a aprendizagem se relacionam com o funcionamento das estruturas sociais, dos padrões de dominação-subordinação, com a transmissão social dos hábitos. Mas, para reiterar uma afirmação banal, a espécie *Homo sapiens* foi a única em que se desenvolveram formas simbólicas de comunicação, que no seu conjunto constituem a cultura de uma sociedade. Os modos culturais de adaptação são transmitidos e apreendidos em grande parte por via inconsciente; mas alguns de seus aspectos, e dos mais importantes, são suscetíveis de se objetivarem, isto é, de adquirirem contornos definidos e exterioridades aos olhos dos membros do grupo. Como objetos, caem sob domínio do pensamento reflexivo, podem ser analisados, julgados e mesmo remodelados. Em que pese a opinião contrária de Comte, o homem nunca se deixou escravizar completamente pela tradição cultural.

Se negamos a possibilidade de deduzir a personalidade do sistema sociocultural, não foi para acolhermos a hipótese igualmente mal fundada que faz das instituições emanações diretas de mecanismos psicológicos individuais. Segundo vimos, o organismo animal estrutura a experiência de acordo com diretrizes internas que, ao contato com o meio ambiente, realizam, no dizer de Kurt Goldstein, a "essência" desse organismo. Também há em grande número de espécies animais formas de associação. A busca das origens da personalidade e da sociedade teria de remontar, portanto, a estádios pré-humanos do desenvolvimento:

A grande novidade na evolução comportamental dos primatas não foi simplesmente o desenvolvimento de um modo de adaptação cultural como tal. Foi, antes, a reestruturação psicológica que, ocorrendo num primata (o homem) que já apresentava um sistema de ação social organizada, não somente tornou possível um nível mais adiantado de existência social, como também lançou as fundações para reajustamentos e mudanças culturais subseqüentes. A base psicológica da cultura não está unicamente na capacidade para formas altamente elaboradas de aprendizagem e organização da personalidade. O que não se deve desatender, é potencialidade que existe de

ESTRUTURA SOCIAL E DINÂMICA PSICOLÓGICA

transcender o que é apreendido: a capacidade de inovação, criação, reorganização e mudança nos próprios sistemas socioculturais[14].

Até o momento, a preocupação maior no estudo do homem tem sido aferir a ação da chamada matriz sociocultural sobre o comportamento. Sociólogos, antropólogos sociais e não poucos psicólogos têm dirigido a atenção para mecanismos e motivações inconscientes que asseguram a continuidade das estruturas sociais e estruturas psíquicas. As pesquisas nesse sentido estão longe de ter esgotado seu objeto; resta muito a ser explorado na face noturna do espírito, sempre voltada contra a luz como a outra face da lua. Por outro lado, os aspectos conscientes têm sido negligenciados, porque são tidos por diretamente acessíveis ao conhecimento, porque se supõe ser mínima sua influência, ademais de julgar possível considerá-los em separado dos aspectos inconscientes.

A ilusão de que os fenômenos conscientes são diretamente legíveis vem de que confundimos o familiar com o conhecido. Os motivos e interesses claramente expressos nos parecem transparentes porque nos são costumeiros. Mas a ciência não pode concentrar-se com as indicações do senso comum. Para a psicologia científica, a consciência continua sendo um problema magno. Os behavoristas, a princípio, negavam-no simplesmente; com relutância passaram a admiti-lo. Os gestaltistas partem de um conceito implícito e não discutido de consciência, que no entanto é uma trave mestra de seu edifício teórico. Se outros psicólogos empreenderam tratamento mais aprofundado dessa noção, dele não temos notícia.

Atribui-se comumente à psicanálise a opinião de que o homem é governado pelos impulsos instintivos. Já vimos que essa opinião é um esquema parcialmente inverídico. Passando a palavra a Freud: "Pode-se insistir quanto se queira em que o intelecto humano é fraco [...] não obstante, há algo de peculiar nessa fraqueza. A voz do intelecto é tênue, mas não descansa enquanto não se faz ouvir. Finalmente depois de malogros infinitamente repetidos, alcança êxitos"[15]. Essa voz débil deveria ser ouvida também pelas ciências que tratam do homem.

14. A. I. Hallowell, "The Protocultural Foundations of Human Adaptation", em S. L. Washburn (ed.), *Social Life of Early Man*, p. 253.

15. S. Freud, *Group Psychology and the Analysis of the Ego*, p. 93.

ESTRUTURA SOCIAL E PERSONALIDADE

Resta saber se há vantagem em separar radicalmente o estudo do inconsciente da análise dos fatos de consciência. Existem os casos patológicos, em que essa dissociação constitui um dado primeiro. Mas tais casos pertencem à competência dos que estão mais aptos a compreendê-los, os psicólogos clínicos e psiquiatras, os quais, aliás, demonstram crescente interesse pela sociologia. Nos indivíduos normais há integração, ainda que parcial e imperfeita, dos aspectos conscientes e inconscientes. A integração não pode ser descrita em termos de uma personalidade, semelhante ao metal em fusão, moldando-se ao impacto da matriz sociocultural. Um dos mecanismos mais importantes da socialização é a consolidação do ego, em que impulsos endógenos e prescrições de conduta se fundem e organizam. Mas este é um processo criador, do qual emerge a personalidade com sua feição própria e estável, e ao mesmo tempo se reforça a estrutura social, porque alguém consente em assumir os encargos e ônus que dela decorrem.

É usual em trabalhos como este, que visam a um balanço de diferentes posições em relação a diferentes problemas, que se ponham por fecho conclusões que resumem os debates. Eis o que parece extremamente difícil fazer. Os conceitos e termos pertinentes à estrutura social que os diferentes autores de que tratamos usam, conforme se evidenciou no Capítulo VIII, divergem consideravelmente, de modo a não permitir uma formulação que obtenha assentimento geral. Mas ainda, e este é argumento de maior peso, como os esquemas conceituais estão intimamente mesclados a visões teóricas particulares e descobertas empíricas específicas, a tentativa prematura de síntese correria o risco de pôr em evidência apenas constatações triviais. No que toca à personalidade, há linhas convergentes de pensamento, insuficientes porém para firmar uma posição única indiscutida. Parece, pois, que a tentativa de estabelecer relações entre a estrutura social e a personalidade somaria as incertezas prevalecentes num e noutro terreno. Mas tal, em realidade, não se dá. A visão estruturalista padece de falhas na maneira de conceituar o sistema psíquico, principalmente por não levar em conta os dinamismos que são próprios a esse sistema. Por outro lado a abordagem psicológica, no âmbito dos problemas aqui analisados, necessita da dimensão coletiva. As duas se completam; da sua conjunção se pode esperar o esclarecimento de várias questões essenciais para as ciências do comportamento. Assim, em vez de conclusões, indicamos algumas diretrizes para desenvolvimento da pesquisa.

O plano dos processos psíquicos básicos incumbe, é evidente, aos psicólogos estudar. A eles compete destrinçar as relações entre o psíquico e o

ESTRUTURA SOCIAL E DINÂMICA PSICOLÓGICA

biológico, usando o conceito chave de organismo como sistema. Neste nível, a interferência de certos cientistas sociais, que buscam situar nas camadas mais profundas da mente germens de mecanismos sociais, tem sido antes negativa que positiva. As novas tentativas de atribuir às bases mentais das estruturas sociais existência puramente inconsciente compartilham da esterilidade dos velhos postulados inatistas. Não são verificáveis empiricamente, e retiram o problema do seu legítimo campo de debate, que é a vida social total.

A colaboração entre os diversos campos se torna mais fecunda quando se consideram os processos de aprendizado e socialização, pondo em foco não somente os aspectos afetivos e conativos, como a dinâmica de instintos e a absorção das regras sociais de ação, mas também a articulação da percepção e da memória. Neste particular, a psicologia social deverá reencontrar os trabalhos clássicos de Durkheim, Mauss e Halbwachs sobre os aspectos coletivos dos processos cognitivos, e analisá-las à luz das descobertas empíricas mais recentes.

Quanto à personalidade, cremos ter demonstrado que se trata de uma área de exploração comum ao psicólogo, ao sociólogo e ao antropólogo. A contribuição do antropólogo para ela tem sido substancial, pois compreende a descrição de personalidades concretas, segundo o método ideográfico, e perspectivas para a compreensão da formação da personalidade, no plano nomotético. A tarefa teórica mais importante a este respeito é fixar a noção de personalidade básica, ainda eivada de ambigüidades. Ao contrário de Dufrenne, acreditamos que este conceito está antes incluído no universo de discurso da psicologia social, ou etnopsicologia, de que no da sociologia. Donde, nossa preferência pelos termos personalidade modal ou aspectos comuns da personalidade, que melhor traduzem o caráter de categoria estatística que lhe atribuímos. Não existe nela organização interna ou dinamismo próprio que lhe dêem realidade sociológica. Se fizermos da personalidade modal uma entidade social dotada do poder de coerção, como quer Dufrenne, estaríamos reduplicando o conceito de estrutura social. No nosso entender, essa noção é aplicável às sociedades modernas, mas os estudos de caráter nacional, que tem resultado dessa aplicação, não nos parecem os mais promissores. Há que restringir nos sistemas socioculturais complexos a incidência da análise sobre estruturas de âmbito menor, como grupos ou classes sociais, o que simplifica o problema da amostragem e permite discernir com maior clareza os quadros coletivos da ação. O uso de técnicas projetivas, como o

ESTRUTURA SOCIAL E PERSONALIDADE

Rorschach e o TAT nos afigura indispensável, pois que elas nos dão bases seguras de aferição psicológica e comparação entre personalidades. No que tange à estrutura social, algumas direções gerais também se impõem. Em primeiro lugar, faz-se necessário, no estudo das formas institucionalizadas de comportamento, atentar para a variabilidade da aplicação de normas a situações concretas. Segundo, analisar a multiplicidade de quadros de valores existentes nas sociedades, o que se tem evidenciado mesmo para aquelas chamadas primitivas. A significação dos valores para diferentes subgrupos e para os indivíduos deverá ser posta em relevo. Terceiro, investigar no processo de assumir papéis a ação do ego, que reformula normas e valores, integrando-os à economia geral da personalidade. Recomendação genérica, que sublinha o sentido desses três pontos: não ater-se unicamente à exploração das condutas inconscientes, mas iluminá-las pela consideração das metas conscientes.

Escrevendo em 1953, dizia Hallowell que a atração exercida pelos estudos de personalidade e cultura se devia antes às potencialidades discernidas nessa área do que ao corpo de conhecimento e doutrina existente[16]. Década e meia depois, verificamos que as pesquisas empíricas cresceram em número, os conhecimentos fatuais ampliaram-se consideravelmente, mas não chegam a formar corpo coeso, e a doutrina é ainda vacilante. Não é de estranhar, em se tratando de campo tão novo. Nas marcas fronteiras das ciências sociais e da psicologia há poucas estradas construídas. Os caminhos recém-abertos se constelam de tabuletas com os dizeres: "Homens trabalhando".

16. A . I. Hallowell, "Culture, Personality and Society", em A. L. Kroeber (ed.), *Anthropology Today*, p. 599.

BIBLIOGRAFIA

ANGYAL, Andras. *Foundations for a Science of Personality*. Nova Iorque, The Commonwelth Fund, 1941.

ARBOUSSE-BASTIDE, Paul. *La doctrine de l'éducation universelle dans la philosophie d'Auguste Comte*. Paris, Presses Universitaires de France, 1957.

BACHELARD, Gaston. *La philosophie du non*. Paris, Presses Universitaires de France, 1949.

BARNETT, Homer G. *Innovation: The Basis of Cultura Change*. Nova Iorque-Londres-Toronto, MacGraw-Hill, 1953.

BASTIDE, Roger (ed.). *Sens et usages du terme structure*. S' Gravenhague, Mouton, 1962.

BENNETT, John W. & DESPRES, Léo A. "Kinship and Instrumental Activities: a Theoretical Inquiry". *American Anthropologist*, n. 62, 1960.

BERGSON, Henri. *Matière et mémoire*. Paris, Presses Universitaires de France, 1949.

BLAKE, Robert R. & RAMSEY G. V. (ed.). *Perceptions: an Approach to Personality*. Nova Iorque, The Ronald Press, 1951.

BROFENBRENNER, Urie. *Toward an Integrated View of Personality in Blake and Ramsey*, 1951.

COELHO, Ruy. *Indivíduo e Sociedade na Teoria de Auguste Comte*. São Paulo, Perspectiva-Cesa, 2005.

COMTE, Auguste. *Cours de philosophie positive*. 6 vols. Paris, Schleicher, 1877.

CONKLIN, *Hanunóo Agriculture*. Roma, Food and Agricultural Organization of the United Nations, 1957.

CROWLEY, Daniel J. "Plural and Differential Acculturation in Trinidad". *American Anthropologist*, n. 59, 1957.

DAHRENDORF, Ralf. *Class and Class Conflict in Industrial Society*. Londres, Routledge & Kegan Paul, 1959.

DAVENPORT, W. "Nomunilinear Descent and Descent Groups". *American Anthropologist*, n. 61, 1959.

DE JOSSELIN DE JONG, J. P. B. *Lévi-Strauss's Theory of Kinship and Marriage*. Leiden, Brill (Mededelingen van het Rijksmuseum vor Volkenkunde n. 10), 1952.

DJAMOUR Judith. *Malay Kinship and Marriage in Singapore*. London School of Economics Monographs on Social Anthropology. Londres, The Athlone Press, 1959.

DOZIER, Edward. P. "Land Use and Social Organization among the Non-Christian Tribes of Northwestern Luzon". In: GARFIELD, V. E. (ed.). *Proceedings of the 1961 Meeting of the American Ethnological Society*. Seattle, University of Washington Press, 1961.

DRENNAN, M. R. "Pedomorphism in the pre-Bushman Skull". *American Journal of Physical Anthropology*, vol. 16, 1932.

DU BOIS, Cora. *The People of Alor*. Minneapolis, The University of Minnesota Press, 1944.

DUFRENNE, Mikel. *La personalité de báse: un concept sociologique*. Paris, Presses Universitaires de France, 1953.

DURKHEIM, Émile. *Leçons de sociologie - Physique desmoeurs et du droit*. Paris, Presses Universitaires de France, 1950.

_____. *Sociologie et philosophie*. Paris, Presses Universitaires de France, 1951.

_____. *Montesquieu et Rousseau – Précurseurs de la sociologie*. Paris, Marcel Rivière, 1953.

_____. *Sociologia e Educação*. São Paulo, Companhia Melhoramentos de São Paulo, 1955.

_____. *Lês règles de la méthode sociologique*. Paris, Presses Universitaires de France, 1956.

_____. *De la division du travail social*. Paris, Presses Universitaires de France, 1960.

_____. *Le suicide*. Paris, Presses Universitaires de France, 1960.

_____. *Lês formes élémentaires de la vie religieuse*. Paris, Presses Universitaires de France, 1960.

DURKHEIM, Émile e MAUSS M. "De quelques formes primitives de classification". In: *L' Année Sociologique*, sixième annèe, Paris, 1903.

ERIKSON, Erik. H. *Childhood and Society*. Nova Iorque, Norton, 1950.

EVANS-PRITCHARD, Edward Even. "Social Anthropology, Past and Present". In: *Essays in Social Anthropology*. Londres, Faber and Faber, 1961.

BIBLIOGRAFIA

FENICHEL, Otto. *The Psychoanalytical Theory of Neurosis*. Londres, Routledge & Kegan Paul, 1946.

FORTES, Meyer. *The Web of Kinship among the Tallensi*. Londres-Nova Iorque-Toronto; publicado para o International African Institute pela Oxford University Press, 1949.

_____. "Time and Social Structure: an Ashanti Case Study". In: Fortes, M., *Social Structure: Studies Presented to A. R. Radcliffe-Brown*. Londres, The Oxford University Press, 1949.

_____. "Structure of Unilineal Descent Groups". *American Anthropologist*, n. 53, 1953.

_____. " Radicliffe-Brown's Contribuition to the Study of Social Organization". *The British Journal of Sociology*, vol.VI, n. 1, 1955.

_____. "*Pietas* in Ancester Worship". In *The Jornal of the Royal Anthropological. Institute of Great Britain and Ireland*, vol. 91, 1961.

FORTES, Meyer & EVANS-PRITCHARD Edward Even (eds.). *African Political Systems*. Londres, publicado para o International African Institute pela Oxford University Press, 1940.

FIRTH, R. *Primitive Economics of the New Zealand Maori*. Nova Iorque, Harcourt Brace, 1929.

_____. *Human Types: an Introduction to Social Anthropology*. Londres-Paris, Edinburgh-Melbourne, Toronto-Nova Iorque, Th. Nelson, 1950.

_____. *Elements of Social Organization*. Londres, Watts, 1955.

_____. "Some Principles of Social Organization". *The Journal of the Royal Anthropological Institute of Great Britain and Ireland*, vol. 85, 1955.

FREEMAN, J. Derek. "On the Concept of Kindred". *Journal of the Royal Anthropological Institute of Great Britain and Ireland*, vol. 91, 1961.

FREUD, Sigmund. *Civilization and Its Discontents*. Londres, The Hogarth Press, 1930.

_____. *New Introductory Lecture on Psychoanalysis*. Nova Iorque, Norton, 1933.

_____. *The Problem of Anxiety*. Nova Iorque, Norton, 1936.

_____. *The Basic Writings of Sigmund Freud*. Nova Iorque, The Modern Library, 1938.

_____. *Collected Papers of Sigmund Freud*. Londres, The Hogarth Press, vol. I. 1948.

_____. *Group Psychology and the Analysis of the Ego*. Londres, The Hogarth Press, 1949.

_____. *Introduction à la psychoanalyse*. Paris, Payot, 1951.

ESTRUTURA SOCIAL E DINÂMICA PSICOLÓGICA

_____. *Métapsychologie*. Paris, Gallimard, 1952.

_____. *The Future of an Ilusion*. Londres, The Hogarth Press, 1959.

GEERTZ, Hildred. *The Javanese Family*. Nova Iorque, The Free Press of Glencoe, 1961.

GIFFORD, E. W. "Tongan Society". *Berenice P. Bishop Museum,* bulletin 61, Havaí, 1929.

GLUCKMAN, Max (ed.). "Les rites de passage". In: *Essays on the Ritual of Social Relations*. Manchester University Press, 1962.

GOLDSTEIN, Kurt. *La structure de l'organisme*. Paris, Gallimard, 1951.

GOODENOUGH. Ward H. "A Problem in Malayo-Polynesian Social Organization". *American Anthropologist*, n. 57, 1955.

GOODY, Jack "The Mother's Brother and the Sister's Son in West Africa". *The Journal of the Royal Anthropological Institute of Great Britain and Ireland,* vol. 89, parte I, 1959.

GUILLAUME, Paul. *La psychologie de la forme*. Paris, Flammarion, 1937.

GRANGER, Gilles-Gaston. *Pensée formelle et sciences de l'homme.* Paris, Aubior Editions Montaigne, 1960.

HALLOWELL, A. Irving. "Culture, Personality and Society". In: KROEBER, A. L. (ed.). *Anthropology Today*. University of Chicago, Press, 1953.

_____. "The Protocultural Foundations of Human Adaptation". In: WASHBURN, S. L. (ed.). *Social Life of Early Man*. Londres, Methuen, 1963.

HERSKOVITS, Melville J. *Man and His Works,* Nova Iorque, Alfred A. Knopf, 1948.

ISAACS, S. *Social Development in Young Children*. Londres, Routledge & Kegan Paul, 1952.

JAMES, William. *Principles of Psychology*. Dover Publications, 1950.

KARDINER, A. (ed.). *The Individual and His Society*. Nova Iorque, Columbia University Press, 1939.

KARDINER, A. (ed.). *The Psychological Frontiers of Society*. Nova Iorque, Columbia University Press, 1945.

KLUCKHOHN C. e MOWRER O. H. "Culture and Personality: A Conceptual Scheme", *American Anthropologist,* n. 46, 1949.

KLUCKHOHN, F. e STRODTBECK, F. L. *Variations in Value Orientation,* Evanston-Illinois, Elmsford-Nova Iorque, Row Petersen, 1961

KÖHLER, W. *Gestalt Psychology*. Nova Iorque, Liveright, 1947.

KUBIE, L. S. "A Critical Analysis of the Concept of Repetition Compulsion". *International Journal of Psychoanalysis*, vol. 20, 1939.

BIBLIOGRAFIA

_____. "The Repetitive Core of Neurosis". *The Psychoanalitic Quarterly*, vol. 10, 1943.

LEACH, E. R. *Political System of Highland Burma: a Study of Kachin Social Structure*. London School of Economics and Political Science, 1954.

_____. *Pul Elya, a Village in Ceylon: a Study of Land Tenure and Kinship*. Cambridge, University Press, 1961.

LÉVI-STRAUSS, C. "L'analyse structurale, linguistique et anthropologie". In: *Anthropologi Structurale*.

_____. "La sociologie française". In: GURVITCH, G. (ed.), *La sociologie ou XXème siècle*. Paris, Presses Universitaires de France, vol. II, 1947.

_____. *Les structures élémentaires de la parente*. Paris, Press Universitaires de France, 1949.

_____. "Introduction à l'oeuvre de Marcel Mauss". In: MAUSS, M., *Sociologie et Anthropolie*.

_____. *Tristes tropiques*. Paris, Plon, 1955.

_____. *Anthropologie Structurale*. Paris, Plon, 1958.

_____. "The Family". In: SHAPIRO, H. L. (ed.), *Man, Culture and Society*. Nova Iorque, Oxford University Press, 1960.

_____. *La pensée sauvage*. Paris, Plon, 1962.

LEVY JUNIOR, M. J. *The Structure of Society*. Princeton, The University of Princeton Press, 1952.

LEWIN, K. *A Dynamic Theory of Personality*. Nova Iorque-Londres, MacGraw-Hill, 1935.

_____. *Field Theory in Social Science*. Londres, Tavistock Publications, 1962.

LOWIE, R. *The History of Ethnological Thought*. Nova Iorque, Farrar & Rinehart, 1937.

_____. *Social Organization*. Londres, Routledge & Kegan Paul, 1952.

LUKÁCS, G. *Historie et conscience de classe*. Paris, Les Editions de Minuit, 1960.

MALINOWSKI, B. *Argonauts of Western Pacific*. Londres, Routledge & Kegan Paul, 1953.

MARGOLIN, S. G. "Psychoanalysis and Symbol". In: BRYSON, L. *et al*. (eds.), *Symbol and Values: an Initial Study*. Nova Iorque-Londres, Harper, 1954.

MARX, K. *Misere de la Philosophie*. Paris, Alfred Costes, 1950.

_____. *Die Deutsche Ideologie*. Berlim, Dietz Verlag, 1957.

MAUSS, M. "Essai sur lês variations saisonnières dês sociétés Eskimos. Étude de morphologie sociale". *L'annèe Sociologique*, neuvième année, Paris, 1906.

_____. *Sociologie et Anthropologie*. Paris, Presses Universitaires de France, 1950.

MAUSS, M. e P. FAUCONNET. "Sociologie". In: *Le grande encyclopédie,* tomo 30. Paris, Sioceté Anonyme de la Grande Encyclopedie, 1901.

MCCARTHY, O. "Language Development in Children". In: CARMICHAEL, L. (ed.), *Child Psychology*. Nova Iorque-Londres, John Wiley & Sos Inc. Chapman & Hall Limited, 2. ed. 1954.

MERTON, R. K. "Social Structure and Anomie". In: *The Family. Its Function and Destiny*. Nova Iorque. Harper, 1949.

_____. *Social Theory and Social Structure*. Glencoe III. The Free Press, 1949b.

_____."Bureacratic Structure and Personality". In: MERTON, R. K. *et al.* (eds.), *Reader in Bureacracy*. Glencoe, III. The Free Press, 1960.

METRAUX, R. "Speech Profiles of the Preschool Child 18 to 54 Months": *The Journal of Speech and Hearing Disorders*. n. 15, 1950.

MONTAGUE, Ashley M. F. "Time, Morphoogy and Neoteny in the Evolution of Man". *American Anthropologist*, n. 57, 1955.

MOWRER, O. H. *Learning Theory and Personality Dynamics*. Nova Iorque, The Ronald Press Company, 1950.

MOWRER, O. H. e KLUCKHOHN C. "Dynamic Theory of Personality". In: HUNT J. M. (ed.). *Personality and the Behavior Disorders,* Nova Iorque, Ronald Press, 1944.

MURDOCK, M. P. *Social Structure*. Nova Iorque, The Macmillian Company, 1960 (1ª ed. 1949).

_____. "World Ethnographic Sample". *American Anthropologist*, n. 57, 1957.

NADEL, S. F. *The Foundations of Social Anthropology*. Londres, Cohen & West Ltd., 1951.

_____. *The Theory of Social Structure*. Londres, Cohen & West Ltd., 1957.

PARSONS, T. *The Structure of Social Action*. Glencoe, III, Free Press, 1959.

_____. *The Social System*. Tavistock Publications ltda., 1952.

_____. "Family Structure and Socialization of the Child". In: PARSONS, T e BALES, R. F. (eds.), *Family, Socialization and Interaction Process*.

_____. "An Approach to Psychological Theory in Terms of Action". In: KOCHS, S. (ed.), *Psychology: A Study of a Science*. Nova Iorque-Toronto-Londres, McGraw-Hill Book Company Inc., 1958.

BIBLIOGRAFIA

PARSONS, T. e BALES, R. F. (eds.). *Family Socialization and Interaction Process.* Londres, Routledge & Kegan Paul Ltd., 1955.

PEHRSON, K. *The Bilateral Network of Social in Konkama Lapp District.* Bloomington, Indiana University Publications, 1957.

PERANIO, R. D. "Descent, Descent Line and Descent Group in Cognatic Social Systems". In: GARFIELD, V. E. (ed), *Proceedings of the 1961 Annual Spring Meeting of the American Ethnological Society.* Seettle, University of Washington Press, 1961.

PEREIRA DE QUEIROZ, M. I. *O Messianismo no Brasil e no Mundo.* São Paulo, Dominus/Edusp, 1965.

RADCLIFFE-BROWN, A. R. *Structure and Function in Primitive Society,* Londres, Cohen & West, 1952.

_____. "The Social Organization of Australian Tribes". In: SOL TAX *et al.* (eds.), *An Appraisal of Anthropology Today.* Chicago, University of Chicago Press, 1953.

RADCLIFFE-BROWN, A. R. e FORDE, C. Darryl (orgs.). *African Systems of Kinship and Marriage,* Londres, Cohen & West, 1950.

RAPPAPORT, A. "The Structure of Psychoanalytic Theory: A Systematizing Attempt". In: KOCH, S. (ed.), *Psychology A study of a Science.* Nova Iorque-Toronto-Londres, MacGraw-Hill, 1959.

REDFIELD, R. *The Little Community.* Chicago, The University of Chicago Press, 1955.

_____. *A Village that Chose Progress: Chan Kom Revisited Chicago.* University of Chicago Press, 1959.

RIVERS, W. H. R. *Psychology and Ethnology.* Londres, Kegan Paul, Trench & Trubner, 1926.

SCHACHTEL, E. G. "On Memory and Childhood Amnesia". In: MULLAHY, P. (ed.), *A Study of Interpersonal Relations,* Nova York, Grove Press, 1949.

SOLIEN, N. L. "The Nonunilineal Descent Group in the Caribbean and Central America". *American Anthropologist* n. 61, 1959.

SPOEHR, A. "Observations on the Study of Kinship". *American Anthropologist,* n. 52, 1950.

TAMBIAH, S. J. & B. RYAN "Secularization of Family Values in Ceylon". *American Sociological Review,* n. 22, 1957.

VICO, G. B. *Opere.* Milão, Racciardi, 1953.

WERNER, H. *Comparative Psychology of Mental Development.* Nova Iorque, Science Editions, 1961 (1ª ed. 1951).

ESTRUTURA SOCIAL E DINÂMICA PSICOLÓGICA

WILSON, G. & M. H. WILSON *The Analysis of Social Change, Based on Observations in Central Africa.* Cambridge, The University Press, 1945.

WRIGHT MILLS, T. *The Sociological Imagination.* Nova Iorque, Oxford University Press, 1959.

WHYTE, W. H. – *The Organization Man.* Londres, Jonathan Cape, 1958.

YALMAN, N. "The Structure of the Sinhalese Kindred: A Re-Examination of the Dravidian Terminology". *American Anthropologist,* n. 62, 1962.

ZELDITCH JUNIOR, M. "Role Differentiation in the Nuclear Family: a Comparative Study". In: PARSONS, T. e BALES, R. F. (eds.). *Family Socialization and Interaction Process.* Londres, Routledge & Kegan Paul, 1955.